↑ 2009 年 9 月 18 日，和李镇西（右）在海峡两岸基础教育论坛上合影
↑ 2012 年 4 月 8 日，在全国新教育实验石家庄桥西开放周活动中接受小记者的采访

↑2012 年 5 月 7 日，在中美素质教育合作交流暨中国素质教育科学论坛上发言
↑2015 年 11 月 14 日，在新教育国际高峰论坛上发言

↑2018 年 4 月 14 日，在新教育实验区工作会议上发言
↑2018 年 8 月 1 日，在第二届"新教育"中国文化课程研习营上发言

↑ 2019 年 11 月 23 日，在第二届世界教育前沿论坛上发言
↑ 2021 年 7 月 23 日，在广西壮族自治区柳州市考察职业教育

朱永新教育作品

九四龄童南怀瑾

为中国教育探路

——新教育实验二十年

朱永新·著

漓江出版社

·桂林·

总　序

　　朱永新教授的作品集出版在即，他要我写一篇序，大概是因为他看到我对教育也很关注，又不时地发表点看法的缘故吧，或者因为他和我都是马叙伦、周建人、叶圣陶、雷洁琼等民进前辈的后来人——我们是中国民主促进会的成员。不管他是怎么想的，我出于对他学术成就的敬佩，也出于对比我年轻些的学者的喜爱和对教育事业的兴趣，便答应了，尽管我不是这个领域的专家。不过这样也好，以一个时时关心业内情况的外行人眼光说说对这套作品集和作者的看法，或许能更冷静些，更客观些。

　　我曾经说过，中国的教育人人可得而道之。因为教育问题太复杂，中国的教育问题尤甚。且不说中国以一个发展中国家不强的实力在办着世界上最大的教育，单是中国处于转型期，城乡、东西部间严重的不平衡和几个时代思想观念的相互摩擦、激荡，就可以说是当今世界绝无仅有的了。随着教育普及率的提高，对教育发表评论的人当然也越来越多，多到几乎家家户户都会时常议论。这样就给有关教育的研究提出了许多也许在别的国家并不突出的问题。我认为其中有两个问题最为要紧：一个是教育的问题牵一发而动全身，既不能就教育论教育，更不能只论教育的某一部分而不顾及其他，要区别于人们日常的谈论；另一个是教育学如何走出狭小的教育理论圈子，让更多的人理解、评论、实践，也在更大范围内检验自己的理论是否能为群众所接受，以免专家和社会难以搭界。朱永新教授的这套作品集，恰好在这两个问题上都给了我很大的欣慰。

　　在这套作品集中，他从国际国内、政治经济、文化社会、古往今来的广阔视野来考察、思索中国的教育问题；他的论述几乎遍及受教育者所经历的整个教育过程；大到教育的理念、原则，小到课程的改革、课外的活动，他都认真思考，系统调查，认真实验，随时提升到理论层面；与教育学密切关联的心理学，在研究中国教育的同时展开的对国外教育的认识和分析，也是他涉及的范围。

朱永新教授并不是一位"纯"学者，虽然教育理论研究永远是他进行多头工作时在脑子里盘旋的核心。他集教师、官员和研究者三种角色于一身，随着自己孩子的出生和成长，他又多了一个家长的身份。这就使他不可能只观察研究教育体系中的某一段或某一方面，而必须做全方位、多角度、分层次的研究。他是中国民主促进会中央委员会副主席，作为同事，我见过他极度疲劳时的状况，心里曾经想过，这是天将降大任于是人的考验，还是他"命"当如此，不得不然？其实，这正是给他提供了他人很难得到的绝好的研究环境和条件：时时转换角色，就需要时时转换思维的角度和方法，宏观与微观自然而然地结合，积以时日，于是造就了他独特的研究方法和风格。

我们对任何事物的研究，如果只有理性的驱动，而没有基于对事物深刻认识所生发出来的极大热情，换言之，没有最博大的挚爱，是难以创造性地把事情做得出色的。朱永新教授对教育进行研究的特点之一就是全身心地投入。身，有那三种角色和一种身份，自然占据了他所有的时间和精力；心，是不可见的，但贯穿在他所有工作、表现在他所有论著中的鲜明爱心，则是最好的证明。

他说"教育是一首诗"。他常用诗一般的语言讴歌教育，表达他的教育思想：

教育是一首诗／诗的名字叫热爱／在每个孩子的瞳孔里／有一颗母亲的心

教育是一首诗／诗的名字叫未来／在传承文明的长河里／有一条破浪的船

如果是纯理性的，没有充沛的、不可抑制的感情，怎么能迸发出诗的情思？但他不是浪漫派。他本来已经够忙的了，却又率先自费开通了教育在线网站，开通了教育博客和微博，成了四面八方奋斗在教育改革前沿的众多网民的朋友。每天，当他拖着疲乏的脚步回到家后，还要逐篇浏览网站上的帖子和来信，并且要一一回应。有人说，这是自找苦吃。但他认为，这是"诗性伴理想同行"，是"享受与幸福"。他曾经工作生活在被颂为"人间天堂"的苏州，那里早已普及了十二年义务教育，现在正朝着普及大学教育的目标前进，但这位曾经主持全市文教工作的副市长，却心系西部，为如何缩小东西部教育的差距苦苦思索，不断地呼吁……他何以能够长期如此？我想，最大的动力就是那伟大的爱。

情与理的无缝衔接，正是和把从事教育工作及理论研究单纯当作职业的最大区别，而且是他不断获得佳绩、不断前进的要素。

教育是人类社会得以延续发展的根本保障。人之所以为人，区别于其他动物，从某种意义上讲，就是因为通过不同渠道，接受了不同程度和内容的教育。就一个国家而言，教育则是保障发展壮大的基础性工程。这些，都已经成为人们的共识。但是，教育又是极其复杂庞大的体系，需要大批教育理论专家、管理专家。身在其中者固然自得其乐，但是，在局外人看来，教育理论的研究是枯燥的、艰难的，有许多的教育学著作也确实强化了人们的这种感觉；管理工作给人的印象则是繁杂的、细碎的。这种感觉和印象往往是理论工作者、管理工作者和广大的教育参与者（包括家长、学生和旁观者）之间产生隔膜的原因之一。社会需要集理论研究和管理于一身，而且能把自己对教育的挚爱传达出去的学者，与人们一起共享徜徉在教育海洋里的愉快和幸福。但是，现在这样的学者太少了。是我们对像教育理论这样的人文社会科学的所谓"学问"产生了误解，以为只有用特定的行业语言，包括成堆成堆的术语和需要读者反复琢磨才能弄清楚的句子才是学术？还是善于用最明了的语言表达复杂事物的人还不多？抑或是教育理论的确深奥难测，必须用"超越"社会习惯的语言才能说得清楚？而我是坚信真理总是十分朴实、十分简单这样一个道理的。真正的大家应该有能力把深刻的思考、复杂的规律用浅显生动的语言表述出来，历史上不乏其例。

作为一名教育理论家，朱永新教授正在朝这一目标努力着，而且开始形成了自己的风格：论述、抒情、问答并举，逻辑严密的理性语言、老百姓习惯于说和听的大白话、思维跳跃富于激情的诗句兼而有之，依思之所至、情之所在、文之所需而施之。有的文章读时需正襟危坐，有的则令人不禁击节而赏，有的还需反复品味。可贵的是，这些并非他刻意为之，而是本性如此，自然流露。这本性，就是他对教育事业的爱，归根结底是对人民的爱。

在某一种风格已经弥漫于社会，许多人已经习惯甚至渗透到潜意识里的时候，有另外一种风格出现，开始总是要被视为"异类"（我姑且不用"异端"一词）。我不知道朱永新教授是不是也有过这样的经验。我倒是极为希望他能坚持下去，即使被认为"这不是论文"也不为所动，因为学术生命的强弱最后是要由人民来判断，而不是仅仅由小小的学术圈子认定的。我还希望他在这方面不断提高锤炼，让这股教育理论界的清风持续地吹下去。

教育，和一切与人民生活紧密相连的事物一样，都要敏感地紧跟时代的步伐，紧贴人民的需求，依时而变，因地制宜。如今朱永新教授的作品集改版并增补，主要收录了他从踏入教育学领域至2023年的论著。这从一个侧面反映了我国改革开放以来教育领域理论研究与实践的过程。"战斗正未有穷期"，在过去和未来的日子里，有层出不穷的教育问题需要解决，因而需要不停顿地观察、思考、研究。我们的教育学，就在这个过程中发展成长；有中国特色的教育学，也许就将在这一时期内形成。朱永新教授富于创造——"永新"自当永远常新，他一定会抓住这百年难逢的机遇，深化、拓展自己的研究，为中国教育事业、为中国的教育理论多奉献自己的才干和智慧，再写出更多更好的篇章。

我们期待着。

兹忝为序。

许嘉璐

写于2010年12月14日

修改于2023年4月29日

于日读一卷书屋

（作者为第九届、第十届全国人大常委会副委员长，著名语言文字学家）

最美太空教师（卷首诗）

A1

你是擦亮星星的妈妈

把光明种在孩子的心中

你是最美太空教师

把三尺讲台搬上无垠天宫

A2

你是绽放阳光的妈妈

把热爱注入孩子的魂脉

你是最美太空教师

把星辰银河放进孩子胸怀

B1

飞天之梦　从童年启航

教育之梦　使奋进有方

你的微笑　让心灵充满力量

太空教师　鼓舞我们展开梦想的翅膀

B2

科学之梦　让动力无限

复兴之梦　催奋发图强

你的课堂　像魔术吸引目光

太空教师　带领我们高高飞翔　飞翔

目 录／Contents

001／ 摘　要

001／ 引　言

第一章　新教育实验的发展历程

002／ 一、实验酝酿期（1986—1999 年）

003／ 二、实验初创期（2000—2002 年）

005／ 三、实验建构期（2003—2013 年）

012／ 四、实验深化期（2014 年至今）

第二章　新教育实验的使命、愿景和价值观

018／ 一、新教育实验的使命

020／ 二、新教育实验的愿景

024／ 三、新教育实验的价值观

第三章　新教育实验的哲学、伦理学和心理学基础

032／ 一、新教育实验的哲学基础

033／ 二、新教育实验的伦理学基础

035／ 三、新教育实验的心理学基础

第四章　新教育实验的十大行动

040 /　一、营造书香校园

042 /　二、师生共写随笔

043 /　三、聆听窗外声音

044 /　四、培养卓越口才

045 /　五、构筑理想课堂

048 /　六、建设数码社区

049 /　七、推进每月一事

051 /　八、缔造完美教室

052 /　九、研发卓越课程

067 /　十、家校合作共育

第五章　新教育实验的主要贡献、问题反思与未来发展

072 /　一、新教育实验的主要贡献

080 /　二、新教育实验的问题反思

088 /　三、新教育实验的未来发展

093 /　四、媒体对新教育实验的关注

096 /　附录1　2022年一丹教育发展奖颁奖词

098 /　附录2　新教育实验实施效果评估报告

137 /　附录3　媒体眼中的新教育实验

199 /　附录4　新教育实验发展大事记

237 /　参考文献

242 /　主题索引

245 /　后　记

247 /　"朱永新教育作品"后记

摘要

21世纪以来，新教育实验坚持以执着坚守的理想主义、深入现场的田野意识、共同生活的合作态度和悲天悯人的公益情怀为价值准则，以教师成长为逻辑起点，以营造书香校园等"十大行动"和相关课程为路径，以帮助新教育共同体成员"过一种幸福完整的教育生活"为目标，进行了二十年的田野实践探索。

新教育实验提出的教师专业成长"三专模式"使数以千计的普通教师成长为卓越教师，在国内率先开展的"营造书香校园""家校合作共育"等教育理念与行动实践，为建设书香社会、推动家校社政共育提供了强大助力。在促进教育理论与实践相结合，对抗教育异化，回归教育本质以及大面积改善区域教育生态等方面，新教育实验也进行了颇有成效的探索。2022年9月，新教育实验发起人荣获全球最大教育奖——一丹教育发展奖。

展望未来，我们将通过持续完善课程体系、开展未来学习中心试点、探索教师专业发展体系，力争把新教育实验建设成为中国素质教育的一面旗帜，使新教育共同体成为扎根中国大地的新教育学派。

关键词：新教育实验；"过一种幸福完整的教育生活"；"十大行动"

Abstract

Since the beginning of the 21st century, New Education Initiative has been clinging to various values and principles such as a persistent idealism, an in-depth field consciousness, a cooperative attitude of living together and a compassionate devotion to public welfare. Taking teachers' growth as the logical starting point, "Ten Actions" including building a scholarly campus and related courses as the path, and helping members of the New Education community "live a happy and complete life of education" as the goal, New Education Initiative has undergone a fruitful exploration in the past two decades.

Some educational philosophies and actions proposed by New Education Initiative including "teacher growth model" and "creating a scholarly campus" have played a vital role in promoting teachers' professional development, building a society with a reading atmosphere and facilitating co-deucation by family, school, community and government. They have also made positive contributions to giving impetus to the combination of educational theory and practice, combating educational alienation, returning to the essence of education, improving the regional education ecology on a large scale, etc. In September 2022, the initiator of New Education Initiative won the greatest educational award in the world, the Yidan Prize for Education Development.

Looking forward to the future, we will continue to improve the curriculum system, build up trial future learning centres, and explore the teachers' professional development system, striving to make New Education Initiative a banner of china's quality-oriented education and the New Education community a new school of education rooted in China.

Key words : New Education Initiative ; "live a happy and complete life of education" ; "Ten Actions"

引　言

　　20 世纪 80 年代后期,"教育危机"成为世界教育的一个关键词。在中国,改革开放带来了教育事业的快速发展,但随之也产生了片面追求升学率、择校热等社会问题。1999 年,中共中央、国务院发布了《关于深化教育改革全面推进素质教育的决定》,与此同时,多种教育改革探索也应运而生。无论是官方的新课程改革,还是民间的各种教育实验等,都不同程度地影响和改变着我们的教育。

　　进入 21 世纪以后,全球开启了以"面向未来教育创新"为主要方向的教育改革。如美国有试图将公立学校交给民间托管的"特许学校";有试图打破传统,按照年龄分班教学的年级制,开展"由学生内在动力驱动学习"的"阿克顿学院";有试图打破传统的课堂教学模式进行项目式学习探索的"高科技高中"(HTH)。此外,教育技术日新月异,教育平台日渐丰富,如可汗学院、斯坦福网络高中等充分利用互联网技术和资源创新教育平台,积极拓展教育途径。

　　在中国,21 世纪的教育变革也是潮流涌动。无论是叶澜教授的新基础教育实验、杜郎口中学的课堂变革、北京十一学校的课程变革、清华附小的主题式学习,还是民间关于蒙台梭利、华德福等教学模式的探索,以及小规模学校、"教育自救"式在家学习方式的兴起,都为推动教育改革注入了充沛的活力。在这众多的改革探索中,新教育实验走出了一条独特的道路,也形成了一道独特的风景。

　　为什么要把我们对于教育的探索定名为新教育实验?我们认为,取名"新教育",既是一种"学术认祖",也是一种理论自觉,更是一种创新意识,可以视为新教育人在新时代主动进行教育创新的使命担当。

1889年,英国教育家雷迪建立了阿博茨霍尔姆学校,这所学校最大的特点就是成人和孩子之间有一种"相互尊重"的关系,这种关系允许有经验的长者指导而不是控制学生。相较于传统教育,这是一种全新的教育理念,在这一新的教育理念引领下,教育界开始探索新的教育实施路径,且新教育理论也逐渐丰富。

1889年以后,欧洲各地新教育实验学校逐渐兴起。如1893年巴德利在英国南部创办的贝达尔斯学校,1897年里诺·赫贝在温切斯特创办的韦斯坦斯学校,1898年德国利兹创办的乡村教育之家、德摩林创办的罗什学校,1899年瑞士费里埃尔创办的"国际新学校事务局"等。1899年瑞典女作家爱伦·凯发表《儿童的世纪》,从新人文主义角度预言20世纪将成为儿童的世纪,呼吁新的教育变革。可以说,19世纪末叶,在英吉利海峡的两岸,新教育思想的种子已经播撒,一场新的教育变革呼之欲出。欧洲各国在开展"新学校(教育)运动"的同时,教育家们也在酝酿新的教育理论。如20世纪初叶出版的蒙台梭利的《蒙台梭利教育法》、怀特海的《自由教育中数学的地位》、沛西·能的《自然科学的教学》、凯兴斯泰纳的《德国青年的国民教育》、托尔斯泰的《论教育》等。

1921年,在法国加莱成立新教育联谊会并明确了新教育的纲领,根据纲领可看出新教育有两大核心观点:一是儿童中心的主张,即尊重儿童、解放儿童的内在精神力量;二是通过教育来改造社会。许多耳熟能详的学校(如尼尔的夏山学校、小林宗作的巴学园、杜威的芝加哥实验学校等)以及近百年来教育史上许多著名的教育家(如罗素、蒙台梭利、皮亚杰、怀特海、杜威、陶行知、陈鹤琴等),都深受新教育思潮的影响。

"新教育"在中国的传播始于20世纪初叶。1912年2月,蔡元培先生在《教育杂志》发表了《新教育意见》,吹响了中国新教育运动的号角。1919年2月,《新教育》杂志在上海创刊。同年7月22日,陶行知在浙江第一师范学校发表了著名的讲演，题目就叫《新教育》。1929 年，庄泽宣正式提出了"新教育中国化"的主张。20 世纪 20 年代，中国的许多教育家都把他们的教育探索命名为"新教育"。

21 世纪初叶中国关于教育改革探索的"新教育"，既可以视为"世界语境"中的"新教育"在当代中国的一声"回响"，也可以视为对上个世纪初叶中国新教育的一种"承继"。因为此项探索与历史上的"新教育"之间有许多共同的特性：都试图对当下的教育和社会进行改良和创新，都主张尊重儿童的个性与自由，都建立了一批实验学校，都是民间草根的自发行动等。从传承意义上讲，我们关于教育的探索和创新是历史上"新教育"精神在新时代的"链接"和"延续"。为了区别于历史上的"新教育"，我们将这项教育改革探索称为新教育实验。

命名中选定"实验"，一方面与新教育的探索性质有关，另一方面借鉴了上个世纪初叶的中国教育改革的经验。严格意义上的科学实验，一般是指根据科学研究的目的，尽可能地排除外界的影响，突出主要因素并利用一些专门的仪器设备，而人为地控制、调整或模拟研究对象（自变量），使某一些事物（或过程）发生或再现（因变量），从而去认识自然现象、自然性质、自然规律的过程。显然，新教育实验不属于严格意义上的科学实验。之所以叫"实验"，是因为笔者经过对我国的教育改革进行系统整理后发现，教育界把 20 世纪 20 年代晏阳初在河北保定的教育变革运动称为"平民教育实验"，把梁漱溟在山东邹平进行的乡村建设运动称为"乡村教育实验"。所以，我们把这项针对学校变革的体系命名为新教育实验。新教育实验的英文命名，最初我们直接翻译为"New Educational Experiment"。在与国外专家交流后意识到，这样的英文命名让大家首先想到的是科学实验，容易引起大家对于新教育实验的误解。因此，最终定名为"New Educational Initiative"。

就新教育的理论来源而言，它既借鉴了西方的教育理论，又继承了中华民族的优秀教育传统，体现了中国本土的、独特的创造性；它直接借鉴和继承了陶行知先生的生活教育理论，让教育回归生活并回应社会发展和学生生命成长的需要，在知行合一的行动研究中形成了自身的特点。

在新教育实验成立 20 周年之际，笔者对新教育实验的发展历程、核心内容与实践经验进行简要回顾、梳理，以期让更多学术界同人对新教育形成清晰的认识，为新教育实验的发展把脉问诊，并确定新教育实验的未来发展方向。同时，我们也期望以此为个案，为我国的教育改革实践探索提供理论与行动上的借鉴和参考。

第一章
新教育实验的发展历程

新教育实验的发展历程大致可以分为四个时期，即实验酝酿期（1986—1999年）、实验初创期（2000—2002年）、实验建构期（2003—2013年）和实验深化期（2014年至今）。

一、实验酝酿期（1986—1999 年）

20 世纪 80 年代末至 90 年代，属于前新教育实验阶段。作为发起人的笔者，在这一时期比较系统地研究中外教育理论与改革实践，深入考察当代中国教育发展实际，为开展推动教育变革的新教育实验作了理论与实践的准备。

20 世纪 80 年代初，笔者到上海师范大学教育心理学师资班学习。其间跟随燕国材先生从事中国心理学思想史研究，并阅读了大量古代思想家的著作。1986 年开始，为编写《中华教育思想研究——中国教育科学的成就与贡献》一书，笔者不仅系统地研读了从古希腊柏拉图、亚里士多德到西方新教育运动代表人物等中外教育思想家的著作，更对从古至今的中国教育思想发展史进行了系统梳理。1988 年，在编写《困境与超越——当代中国教育述评》期间，笔者收集了大量当代中国教育的数据与资料，既为改革开放以来中国教育取得的成绩而鼓舞，也为越来越严重的教育经费短缺、应试教育等问题而焦心。理想与现实的反差，更驱使笔者要为改变中国教育做点什么。到 1989 年《中华教育思想研究——中国教育科学的成就与贡献》这部著作完成之时，已经初步形成一种创造更好教育的使命感。

1990 年，在日本上智大学访学期间，笔者研究了明治维新以来特别是二战后日本教育改革与发展的情况，实地考察日本教育，并主持编写了近 20 卷的"当代日本教育丛书"。他山之石，可以攻玉。对近邻日本教育的研究，进一步加深了笔者对中国教育改革的思考。1993 年，笔者出任苏州大学教务处处长。任职期间，先后在苏州大学推出了必读书目制度、激励性主辅修制度、学分制、文科改革试点班、理科强化实验班等教育改革措施。这一系列探索，为日后新教育实验的书香校园建设、卓越课程研发等积累了初步经验。

1997 年，笔者调任苏州市人民政府副市长。此时，笔者开始系统思考如何办群众满意的教育和理想教育的模样，先后在苏州市推出改造相对薄弱学校计划、名师名校长行动计划、教育信息化行动计划等，并在全国率先普及九年制义务教育。这些行动在相当程度上改变了区域教育的品质，改变了教师的精神面貌，也激发了笔者进一步推进教育改革的愿望。

这一时期是新教育实验的酝酿期，这个阶段的工作客观上为新教育实验的萌发做了思想上和实践上的准备。时代需要教育变革，需要新的教育理念、教育思想与教育探索。此时，新教育实验已经呼之欲出。

二、实验初创期（2000—2002 年）

这个时期的新教育实验，基本特点是用理想和信念激励实验教师，用思想和行动引领实验学校。1999 年，为了更好地适应政府工作，笔者开始在复旦大学经济管理学院修读苏东水先生的东方管理学课程，并系统阅读管理学、领导学等方面的著作。其中《管理大师德鲁克》一书中的一个故事深深地打动了笔者：1950 年元旦，德鲁克父子去看望弥留中的另一位管理学大师熊彼特，熊彼特对年轻的德鲁克说："我现在已经到了这样的年龄，知道仅仅凭借自己的书和理论而流芳百世是不够的，除非能够改变人们的生活，否则就没有任何重大的意义。"熊彼特的这番话给了德鲁克"衡量自己成就的尺度"，也给笔者带来了内心的冲击，让笔者重新思考人生意义的角度和个人社会价值的考量尺度。笔者猛然意识到，尽管这些年出版了不少作品，但并没有真正走进教育生活。于是，笔者决定改变话语方式，改变行走方式，真正地走近校长、教师、学生乃至学生父母，走进中小学、幼儿园，走进一线教育生活。

从研究者过渡到行动者并不是件容易的事情。这不仅要转变理念、情感，更要改变方式方法。1999年夏天，江苏教育报刊总社邀请笔者为"创新教育笔会"的代表讲述"我心中理想的教师"。感谢这次笔会，正是因为这次讲演，让笔者找到了自己的教育话语方式，找到了走向教师与教育生活的路径。会后，笔者应江苏常州武进湖塘桥中心小学校长奚亚英的邀请到学校授课带徒，系统地与教师们分享关于教育的理想。那时候，这所学校还只有两排破旧的平房，教师也是以农村青年教师为主体。但是，教师们追寻理想的激情和渴望成长的热情深深感动了笔者，该校也成为践行"我的教育理想"的第一所学校。

2000年，笔者把关于教育理想的讲演系统整理，出版了《我的教育理想》一书。此书比较系统地提出了理想教育的系列目标，对理想的学校、教师、父母、校长、学生等进行了比较深入全面的论述，同时讨论了教育现代化与人的现代化、创新教育与教育创新等问题。这本关于教育理想的小书，点燃了很多教师对教育的激情。在很长时间里，此书都是中国教育界颇受欢迎的教育著作，并被评为"新中国教育70年70部教育著作"之一。但也有人认为，书中提出的教育理想是天方夜谭，在应试教育的体制下根本无法实现，让校长、老师们戴着镣铐跳舞，根本无法实现理想。对此，笔者认为"戴着镣铐也可以跳出精彩的镣铐舞"。尽管对此书褒贬不一，但新教育实验最初的一些理念与行动，皆源自此书对教育问题的思考和对教育理想的探寻。此书直接"催生"了"新教育"，新教育人把《我的教育理想》的出版，作为新教育实验主要思想提出的标志，也作为新教育实验正式诞生的标志。此书的卷首诗《教育的理想和理想的教育》，在某种程度上可以作为新教育实验诞生的宣言。

2002年6月，新教育实验建立了自己的网络平台——教育在线网站。初创时期的新教育实验，以其充满理想主义的情怀与清新的教育理念点燃了许多校长和教师的教育激情。网站开通后的半年里，注册会员就超过 4000 人，发帖量超过 5 万，访问量达到 21 万人次。在这里，每一个帖子都会引来关注，每一篇随笔都会赢得鼓励，每一次欢笑都会听到回声，每一次争论都会点燃思想。网站很快就被敏感的媒体誉为"中国教师的精神家园""中国教师成长的网络师范学院"。一位网友在教育在线的论坛中写道："教育在线是幸运的，它在如林的网络争锋中脱颖而出，长成一片茂盛的教育绿洲；教育在线的网友们更是幸福的，他们在网络的大旗下找到了教育的真谛和职业的价值，他们的心灵天空因理想之光的照耀而充满意义。"通过网络汇聚新教育实验的人才、传播新教育实验的理念，是新教育实验一个非常独特的现象。新教育实验能够在短期内迅速传播，产生广泛的社会影响，互联网厥功至伟。

实验初创期是新教育从不自觉到自觉的阶段。为中国教育探索一条新路的理想，在实验推行过程中的引领作用是强大的。基于这一教育理想，新教育实验得到了许多学校和师生的关注与参与，并开始形成新教育实验共同体，为追逐美好的教育生活积极前行。初创期的新教育人伴随着新世纪的脚步，迎着新时代的第一缕阳光踏歌而行，开始逐步形成自己的独特个性与话语方式。

三、实验建构期（2003—2013 年）

系统建构"十大行动"，用课程和项目推动、用培训和现场拓展新教育行动路径，是新教育实验在这个阶段的基本特征。2002 年 9 月，苏州昆山市玉峰实验学校成为第一所获得授牌的新教育实验学校，新教育实验就此扬帆起航。此时，新教育实验提出了"五大理念"，即：与人类的崇高精神对话，教给学生一生有用的东西，无限相信师生的发展潜能，重视精神状态、倡导成功体验，强调个性发展、注重特色教育。在玉峰市实验学校，营造书香校园、师生共写随笔、双语口才训练①、聆听窗外声音、建设数码社区这新教育五大行动的雏形正式被提出。由于教育在线网站的传播，一批学校与玉峰实验学校同步开展了实验。同时，成立了以五大行动为主要内容的新教育实验项目组，推动实验研究。

2003 年 7 月，新教育实验首届研讨会在昆山市玉峰实验学校召开。昆山市玉峰实验学校、常州武进湖塘桥中心小学、盐城市大丰区南阳小学等 10 所学校，成为第一批正式命名的新教育实验学校。其后，新教育基本上每年均会举办一次研讨会，对新教育进程进行总结，并规划未来发展道路。以学术年会的方式推进新教育实验，也成为日后的新教育实验发展模式。2003 年 12 月，"新教育理论的实践及推广研究"课题成为全国教育科学"十五"规划重点课题。2004 年 4 月，该课题开题会分别在江苏省张家港高级中学和常州武进湖塘桥中心小学举行。我们把这场开题会同时作为新教育实验第二届研讨会。这次研讨会上，时任联合国教科文组织协会世界联合会副主席、中国教育学会常务副会长的陶西平对初生的新教育实验寄予了深切期望，并预言"新教育实验，将会成为中国教育的一条鲇鱼，搅动中国教育这缸水"。

2004 年 7 月，新教育实验以"新教育、教育在线和教师成长"为主题在江苏省宝应县翔宇教育集团举行第三届研讨会。这次会议重点讨论了在网络背景下教师成长的规律问题，是新教育实验首次用年会的方式关注教师成长。当时，学术界对一线教师的成长生态相对关注不够，新教育实验团队较早意识到教师发展困境这一问题，并自觉地利用互联网帮助教师成长。2009 年，新教育实验成立网络师范学院。十年之后，《中国教师报》以《教师成长的"新教育范式"》为题，报道了新教育实验网络师范学院的故事。

2004 年 5 月和 9 月，江苏姜堰市教育局和河北石家庄桥西区政府分别建立了县域新教育实验区，开始以行政推动的方式推进区域实验。前

---

① 考虑到当时农村学校外语教学的难度，后改为"培养卓越口才"。

者是教育局直接发动，后者则是由区政府直接推动。自从江苏姜堰、石家庄桥西区等众多区域以行政方式推进新教育实验以后，我们一直在思考如何发挥好教育行政部门的作用，更加有序、规范地推进新教育实验的问题。实际上，作为一个自下而上的民间公益性教育改革实验，在缺乏人力、物力、财力的背景下，如何借助自上而下的行政力量推动实验，是团队从一开始就思考的问题。2006 年 11 月，新教育在浙江省嘉兴市秀洲区召开了新教育实验第一次实验区工作会议，总结区域推动新教育实验的经验与策略。

此后，区域推进新教育实验，逐渐成为新教育实验发展的主导模式。每一年召开新教育实验区工作会议，交流分享行政推动新教育实验的经验，也成为新教育的一项经常性工作。在实践中，不同实验区的建立也有不同的推进模式。有的实验区是以区域内优秀的新教育团队为主导，如河南焦作新教育实验区，就是由教科室的老师在自己女儿的班级里开始探索，继而吸引一群优秀教师参加，最后教育局决定整体加入新教育实验区，这是实验区内部的自下而上模式。有的实验区则是由一把手教育局局长亲自推动，如山西绛县新教育实验区。相对加盟新教育实验较晚的甘肃省兰州市新教育实验区，也是在教育局局长的直接推动下建立起来的。

如果说互联网和实验区是新教育实验发展的两个"推进器"，那么理论研究则是新教育实验发展的"加速器"。为加强新教育实验的理论支持和培训指导力量，新教育实验一开始就注重加强理论研究工作。

2003 年 11 月，新教育实验分别成立了新教育研究中心与"新教育理论的实践及推广研究"总课题组，以苏州大学的教师与研究生为基本骨干，吸收部分苏州高校和中小学的优秀教师参加。研究中心和总课题组在苏州大学定期举行"相约星期二"新教育沙龙，对玉峰实验学校研究实验中发现的问题，及时总结经验教训，讨论新教育实验的理论问题。

2005 年 6 月，总课题组编写的《与理想同行——"新教育实验"指导手册》正式出版，确认在五大行动的基础上增加"构筑理想课堂"，至此新教育实验的活动拓展为"六大行动"。后来，新教育实验陆续成立了新教育研究院（2007年）、新教育研究会（2007年）、新阅读研究所（2010年）、新生命教育研究所（2015年）、新家庭教育研究院（2015年）、新科学教育研究所（2018年）、新艺术教育研究院（2018年）、新职业教育研究院（2020年）等十余个研究机构，从事新教育的理论研究与课程研发，为新教育实验的发展提供学术支持。2005年7月，新教育实验第四届研讨会在四川成都市盐道街外语学校举行。会议的主题为"新德育"，会上发布了《新公民读本》系列教材，新公民教育和新生命教育开始进入新教育实验的视野。在这个意义上说，新教育实验的课程建设，是从新德育起步的。2005年12月，"北国之春——全国新教育实验与教师专业化成长"研讨会在吉林市第一实验小学召开。这次会议将新教育实验关于教师成长的理论和实践探索归纳整理为新教育实验的"三专模式"（"专业阅读＋专业写作＋专业发展共同体"，后来把"专业发展共同体"修正为"专业交往"）。这次会议也是新教育实验第五届研讨会。

2006年7月，新教育实验第六届研讨会在清华大学举行，会议正式提出了新教育的核心理念"过一种幸福完整的教育生活"。新教育人将这次在京举行的研讨会视为新教育实验的"进京赶考"。核心理念的凝练和专业化团队的建立，对于新教育实验是一件具有里程碑意义的事件。

2007年7月，新教育实验以"共读、共写、共生活"为主题在山西运城举行了第七届研讨会，正式提出"晨诵、午读、暮省——新教育儿童生活方式""毛虫与蝴蝶——新教育儿童阶梯阅读"等项目。生命叙事，从此成为新教育实验的一个重要的言说方式。随着实验规模的拓展，新教育不仅需要专业上的研究推广，更需要各项事务中的管理协调，更好地服务于实验者。此次会议期间成立了新教育实验的重要协调与管理机构——新教育研究院。同年11月，为了加强新教育的学术研究，也为让新教育实验有一个"正式"的身份，新教育在江苏省教育学会的支持下成立了又一个学术组织——江苏省教育学会新教育研究专业委员会（新教育研究会）。在成立仪式上，笔者提出了日后作为新教育价值观的"新教育精神"，即执着坚守的理想主义、深入现场的田野意识、共同生活的合作态度、悲天悯人的公益情怀。新教育的使命、愿景、价值观，至此基本形成。

2008 年 7 月，新教育实验第八届研讨会在浙江温州苍南举行。这次会议在总结新教育实验构筑理想课堂"六维度"理论和实践方面的探索经验的基础上，提出了理想课堂的"三重境界"的主张，以及"知识、生活与生命深刻共鸣"的核心观点。对课程与课堂的关注，使新教育实验更加深入学校和教师，也让新教育实验不断深耕一线，在教育实践中发挥更大的作用。同年 12 月，"新教育实验与素质教育行动策略的研究"课题获得全国教育科学"十一五"规划重点课题立项，这也是新教育实验第二次获得教育部教育科学研究的重点课题，表明新教育实验自觉地开启了为素质教育探路的学术旅程。

2009 年 7 月，新教育实验以"书写教师的生命传奇"为主题，在江苏海门举行了第九届研讨会，用生命叙事理论和"三专"理论，把职业认同和专业发展作为教师成长的双翼，完整地提出了新教育实验的教师成长理论，自觉地搭起教育理论与一线教师之间的"桥梁"。为中国的普通教师提供更多的学习资源与成长平台，逐步成为新教育实验的一项重要工作，也成为新教育实验的一大亮点。

2010 年 7 月，新教育实验以"文化，为学校立魂"为主题，在河北石家庄桥西区举行了第十届研讨会。这次年会对新教育的学校文化，对从使命、愿景、价值观到校风、学风、校训、学校建筑、学校仪式与庆典、学校故事等方面进行了比较全面的研究，研讨会的主报告为新教育学校文化建设提供了一个纲领性的文件。同年 9 月，为了深化对"营造书香校园"行动的研究，新阅读研究所在北京成立。这是新教育实验旗下成立的第一个专业性的研究机构。新阅读研究所成立以后，致力于研制中国人基础阅读书目，先后推出"中国小学生基础阅读书目""中国幼儿基础阅读书目""中国初中生基础阅读书目""中国高中生基础阅读书目""中国大学生基础阅读书目"以及"中国教师基础阅读书目""中国父母基础阅读书目""中国企业家基础阅读书目""中国公务员基础阅读书目"等成果，成为有影响力的书目研制机构。新阅读研究所成立第二年即荣获全国阅读推广机构大奖。目前，新阅读研究所正在研制中小学学科阅读书目、项目研究指导书目等。同年 12 月，江苏昌明教育基金会（新教育基金会）正式成立，这是一家集公益和专业于一身的基金会，也是新教育实验的专属基金会。基金会的宗旨是探索素质教育新路，推进新教育实验发展，促进教育改革与创新。基金会的愿景是成为中国教育创新和新教育实验事业发展的助推器。基金会的主要工作内容是致力于讲好新教育故事，鼓励教育同行交流合作，奖励优秀教育创新类项目，扶持薄弱地区教育资源，并把新教育的优秀成果转化为公益项目。

作为一个民间教育实验，新教育实验在缺乏资金、缺乏专业人才的情况下如何能够可持续发展？成立基金会是一个颇有特色的创新路径。一方面，基金会通过讲述新教育故事，争取社会各方面的资金支持，为新教育的研究项目和实验推广提供造血机制；另一方面，基金会通过帮助和支持边远地区、薄弱学校和贫困教师参与新教育实验的各项活动，为扩大实验规模，吸引更多区域和学校参与新教育实验创造了良好条件。新教育基金会目前有新教育童书馆、完美教室、新教育星火教师计划、新教育研究项目等品牌项目。同时，新教育基金会自 2016 年起，每年都会评选新教育年度人物、新教育年度智慧校长、新教育年度榜样教师、新教育年度完美教室和新教育年度卓越课程，激励优秀的实验区、实验学校和实验教师，为培养新教育骨干人才不断汇聚力量。在中国的教育研究团队中，用基金会的方式推广项目、推进实验，新教育实验具有一定的首创性。

2011 年 7 月，首届新教育国际高峰论坛在江苏武进湖塘桥中心小学教育集团举行，美、日等国专家与新教育人就教育田野研究等进行对话与交流。与新教育基金会相仿，新教育国际高峰论坛是新教育实验创造的又一种"借力"发展的新模式。随着新教育事业的发展，新教育国际交流的必要性也逐渐显现。同时，每年新教育年会之前，新教育都要举行中美新教育论坛，与来自美国的学者就年会的主题进行深度交流。举办新教育实验国际交流，一方面有利于我们学习借鉴国外先进教育理念和新方法，另一方面也促进了我们对世界讲好新教育故事。同年9月，新教育实验以"中国文化，中国思想"为主题，在内蒙古鄂尔多斯东胜区举行第十一届研讨会，会议提出了"以人弘道，活出中国文化的根本精神"的主张。为回答如何自觉地传承中国优秀的传统文化，如何实现优秀传统文化进教材、进课堂、进校园等问题，新教育一直在进行积极的探索。陶西平先生再次做出预言：新教育实验在为中国教育探路的过程之中，必将涌现出一个最优秀的教师群体，一批最优秀的教育家。时任中国陶行知研究会会长的朱小蔓教授在会上指出，新教育实验倡导的"上天入地"的教育科研具有重要的推广价值，"新教育团队这十年来的探索是开拓性的、创造性的，他们已经贡献很多，还将会有更大的贡献"。同年11月，新阅读研究所成立新教育亲子共读研究中心（后更名为新父母研究所）从事家校共育、亲子共读等阅读与家庭教育问题的研究与推广工作。新教育萤火虫亲子共读项目先后在全国100多个城市成立了"萤火虫工作站"，为数万名教师、父母组织开展公益活动一万多场。

2012年7月，新教育实验以"缔造完美教室"为主题，在山东淄博临淄实验区举行第十二届研讨会。会议全面总结了新教育缔造完美教室行动的研究成果，指出缔造完美教室要将愿景、文化、课程等融合在一间教室里，师生汇聚在伟大事物的周围，"吻醒"①故事和经典，编织诗意的生活，最终让教室里的每一个生命走向卓越。同年10月，以"教育的文化价值"为主题的第二届新教育国际高峰论坛在浙江宁波效实中学举行。此次论坛把新教育的基本行动项目由最初的"六大行动"扩展为"十大行动"，增加了推进每月一事、缔造完美教室、研发卓越课程和家校合作共育等"四大行动"。新教育的"十大行动"，至此相对确定。同

---

① 吻醒，出自《睡美人》的故事。国王的女儿被纺锤碰倒后一直在林中沉睡，四周的藤蔓荆条成为公主睡床的帘帐。直至有一天，一个年轻的王子路过，吻醒了公主。城堡中的所有人也都苏醒过来。王子公主从此过着幸福的生活。新教育用这个童话说明，书的生命是通过阅读吻醒的。

年 11 月，中国共产党第十八次全国代表大会召开。报告提出要坚持为社会主义现代化建设服务，为人民服务，把立德、树人作为教育的根本任务，全面实施素质教育，培养德智体美全面发展的社会主义建设者和接班人，努力办好人民满意的教育。十八大提出的这一教育方针，成为我们开展新教育实验的重要指导思想。

2013 年 3 月，为了满足新加入实验的区域和学校的培训需求，在南通市政府和海门市委市政府的大力支持下，新教育教师成长学院（海门市新教育培训中心）正式成立。新教育教师成长学院成立以后，承担了新教育实验的重要培训功能，迅速发展成为全国新教育理念培训和项目推广的重要基地。

除在本节开头分析的新教育实验发展的特点外，实验建构期的另一个重要特点是更加专业化与规范化。从组织构架、理论构建到机制保障、经费筹措、决策体系，新教育实验逐渐发展成为一个运转良好的民间教育公益组织。

四、实验深化期（2014 年至今）

这个时期的特点是深化新教育实验的理论与实践研究，系统研发新教育课程，丰富完善理论构架。课程的丰富性决定了生命的丰富性，课程的卓越性决定了生命的卓越性。随着新教育实验的深入，新教育越来越认识到，只有在课程层面进行变革，才能真正把握教育的未来。

2013 年 7 月，以"研发卓越课程"为主题的新教育实验第十三届研讨会在浙江萧山举行。在这次会议上，新教育提出了课程体系框架，即在新生命教育的基础上，建构新智识教育（真）、新德育（善）、新艺术教育（美）和个性特色课程。至此，新教育实验的理论框架、十大行动项目体系和课程体系的初步架构基本形成。

2014 年 7 月，以"新艺术教育"为主题的新教育实验第十四届研讨会在苏州市举行，会议提出了"艺术教育成人之美"的主张。新教育明确提出：新艺术教育的宗旨应该是儿童身心的解放和生命的幸福完整，应该是遍及儿童生活的全部领域，应该是为了普惠儿童的教养性教育。新艺术教育的目的不是培养职业艺术家，不是教出艺术尖子和进行精英的选拔与培育，也不是为了艺术而艺术，而是源于儿童天性的自由发挥，注重艺术欣赏力和艺术情怀的培育，注重培养具有艺术精神、艺术品位、艺术思维和健全人格的人。所以，新艺术教育是源于艺术（每个儿童的自然天性）、通过艺术（无处不在的中介作用）、为了艺术（艺术化的人生目的与境界）的教育，其宗旨是体验一种幸福完整的生活，成就一种幸福完整的人生。新教育实验在经历了 14 年的发展后回到发源地。苏州年会拉开了新教育实验课程研发的帷幕。年会以后，新教育开始筹备新艺术教育研究院，研发以艺术大概念为基础，融美术、音乐、戏剧、电影、设计、动漫等艺术样式于一体的新艺术教育课程体系，研制艺术学科的基础阅读书目，筹建新艺术学习中心等。

2015 年 1 月，新教育实验"缔造完美教室"叙事研讨会在北京师范大学举行。时任教育部基础教育一司司长的王定华教授等参加会议，对新教育榜样教师的完美教室给予了高度评价，"新教育实验的行动，踩准了基础教育的时代节奏，跟上了基础教育的发展变化。我们找不出理由不去支持新教育实验"。这次会议，邀请了十余位在一线深耕新教育的榜样教师讲述自己的成长故事，吸引了全国千余名教师参加会议，也展示了新教育课程本身的魅力。同年 7 月，以"新生命教育"为主题的新教育实验第十五届研讨会在四川成都金堂县举行，会议提出了"拓展生命的长宽高"的主张。来自全国的 2000 多名代表见证了新生命教育在灾区重建中的独特价值。这次会议上，我们提出了生命教育的基本理念与课程体系构架。会后成立了新生命教育研究所，研发了从小学到高中的完整的生命教育教材体系。

2016 年 7 月，新教育实验以"推进每月一事"为主题在山东诸城举行第十六届研讨会。会议全面总结了新教育推进每月一事行动的研究成果，提出了"习惯养成第二天性"的主张。2016 年 9 月 28 日，孔子诞辰日当天，新阅读研究所在北京举办了以"改变，从阅读开始"为主题的领读者大会。新阅读研究所自成立以来一直致力于书目研究，为了凝聚更多的阅读研究和推广人员，新阅读研究所发起举办了领读者大会。此后，每年 9 月的领读者大会也成为新教育的年度重要工作会议，并吸引来自国内的专家学者和国际儿童读物联盟（IBBY）的专家们参加会议。2019 年，在西安举行的以"儿童阅读与世界未来"为主题的领读者大会上，"中国阅读三十人论坛"正式成立，新阅读研究所作为秘书处单位，全面提供服务支持。

2017 年 7 月，新教育实验以"家校合作共育"为主题在江苏南京栖霞实验区举行第十七届研讨会。会议全面总结了新教育家校合作共育行动的研究成果，提出了"家校合作激活教育磁场"的主张。

2018 年 7 月，新教育实验以"新科学教育"为主题在四川成都武侯实验区举行第十八届研讨会。会议全面总结了新科学教育行动的研究成果，提出了"科学之光照亮求真创新之路"的主张，指出了新科学教育以"做中学、读中悟、写中思"作为实施路径。

2019 年 7 月，以"新人文教育"为主题的全国新教育实验第十九届研讨会在江苏泰州姜堰实验区举行。会议提出了"人文之火温暖幸福家园"的主张。作为全国第一个新教育实验区，姜堰教育局一直努力探索新教育在姜堰的生长样态，通过"一书一世界、一人一博客、一周一行走、一班一风景、一课一风格、一人一平板、一人一课表、一月一主题、一生一舞台、一家一宇宙"的"十个一"的姜堰实践，让新教育十大行动在这片土地上生长出自己的模样。

2020 年 10 月，以"新时代，新德育"为主题的全国新教育实验第二十届研讨会在江苏省盐城市大丰区举办。由于疫情防控的需要，来自全国各地的 500 多名代表参加了会议，超过 120 万的新教育人通过新教育 APP、CCtalk、爱奇艺、腾讯等直播平台观看会议。截至 2020 年 10 月，全国新教育实验共设立地市级实验区 12 个、县级实验区 162 个、实验学校 5575 所，共有 620 万师生参与新教育实验。一项民间的教育改革，在如此短的时间内迅速发展，形成了如此大的实验规模，这在中外教育历史上并不多见。

第二章

新教育实验的使命、愿景和价值观

　　使命、愿景和价值观，是一项教育改革与探索必须首先确立的目标和准则，也是一个机构安身立命与可持续发展的基石。使命或者责任，指明其为什么而存在；愿景或者蓝图，说明其要抵达哪里，成为什么；价值观或者信仰，代表其对好坏、善恶、美丑、成败、是非的基本评价标准和价值追求。使命、愿景和价值观，集中体现其理想追求和精神境界。通过20多年的探索与建构，新教育逐步形成了自己的使命、愿景和价值观，这些使命、愿景和价值观成为指导和约束新教育的重要纲领性文件，因此也成为新教育实验的"基本法"。

一、新教育实验的使命

"过一种幸福完整的教育生活"，是 2006 年第六届新教育实验年会主报告的题目，也是我们发起新教育实验六年后，在教育理想与理论方面探索的重要成果。"过一种幸福完整的教育生活"，完整的表述是"帮助新教育共同体成员（包括学生、教师、父母和教育行政管理人员等）过一种幸福完整的教育生活"。

新教育实验用教育的本体论、价值论和方法论对这句话进行了阐释。从本体论角度来说，教育是一种特殊的生活方式，这就是所谓的教育生活；从价值论来说，我们所追求的教育生活，应该是幸福而完整的，可持续发展的；从方法论来说，新教育主张通过营造书香校园等行动，并不断研发、开展新教育项目来实现过一种幸福完整的教育生活这一使命。为什么要把"过一种幸福完整的教育生活"作为新教育实验的使命？这与新教育实验对于教育与幸福、生活与生命的理解有关。

第一，教育就是生活。教育即生活，是杜威教育思想的基本观点。杜威指出，学校本身必须是一种社会生活，具有社会生活的全部意义。在中国，教育与生活通常是分开的，许多学校和家庭都认为教育是为了未来的，是为以后的工作和生活做准备的。新教育认为，教育作为一种促进美好生活的手段的同时，本身也是一种生活方式。师生在为长远的人生与社会理想服务的同时，也应享受当下的教育生活。学校生活与社会生活之间，本身应该是相互联系、相辅相成的，当下和未来是一条川流不息的人生长河。

第二，教育是一种特殊的生活。教育必须确保受教育的个体生命获得充分成长，必须实现社会对于一个未来公民的期望。从这个意义上讲，它是一种特殊的生活，是一种选择性、超越性的特殊生活。而且，这种教育生活，不能仅仅等同于学校的教育生活，也应该包括家庭和社区的教育生活，是一种泛在的教育生活，是贯穿人生始终的终身学习生活。

第三，教育生活应该是幸福的。幸福是我们一切行为的终极目标。他认为，我们做其他的事情，最后都是为了得到幸福。在当代教育史上，幸福教育理论的重要代表人物内尔·诺丁斯也坚定地传承了把幸福作为生活和教育的目的的思想，认为"好教育就应该极大地促进个人和集体的幸福"。既然教育的目标是努力促使每一个人都能够"过一种幸福完整的教育生活"，其本身也应该是幸福的。人们无法从单纯的富裕的物质生活中得到真正的幸福，内心的宁静与精神的享受才能获得真实的幸福体验。精神与道德是人身上最高贵的部分，幸福就是精神与道德上的完善。我们注意到这样的事实：在应试教育的背景下，不少孩子的童年生活充满了无情的竞争与不断的失败，心里没有美好的梦想，眼中失去了凝望世界的神采。新教育强调"过一种幸福完整的教育生活"，就是为了改变某些违背人性、摧残童心的畸形教育。所以，新教育的使命，既是对教育终极意义的思考与追求，也是对当下教育进行改良的愿望与行动。

第四，教育生活在追求幸福的同时还应该强调完整。幸福，是目的方向；完整，是质量标准。幸福比成功更重要，成人比成才更重要，成长比分数更重要。教育的目的，不是成功，而是幸福；教育的质量，不是分数，而是成长。完整，从根本上是指人格的完整性，人自身的统一性，潜能得到最大的实现，生命得到最大的成长，成为更好的自己。完整的生命，指个体身、心、灵，德、智、体、美、劳的和谐发展；完整的教育，应是家、校、社、政的和谐发展；完整的教育质量，应该是学习性质量、发展性质量和生命性质量的整体提升。当今教育的问题在于奉行唯智主义，过于注重知识的掌握，缺乏做人的教育，缺乏德行的教育。新教育希望通过幸福完整的教育生活，能够实现人的"全面和谐的成长"，让每个受教育者能够获得成功的智力、整合的智慧、高尚的德行、丰富的情感，成为更好的自己。

二、新教育实验的愿景

　　新教育实验的愿景，不同时期有着不同的表述。在新教育实验初期，曾用"理想的四重实验境界"来表达我们的愿景，那就是：（1）成为教师实现专业发展的理想舞台；（2）成为学校提升教育品质的理想平台；（3）成为学生享受成长快乐的理想乐园；（4）成为新教育共同体的"精神家园"和共同成长的"理想村落"。这是新教育实验的"四重实验境界"，是一种比较诗意化的新教育愿景的表达。

　　2006 年新教育实验年会上，我们在"四重实验境界"的基础上，从理论与实践层面提出了两个"成为"：成为中国素质教育的一面旗帜，成为植根本土的新教育学派。这是一种更加凝练的愿景表述。同时，为了方便理解和记忆，新教育用四个"改变"重新阐述了"四重实验境界"，即"改变教师的行走方式、改变学生的生存状态、改变学校的发展模式、改变教育的科研范式"。随着新教育实验区的不断增加，2017 年新教育又增加了第五个"改变"——"改变区域的教育生态"。

　　后来，根据 2018 年召开的全国教育大会提出的"扎根中国大地办教育"的方针，进一步把"成为植根本土的新教育学派"，改为"成为扎根中国大地的新教育学派"。这样，在第一个愿景"成为中国素质教育的一面旗帜"之下，有四个改变的目标，即改变教师的行走方式、改变学生的生存状态、改变学校的发展模式和改变区域的教育生态；在"成为扎根中国大地的新教育学派"之下，有改变教育的科研范式这一目标。两个"成为"和五个"改变"就构成了新教育实验的愿景体系。

（一）愿景一：成为中国素质教育的一面旗帜

　　1987 年，时任国家教委副主任的柳斌明确提出了"素质教育"这一概念。"基础教育不能办成单纯的升学教育，而应当是社会主义的公民教育，是社会主义公民的素质教育。"此后，素质教育逐步成为中国教育改革与发展的主题。遗憾的是，素质教育讲了多少年，但实际上却依然是"轰轰烈烈讲素质教育，扎扎实实做应试教育"。究其原因，就是素质教育缺乏行之有效的办法、扎扎实实的行动。

对"素质教育是什么"一直有着不同的论述，但有三个标准是公认的。第一个标准是，素质教育是面向全体学生的教育，新教育实验"为了一切的人"的理念，与这个标准是完全一致的。第二个标准是，素质教育是全面发展的教育，新教育实验倡导的"为了人的一切"的理念，与这个标准也是一致的。第三个标准是，素质教育是可持续发展的教育，新教育实验强调的"教给学生一生有用的东西"的理念与这一标准是相吻合的。从这个意义上来说，新教育实验就是素质教育的一种尝试、一种探索。

更加重要的是，新教育实验以切实推进"书香校园"等实际行动，为素质教育打下了最重要的基础。脑科学研究表明，好的阅读不仅对人的大脑生理结构产生积极影响，还能滋养人的心灵，使人认识自我，超越自我。没有阅读就没有个人心灵的成长，没有人精神的发育。我们的世界观、价值观其实早在童年的阅读中就已经悄然形成，甚至决定了个体精神成长的深度和广度。人最基本的素质是精神成长，而一个人的精神发育史就是他的阅读史。[1]所以，素质教育应当从阅读开始，阅读应该成为素质教育的基础工程。中国要从人口大国走向人力资源大国，从人

---

[1]　笔者在《改变，从阅读开始》中指出，个体的精神发育历程是整个人类精神发育历程的缩影。每一个个体在精神成长过程中，都要重复祖先经历的过程。这一重复，是要通过阅读来实现的。人类的历史有很多的精神丰碑，要达到或者超越那些精神高峰，阅读和思考是唯一的途径。人类精神的阶梯就这样随着重复阅读不断延伸。如果没有这样的重复，人类的精神就会退化，就会衰落。没有阅读，我们这一代人的精神境界可能还远远不如文艺复兴时代的大师们，甚至还不如更早以前的历史阶段。对人类思想的进化而言，对个人思想的发展而言，从信息到知识到智慧，就像一个金字塔，它是精神与智力逐步升级发展的过程。唯有通过书籍阅读，我们每一个人的智慧才能一步步地通往精神的"金字塔"之巅。将每一个人的智慧汇总起来，才能体现我们这个时代的精神高度。所以，阅读的过程，就是人的素质不断形成与提升的过程。没有阅读就不可能有个体心灵的成长，不可能有个体精神的完整发育。

力资源大国走向人力资源强国，如果没有阅读是不可能实现的。离开了阅读，就谈不上素质教育。由于新教育实验的内涵与素质教育的主旨高度契合，新教育实验理所应当成为有影响力的素质教育的一面旗帜。

对于新教育实验而言，素质教育的成效应该主要体现在四个"改变"上：一是改变教师的行走方式。教师从逼着学生往前走到与学生一起成长，从专门负责检查监督的教育"警察"变成陪伴成长的朋友，从消极被动地完成教学目标任务到积极主动地阅读写作、享受教育生活的幸福，其行走方式得到很大改变。二是改变学生的生存状态。学生从被动学习变为主动学习，从作业、考试导向变成合作探究，从单一的文化课程变成艺术、运动、品德等主题丰富多样的课程，生存状态得到良好改变。三是改变学校的发展模式。学校从过去的"升学就是硬道理""分数才是生命线"，到发现比分数更美好的东西、比升学更重要的使命，从关注学生的成绩到关注学生的成长，从关注学生当下的考试到关注学生终身的发展，其发展模式也发生了变化。四是改变区域的教育生态。区域教育水平不再是以分数论英雄，家庭、学校、社区、政府合作育人的新模式逐步形成，办人民满意的教育逐步成为全社会的共识。

（二）愿景二：成为扎根中国大地的新教育学派

改变教育科学研究的范式，扎根中国大地办教育，努力建构新教育的理论体系、课程体系与学校文化，成为扎根中国大地的新教育学派，是新教育实验的第二个愿景。

中国有着悠久的文化传统和教育历史，但我国对世界教育的贡献是远远不够的，大概只有孔子[①]、陶行知等少数中国教育家出现在世界教育史上。尽管在数千年的中国教育史上，从先秦时期的儒家、法家、墨家、

---

① 在英国教育家乔伊·帕尔默主编的《教育究竟是什么？100位思想家论教育》中，中国只有孔子一人名列其中。

道家，到宋代的理学家、心学家、事功学派，再到现代教育史上的生活教育学派、乡村教育学派、活教育学派、平民教育学派等，教育学派从未间断，但是，古代学者的教育思想大多包含在他们的哲学思想之中，而生活在社会动荡时代的现代教育学者，又很少有学派形成过完整的教育理论体系。当下我们的教育理论，基本上也是言必称西方，"拿来主义"盛行。学者们讲建构主义、认知理论、人本主义、多元智能、学习科学，忽视了对本土教育土壤的适应性问题。有着悠久教育历史和文化传统的中华民族，如果不能够为世界教育贡献自己的理论，那将是我们的巨大遗憾。事实上，无论是借鉴国际还是本土传承，都需要扎根教育田野，通过实实在在的教育实践，检验和选择最适应中国国情的教育发展模式。

我们相信，在探索素质教育道路，扎根中国大地办教育的同时，也一定能够形成新教育自己的理论体系，形成新教育自己的理论风格，形成新教育自己的学术品牌，为世界教育思想宝库贡献新教育人的智慧。虽然我们知道还有很长很长的路要走，但这是一条必须要坚持行走的道路。

我们知道，话语体系不仅是学科建设的需要，也是一定时代经济社会发展状态和文化传统的综合表达。"表面地看，话语体系是作为人类交往行为中由交往主体通过语言符号建立起来的表达与接受、解释与理解、评价与认同等多重认知关系。深层地看，话语体系是受经济实力所支撑的影响力制约的，是反映民族传统、时代精神的思想理论体系的外在表达形式。"中国改革开放以来，尤其是党的十八大以来，我国对构建有中国特色的话语体系高度重视，提出加强话语体系建设，讲好中国故事，让全世界都能听到、听清、听懂中国声音，认识一个真实的、立体多彩的中国。新教育实验期望既具有国际视野，又扎根中国大地办教育，努力建构新教育的理论体系、课程体系与实践体系，成为既扎根中国大地又博采众长、兼容并蓄的新教育学派。在这个意义上来看，新教育人的努力，其实也是努力建构中国教育话语体系的一个重要组成部分。

上述两个愿景，是新教育人的共同梦想。它一方面代表了新教育团队的理论梦想，即真正地形成新教育的理论体系、话语体系、课程体系、文化体系，讲好中国教育故事，传播中国教育文化；另一方面代表了新教育团队的实践梦想，即真正地参与到中国教育变革中去，创造出操作性强、效果良好的课程与方法，探索适合中国国情的素质教育路径。两个愿景是基于五个"改变"提出的，愿景能否实现，在很大程度上取决于五个"改变"能否真正实现。新教育的所有行动与课程，都是围绕"五大改变"设计的。"五大改变"实现了，新教育的愿景也就水到渠成。

三、新教育实验的价值观

价值观反映了应该弘扬什么、反对什么、摒弃什么，决定着我们如何去完成使命，实现愿景。2007 年江苏省教育学会新教育研究专业委员会（简称"新教育研究会"）成立的时候，笔者在讲演中提出的新教育精神，后来逐步被确定为新教育人应该恪守的基本价值观。

（一）执着坚守的理想主义

教育和理想是一对孪生兄弟。教育是培养人的事业，而人是物质和精神的统一体。人不同于其他动物的重要特点是人具有精神性，精神性注定了人不仅仅是为了当下而活着，更重要的是为追求理想而活。人的生命价值与理想有着密切的关系。教育也是一个理想的事业，几乎所有伟大的教育家都是理想主义者。

我们正处于人类历史上的一个百年未遇之大变局的转折点上，处在一个教育大变革的时代，处在一个需要教育理想主义者的时代。我们知道，任何教育变革都会遭遇许多困难、挑战、矛盾、冲突，但是，有理想主义的情怀，无论碰到什么样的困难、什么样的挫折，我们仍然会坚定地往前走。我们相信，再渺小的一份付出，也会悄悄影响世界，增益理想的善。

新教育实验正是从理想出发的。2000 年，《我的教育理想》的出版标志着新教育实验的诞生，这绝不是一个偶然的现象。此书及后来出版的《新教育之梦》，系统地从理想的学校、理想的教师、理想的校长、理想的学生、理想的父母、理想的德育、理想的智育、理想的体育、理想的美育、理想的劳动技术教育这十个方面，详细阐述了新教育实验的教育改革方向及新教育共同体的理想，昭示着新教育实验始终坚守远大的教育理念，去深入探寻未来教育的理想和理想的教育。实现这些理想，本身也是笔者发起新教育实验的初心。所以，新教育一开始就是一个追寻理想的教育实验，新教育人一开始就是一群追寻教育理想的"尺码相同的人"，是为了推动人类不断地走向崇高从而也让自己不断走向崇高的人。我们知道，这个世界需要一群"擦星星"的人，我们也愿意把自己的青春和智慧奉献给这样的"擦星星"的事业。我们一开始甚至考虑过定名"理想教育实验"，因为担心有可能被误解为德育中的一个领域"理想教育"而作罢。

新教育实验之所以高举理想主义的旗帜，是因为我们清晰地认识到，没有执着坚守的理想主义，是不可能将新教育坚持到底的。执着是一颗神奇的种子，坚守是一株顽强的野百合，理想主义是一片丰沛的土壤，当执着坚守的理想主义者真正走到一起，我们就可以看到妙不可言的教育春天。

（二）深入现场的田野意识

在所有的应用学科中，教育理论与教育实践的脱节可能是最严重的。教育研究者缺乏深入现场的田野意识和改造教育的行动力量，一线老师对艰深难懂的教育理论不感兴趣，教育理论进不了中小学，是困扰教育的世界性难题。

解决难题的关键，在于找到教育理论和教育实践之间的桥梁，在于用理论去武装一线的教师，在于树立深入现场的田野意识。当下中国教育有三种人："官人""学人"和"农人"。"官人"，是制定教育政策、管理教育工作的行政管理人员。"学人"，是从事教育理论研究、发表教育论著的人。"农人"，则是耕耘在教育的田野里，在校园里、教室里与孩子们打交道的一线老师和科研人员。新教育如果只有"官人"和"学人"，永远不能成功。新教育更需要"农人"，需要把两条腿深深扎到泥巴里的人，需要每天深入课堂与孩子们进行心与心交流的人。

在历史的星空中，那些熠熠生辉的伟大教育家，从孔子到杜威，从亚里士多德到陶行知，几乎都能担当得起"农人"角色，他们都是具有田野意识、知行合一的行动家。如陶行知先生在《我们的信条》中直言不讳地宣称，要有"农夫的身手、科学的头脑、改造社会的精神"。在教育史上能够留名的教育家，也大部分是有着行动力的教育理论家。

新教育实验提出的"行动，就有收获；坚持，才有奇迹"理念，是新教育的田野精神的另一种表达方式，反映了新教育人与生俱来的田野意识。新教育人清晰地意识到，脱离生活、远离课堂，关起门来写文章、高谈阔论做研究，是走不远也做不出真学问来的。所以，新教育鼓励教师们扎根田野，深入课堂。新教育的卓越课程、完美教室、榜样教师、智慧校长等评选活动，都强调真正来自"田野"的东西。新教育提倡师生共写随笔，不是为了培养作家，而是培养认真生活、热爱生活的人。

新教育实验提出，只有做得精彩、活得精彩，才能写得精彩。新教育期待每个参与者都沉下心来，像农夫那样扎根在大地上、田野里，在教育现场、校园课堂和孩子的悲欢中，倾听自己的内心，思考教育生活，培养田野意识。也正因为如此，新教育实验在教育理论和教育实践之间架起了一座中介性的桥梁，帮助教育理论落地，帮助一线教师掌握理论。而理论一旦成为一线教师手中的"武器"，他们就会真正地拥有了教育的智慧和强大的行动力量。

（三）共同生活的合作态度

如果说理想代表我们的追求，田野代表我们的行动，那么合作则代表新教育的人际交往态度。一个人可以走得很快，一群人才能走得很远。合作，对于人类社会活动具有非常重要的意义。美国学者马丁·诺瓦克认为，合作是继突变和自然选择之后的第三个进化原则。的确，无论是人类共同面对的问题，还是单一组织或者机构面对的问题，仅仅依靠个人的力量都是不可能妥善解决的。正如斯坦福大学原校长汉尼斯所说，最高效团队的人员组成都在技能、看问题的视角以及个性方面拥有着最大限度的多样性。人才的多样性、人与人的互补性是成就事业的前提。

共同生活的合作态度，也是新教育实验的一个重要价值观。合作的前提是平等。新教育实验是求真的事业，平等是求真的前提。新教育应该是一个只问真理的团队，不屈从于任何上下级的行政关系和不讲原则的庸俗关系。

在新教育共同体中，所有的人都是平等的。"老师"成为新教育人在任何场合下共同的称呼。只有平等了，我们才不会盛气凌人，才不会俯视这个群体中的其他人，才能尊重所有的人，才能平等地交流，真诚地"争论"，才能集思广益，形成共识。

新教育人很早就意识到，要使教育变革顺利推进，势必离不开共同体中每个成员的创造与团队协作，并把自己的事业形容为"熬制一锅石头汤"①。虽然新教育参与者们散布在五湖四海，甚至素昧平生，然而仰

---

① 石头汤的故事来源于法国民间，讲的是三个士兵打完仗以后疲惫地走在一条陌生的乡村路上，又累又饿。他们走进一个村庄挨家挨户讨吃的，但无人搭理。饥肠辘辘的士兵们想出了一个绝招。他们向村民们宣布，要做一锅用石头做的世界上最鲜美的汤。好奇的村民们为他们准备好木柴和大锅，士兵们真的开始用三块大圆石头煮汤了！当然，为了使汤的味道更鲜美，他们向村民要了一点盐和胡椒，还有胡萝卜、卷心菜、土豆、牛肉、大麦和牛奶等，最后果然烧好了一锅神奇的石头汤。新教育用这个故事，说明新教育是大家共同创造的。

赖于共同的理想和追求，我们在另一重意义上，又是"共同生活"在一起的。

为促进共同体成员共同成长，新教育实验建立了新教育实验网络师范学院、新教育种子教师群体等成长共同体。新教育作为一个民间教育改革的团队一直坚持——有组织结构，但没有行政压力；有激烈辩论，但没有党同伐异；有坚持己见，但没有挖墙拆台。大家在这样平等的、求真的、合作的团队里共同成长。

（四）悲天悯人的公益情怀

教育与公益本来就有着千丝万缕的关系。教育本身具有很强的公益性，甚至可以说，教育就是最大的公益。而公益本身也有一定的教育意义，伟大的慈善公益机构在选择支持领域的时候，教育总是最受关注的重点。正如卡内基在《财富的声音》里所说，在公益捐助的六大最佳领域里，建大学和免费公共图书馆是公益行动的首选。

在新教育团队内部，曾经围绕着教育的公益性和市场性进行过较为激烈的争论。作为一个民间的教育改革实验，没有政府拨款，没有资金来源，且实验推行中无论是网络运营维护，还是研发人员薪酬和实验管理工作经费都需要比较多的资金，新教育实验经常面临经费不足的问题。但是，新教育实验一开始就决定不向实验区、实验校收费，不走市场化的道路，不举办以盈利为目的的培训。从早期教育在线网站的暑期西部义务支教到为边远乡村捐赠图书，从新教育童书馆到新教育种子教师的公益活动，都是新教育悲天悯人的基因表达。

新教育一直认为，中国教育最短的板在乡村，最需要关怀的是乡村教师和乡村儿童。新教育实验学校 62% 是乡村学校，我们需要更多地走向边远乡村，那是最需要帮助的地方。只有那里发生了好的变化，才能说中国教育在向好的方向转变。所以，新教育基金会的重点支持对象，也放在乡村和边远地区。

在研究与推广经费方面，新教育实验一直在用最少的资金投入，撬动社会与政府多方力量支持和参与教育发展。作为一项民间教育实验，新教育实验最初完全是志愿者模式，从发起人到研发人员、网站管理人员、实验推广人员都是志愿者。至今，绝大部分工作也是以志愿者为主力，通过公益项目的方式推动。因为单一的志愿者模式，很难大规模地深入开展新教育的研究推广工作，所以，在2010年成立了新教育基金会，以筹措资金扶持重要的研究项目和贫困地区的新教育工作。新教育实验一直坚持实验的公益性原则，除将研究成果无偿提供给实验区、实验校使用外，还为农村学校和贫困地区资助新教育童书馆、完美教室、新教育工作室等，向边远地区的学校提供图书、培训等各类实验所需的支持。新教育基金会自成立以来，已经十年蝉联中国权威和公正的基金会信息披露指数透明度（中基透明指数）第一名（并列）。

总之，新教育共同体以执着的理想为导向，秉承合作的态度，通过扎根于田野做一番公益事业的路径，力求帮助所有人过一种幸福完整的教育生活，以此成就我们的人生，成就我们的教育，成就我们的民族。这是新教育人的使命，也是新教育精神的本质内涵。

第三章
新教育实验的哲学、
伦理学和心理学基础

　　与教育的本体论、价值论和方法论相对应，新教育实验具
有自己的哲学、伦理学和心理学基础。相对于教育的本体论而
言，新教育实验的哲学基础是人本论、行动论，也可以说，这
是新教育实验的发展哲学和行动哲学；相对于教育的价值论而
言，新教育实验的伦理学基础是崇高论、和谐论，这是新教育
实验所追求的境界和倡导的目标；相对于教育的方法论而言，
新教育实验的心理学基础是状态论、潜力论和个性论，这是新
教育实验的基本路径与方法。

一、新教育实验的哲学基础

新教育实验的哲学基础就是人本论和行动论。人本论是指"为了一切的人，为了人的一切"。教育是一个培养人的事业，是为生命奠基的事业，这是笔者在《我的教育理想》中明确提出的观点。"为了一切的人"，这里的"人"当然是一个个"具体的人"，表达的是一种"全民教育"（education for all）的理念，指在教育对象上应该面向所有的人，尤其是要关注弱势人群。以人为本，历来是古今中外优秀教育家的根本出发点。教育的对象是人，教育的主体是人，教育的目标是培养人。教育——首先是人学。不了解孩子——不了解他的智力发展，他的思维、兴趣、爱好、才能、禀赋、倾向，就谈不上教育。"为了人的一切"传达的是一种"全人教育"（holistic education）的理念，在教育的内涵上，应该"成人之美"，旨在培养全面发展、和谐发展的人，而非"一只受过良好训练的狗"。新教育不仅要关注分数，更要关注人格、关注心灵、关注生命成长。

新教育主张以人的个体生命为本位，根据个人发展的需要确定教育的目标并实施教育，从知识的人本化和学习的人本化出发，引导教育圈中每一个人发展个性、舒展自我，在教育中将人提高到"人"的高度，最终把人"还原"为"人"，达到人的"自我实现"。此外，新教育不仅关注学生，而且关注教师、关注校长、关注父母，关注一切和教育相关的人。

行动论是强调教育的实践探索，通过行动去改变教育。马克思在《关于费尔巴哈的提纲》一文中提出，哲学家们只是用不同的方式解释世界，而问题在于改变世界。新教育实验的行动哲学倡导"只要行动就有收获，只有坚持才有奇迹"。一方面优秀的教育理论无法落地，另一方面一线教师对理论望而生畏不感兴趣，教育理论与教育实践相脱节是世界教育面临的一个难题。新教育实验努力成为理论与实践之间的桥梁。对于新教育实验而言，我们的定位是：当务之急不是创造多少深刻的教育理论，而是如何改进我们的教育行为。

新教育实验与过去一些教育实验有诸多的不同，行动性是其中很重要的一条。我们不能说过去的实验不强调行动，但是由于没有寻找到让理论落地的路径，教师们往往难以行动。新教育实验以其独有的、与以往的教育研究迥然不同的行动研究方式进入中小学，其行动性、实践性以及舍弃浮华与虚假的可行性，给教育实践带来了巨大的冲击与推动。教师们在新教育理想的感召下，唤醒了沉睡的教育激情，很快投入其中，享受着自身的成长，收获着教育的快乐与幸福。

行百里路者半九十，行动论的关键在于"坚持"。真正能够做出成效的，真正能够创造奇迹的，是那些坚持不懈的人。新教育实验的推进，也是一个大浪淘沙的过程，新教育提出的"相信种子，相信岁月"这一理念，在强调行动的同时，也特别强调坚持的意义。

二、新教育实验的伦理学基础

新教育实验的伦理学基础是崇高论与和谐论。赫尔巴特认为，教育目的可以分为两种，即"可能的目的"和"必要的目的"。"可能的目的"，是指与儿童未来所从事的职业有关的目的，也就是"学生将来作为成年人本身所要确立的目的"；"必要的目的"，是指教育所要达到的最高和最基本的目的，这就是教育的道德或者伦理目的。"道德普遍地被认为是人类的最高目的，因此也是教育的最高目的。""教育的唯一工作与全部工作可以总结在这一概念之中——道德。"

从赫尔巴特提出的教育目的标准来看，如今的教育是不够完善的。教育职责不明确，教育方向不明晰，教育标准不契合个体发展需要，这类看似简单其实决定着教育全局的根本性问题，也就是教育的伦理问题，被我们忽略了。崇高论，是指与人类的崇高精神对话。新教育实验认为，教育是一项培养人的事业，是一项通过培养人、与人类的崇高精神对话，让人类不断走向崇高、生活得更加美好的事业。教育最重要的任务，就是让教师、学生与人类的崇高精神对话，就是塑造美好的人性，培养美好的人格，使学生拥有美好的人生。因此，判断教育的好坏，应该从这样的"原点"出发；推进教育的改革，也应该从这样的"原点"开始。新教育实验之所以如此重视阅读，一个重要的原因就是人类伟大的智慧、崇高的精神，往往就在那些最伟大的作品之中。和谐论，是指教给学生一生有用的东西。新教育实验主张，教育应该为学生的终身负责，为学生在 21 世纪的生存和发展负责，帮助学生成为一个和谐发展的人、一个个性张扬的人、一个具有自我学习和发展能力的人、一个最好的自己。

人的一生有许多比考试成绩更重要的东西，其中最关键的是关乎一个人一生幸福的习惯、技能和生活方式，这些核心素养被视为 21 世纪适应个人终身发展和社会发展需要的必备品格与关键能力。中国学生发展核心素养框架主要包括文化基础、自主发展和社会参与三个方面。这三个方面又分别包含人文底蕴与科学精神、学会学习与健康生活、责任担当与实践创新六大素养。可以发现，核心素养的内容是蕴含了知识、能力、情感、态度、价值观的综合体现。比如，人文底蕴里既有对人文积淀的知识要求，也有对人文情怀和审美情趣的情感要求与态度要求；科学精神里既有对科学知识与技能的要求，又有对理性思维、批判质疑和勇于探究等思维品质的要求。而学会学习、健康生活、责任担当、实践创新里面都包含了对人的学习习惯、学习技能、生活态度与价值观的要求。

中国学生发展核心素养框架是 2016 年正式提出来的。以此观照新教育实验的课程与项目设计，可以发现我们在更早的时候，从实验开始就是从学生的终身发展这个立足点出发的。新教育实验的晨诵、午读、暮省课程，每月一事习惯养成课程，以及智识课程、德育课程、生命课程、艺术课程等课程的设计与实施，无不充分考量了学生的身心健康和谐发展、个体生命与社会生命的和谐发展。

三、新教育实验的心理学基础

新教育实验的心理学基础是状态论、潜力论和个性论。状态论，是指重视精神状态，倡导成功体验。在现实的教育生活中，只有具备良好的精神状态，才会"不待扬鞭自奋蹄"，才会自强不息、坚持不懈。无论是教师还是学生，影响他们成长的最重要的要素，往往就是这样的精神状态。英国伦敦大学教育学院的卢金老师在《智能学习的未来》中提出了学术智能、社交智能、元认识智能、元认知智能、元主观智能、元情境智能、自我效能感 7 大要素。她认为，从根本上来说，一个人的智能是与其社会互动能力紧密相连的。"智能不仅源于人际互动，而且也越来越多地体现在人际互动之中。"所以，人类想要在 21 世纪不断取得发展和进步，就需要在真实的人际互动中、在真实的社会互动中锻炼各种智能。卢金的理论，为新教育重视精神状态，倡导成功体验提供了实施路径的依据。

唤醒潜能、激发力量、促进教师和学生走向成功，这是新教育实验的一个重要观点。新教育实验主张学校教育要给学生创造感受成功、体验成功的条件，从而使其不断增强自信，不断挑战自我。通过让学生在教育中获得成功的体验，而后在成功的体验中确立新的目标，求得更大的进步。对于教师来说也是如此。新教育的教师成长，不仅仅表现在专业发展上，更重要的是激发了内在的事业心和职业自豪感。在这一点上，新教育实验与西方的积极心理学有异曲同工之妙。2000 年，我国新教育实验正在兴起，西方的积极心理学几乎也在同时诞生。2000 年 1 月，塞利格曼和西卡森特·米哈伊发表了论文《积极心理学导论》，以研究人类的积极心理品质、关注人类的健康幸福与和谐发展，倡导心理学的积极取向，这与新教育倡导的幸福完整的教育生活有异曲同工之妙。新世纪的开始，东方和西方不约而同地关注人的幸福与成长问题，关注人的积极的心理状态与良好的生活态度。

潜力论，是指"无限相信师生的发展潜能"。心理学的研究表明，每个人都有着巨大的潜力空间，孩子和教师身上的潜力怎么去评估都不会过分。而只有自信，才能使教师和学生的潜能得到充分开发，才华得到充分展示，从而获得"高峰体验"。教育应该是一个不断培养自信心的过程，应该是一个扬长的过程，而不应该是一个补短的过程，不应是一个不断摧毁自信心的过程。所以，教师非常重要的任务之一，就是启动学生的心理自信系统，让学生在自信中不断地追求成功、设计成功、冲击成功。而教师自己的自信，也是他们创造力和教育智慧的源泉。新教育实验主张要无限地相信教师和学生的潜力，为其体验成功与自信搭建舞台、创造空间。而自信能够创造奇迹，我们给教师和学生多大的舞台，他们就可以演绎多大的精彩；我们给教师和学生多大的空间，他们就可以创造多大的辉煌。

个性论，是指"强调个性发展，重视特色教育"。个性发展是指个人在禀赋、气质、兴趣、情感、思维等方面的潜在资质得到发展，心灵自由和精神世界的独特性得到尊重，思考的批判性、思维的独特性和思想的创造性得到鼓励。也就是说，教育实践中应充分正视和发展师生在心理方面存在的个别差异性，把每个人都培养成更好的自己。新教育实验崇尚的是个性与特色。我们一直认为，特色就是卓越，最好的就是最有特色的。特色是在学生和教师个性张扬下发展起来的，是在学校、社会共同呵护下发展起来的，是在活动的过程中逐步形成的。新教育希望每个学校都办出特色，每一位老师和学生都拥有自己的个性和特长，让每一个人都成为他自己。有了特色，学校就是与众不同、值得尊敬的组织，学生和老师就是大写的人。

第四章

新教育实验的十大行动

新教育实验一开始就自觉地把"行动"二字写在了自己的旗帜上。今天的中国缺少的不是批评家，不是理论家，而是真正的行动家。对于一线老师而言，他们需要的是能够解决课堂问题的理论，需要的是行动研究。正如笔者对《中华儿女》杂志记者所说："中国教育有弊端，但怒目金刚式的斥责和鞭挞，虽痛快但无济于事。对于中国教育而言，最需要的是行动与建设。只有行动与建设，才是真正深刻而富有颠覆性的批判与重构。"

2002 年，新教育实验最初从昆山市玉峰实验学校起航的时候，提出了"五大行动"。后来，我们增加了"构筑理想课堂"，并且提出了"6+1"的家校合作共育。2013 年，我们正式提出了新教育的"十大行动"。有人一直追问：新教育的十大行动，内在的结构是什么？理论的逻辑在哪里？我们的回答是：新教育的十大行动不是一个严格的理论体系，而是一个行动的逻辑，是根据当下中国教育存在的问题，为解决当下学校教育面临的困境精心设计和安排的。新教育实验发展的过程中，行动路径也是在逐步完善的。

一、营造书香校园

"营造书香校园"，指通过整合丰富的阅读资源，开展多彩的读书活动，创造浓郁的阅读氛围，让阅读成为师生的日常生活方式，进而推动书香社会的形成。这是新教育实验的十大行动之首，是最重要、最基础的行动。书香校园建设，在任何一个阶段的学校都具有基础性、根本性的作用。小学阶段是学生阅读兴趣、阅读能力和阅读习惯养成的最关键时期，在小学落实营造书香校园活动尤为重要。新教育的阅读观认为，一个人的精神发育史就是他的阅读史，一个民族的精神境界很大程度上取决于这个民族的阅读水平，一所没有阅读的学校永远不可能有真正的教育，一座书香充盈的城市才能成为美丽的精神家园，共读共写共同生活才能拥有共同的愿景、共同的语言、共同的密码和共同的价值。

学校，在本质上就是师生一起阅读、实践、探索、求知的地方。没有阅读，就没有教育，当然也谈不上学校。一所学校可能什么都齐全，但如果没有为了人的全面发展和丰富精神生活而必备的书，或者如果大家不喜爱书籍，对书籍冷淡，那么，就不能称其为学校。一所学校也可能缺少很多东西，可能在许多方面都很简陋贫乏，但只要有书，有能为我们敞开世界之窗的书，那么，这就足以称得上是学校了。可见，书香校园应该是学校甚至教育的基本活动和本质特征。

教育公平的基础是阅读公平，书香校园建设有助于以促进阅读公平来推进教育公平。美国著名学者赫希指出：阅读的差距，恰恰是社会不公平的重要原因所在，"阅读能力是民主教育事业的核心，被恰如其分地称为'新民权前沿'"。赫希认为，与经济繁荣和社会公平相比，解决阅读问题才是当下最为紧要的事情。他发起的核心知识运动，就是努力让所有学生能够和那些最伟大的经典对话，用阅读填平社会的沟壑。

如何营造书香校园呢？新教育实验提出，首先，应该营造一个以图书馆为中心的健全阅读空间，让学校有浓郁的阅读氛围，成为真正的读书场所，成为师生共同的精神乐园。将学校图书馆、年级图书广场和班级图书角建设作为首要的投入方向，尽可能做到在学校的任何地方，书籍都能触手可及。应该让学校最有学问、最爱阅读的老师担任图书馆馆长，把图书馆变成真正的学习中心。图书馆尽可能全天候开放，允许学生随时到图书馆查找资料，进行研究性学习。可以结合教学内容把相关的图书放到年级的图书广场和班级的图书架，让学生更加便捷地得到需要的图书。

其次，图书的配备也是营造书香校园不可忽视的重要问题。应该精心选择和采购适合不同年级师生的图书，满足不同学科学习与项目式学习的需要。读什么的问题，在中小学阶段特别关键，特别重要。如果在这个阶段学生接触到最好的图书，他们就能形成一个好的阅读趣味，就能够逐步学会鉴别什么是好书什么是不好的书。阅读的高度决定精神的高度，应该让学生利用有限的时间读到最高品质的图书，与大师对话，与经典为友。为此，新教育实验专门研制了《中国幼儿基础阅读书目》《中国小学生基础阅读书目》《中国中学生基础阅读书目》以及教师、父母等群体的阅读书目。

再次，为了保证阅读时间，新教育实验开发了形式多样的阅读课程。多年来，新教育实验研发了晨诵、午读、暮省的儿童课程，推出了新教育整本书共读和儿童阶梯阅读的项目，提出了学科阅读与学科写作的理念，使阅读课程化得到了落实。

最后，是关于阅读活动的开展问题。新教育学校在营造书香校园的实践中，创造了丰富多彩的阅读活动，如从 9 月 28 日的校园阅读节，到形形色色的阅读主题月；从图书漂流到图书跳蚤市场，从阅读之星评比到阅读班级竞赛，从自制图书展示到撰写图书评论，从图书戏剧表演到名著影视欣赏等。

我们坚信：没有书香的校园，不是真正意义上的学校；没有书香的校园，只是一个教育训练的场所。营造书香校园，是新教育实验为学校打下精神底色的一项最重要的活动。

二、师生共写随笔

　　"师生共写随笔"是指通过撰写教育日记、教育故事、教育案例分析和学习心得等形式，师生记录、反思日常的教育和学习状况，交互书写，相互编织，彼此润泽，共同成长。新教育实验之所以提出"师生共写随笔"这一行动，是因为写作在师生成长过程中具有不可替代的重要作用，真正的思考是从写作开始的。而教育随笔（日记）不仅是教育者进行思考和创作的一种重要形式，是"批判反思型教师"成长的必由之路，也是学生思维发展的有效形式。如果说阅读是站在大师的肩膀上前行的话，那么写作就是站在自己的肩膀上攀升。无论是教师还是学生，为了写得精彩，就必须做得精彩、活得精彩。通过坚持不懈的努力，慢慢养成习惯，阅读、思考、写作便成为教师和学生的日常生活方式，使之终身受益。

　　关于写作的意义，笔者曾经说过，写作的人是文字的魔术师。无论是英文的 26 个字母，还是中文的几千个方块字，它们的组合变化抵得上任何奇妙的化学反应。通过各种搭配，这些文字可以创造出世界上最神奇的东西。写作的人一定也是伟大的观察家，他不仅需要一颗纯洁的心灵，更需要一双善于发现的眼睛。写作的人能够看到别人无法看到的世界，发现别人无法发现的风景。写作的人也是一个智慧的思想者。"学而不思则罔，思而不学则殆"，学习更多的是通过阅读来进行的，而思考更多的是通过写作来进行的。深入思考通常也是从写作开始的。写作的人同时也是历史的创造者。历史不仅是现在客观发生的事，也是历史学家的历史，是记录者眼里的历史。写作不仅仅记录着我们所处的时代，也记录着我们自己的生活，书写着我们每个人自己的生命传奇。

新教育认为，师生写作不是为了培养作家，而是培养真正的思考者。写作者一定会成为一个会思考的人，一个幸福的人，一个更好的自己。在一定意义上可以说，写作与阅读一样，本身就是培养批判性思维，养成反思性习惯的重要路径。

新教育的教师专业写作可以分为 5 种类型：教育感悟、教育叙事、教学案例、教育案例、师生随笔。它具有以下几个特点：一是强调理解与反思，反对表现主义。二是强调与实践相关联。三是强调客观呈现，反对一味追求修辞。四是主张师生共写随笔，即师生通过日记、书信、便条等手段相互编织有意义的生活。五是注重案例研究。目前，新教育的教师专业写作，与专业阅读、专业交往一起，已经成为教师专业发展的"利器"，帮助教师通过反思更好地认识学生、认识自我、理解教育。而新教育的学生写作，也推出了新教育"听读绘说""说写课程"等课程，在中小学教学中发挥了重要作用。

三、聆听窗外声音

"聆听窗外声音"，指通过开展学校报告会、参加社区活动、研学旅行等形式，充分利用社区教育资源，引导学生热爱生活、关注社会，形成多元价值观。新教育实验之所以要求"聆听窗外声音"，是因为我们注意到现在很多学校实行关门教育，学校与社会缺少沟通和交流，师生很少关注社会上的重大事件，社会上丰富的教育资源也没能被学校充分利用。如果我们的教育让孩子们整天以为自己是一切事物的中心，一切都不过是为了提高自己的知识、能力、竞争力，而没有关爱心、共情力，就不能培养出真正有远见卓识的人才。

新教育认为，学校的格局有多大，未来孩子们的胸怀就有多大。学校里看到的世界有多大，未来孩子们的发展空间就有多大。有多少英雄伟人到学校访问过，演讲过，交流过，就有多少英雄伟人的优秀品质扎根于孩子们心中。如果学校关门办学，师生就会孤陋寡闻。如果教师缺乏人生阅历，就难以成为孩子心中的榜样，就难以点燃孩子的人生激情。"聆听窗外声音"，可以引导师生关心社会，形成多元的价值观；开展"与大师对话"，增进与大师面对面的交流，可以培养师生创造的激情和欲望。通过与社会的接触，引导师生听到真实的声音，看到真实的世界，寻找到人生和社会发展的本真价值和意义。

这些年来，新教育实验在"聆听窗外声音"的行动上也做了很多有益探索。许多学校把行动课程化，不少学校每学期会邀请国内外或者社区内外的名家、校友、学生父母等到学校分享他们的成长故事和专业经验；也有学校利用网络资源，丰富并扩展教材、课程、教室、校园内容，让师生"风声雨声读书声，声声入耳；家事国事天下事，事事关心"。

四、培养卓越口才

"培养卓越口才"，指通过讲故事、演讲、辩论等形式，鼓励孩子愿说、敢说、会说，从而增强其终身受益的自信心、沟通能力和表达能力。新教育实验之所以要提出"培养卓越口才"的行动，一方面，是针对长期以来不关注学生表达沟通能力训练的教育现状。我国的传统文化鼓励"抱朴守拙，讷言敏行"，课堂及其他场合很少鼓励师生讲话，发表意见。另一方面，是因为口才对于教师与学生的发展非常重要。愿意讲话、敢于讲话、敢于表达思想、能清晰地表达思想，是强烈自信心的表现。愿意沟通、善于沟通、勇于表达，也是现代社会人际交往不可或缺的基本功。这就是所谓的"社会智能"。表达沟通能力中的"说"即沟通很重要，"说"后面的思想更重要，要想说得精彩，就必须思考得精彩。

新教育实验在"培养卓越口才"的行动上已研发了较多具有针对性的活动形式。如在晨诵课程中，通过朗读吟诵培养口才；在每周的班会课程和每月一事中，通过交流分享培养口才；在每学期的生命叙事剧排练和演出中，通过情景演绎培养口才；在儿童口头作文课程中，通过直接表达对某一话题的见解进行口才训练。卓越口才训练除能提升学生的表达沟通能力外，对于教师来说也是一个非常重要的行动。如许多学校通过开展教师读书分享会、研究课题报告会等形式，为教师创造训练口才的机会和平台，在活动中提升教师的表达、分享和沟通能力。

培养口才，离不开"对话"。戴维·伯姆在《论对话》中明确指出，交流、对话、论辩的本质"不在乎谁输谁赢，它也不关心谈话是否一定要达到一个结果：它追求的是平等、自由、公正地进行交流和沟通。谈话者互相尊重彼此的人格、观点和观念，能够形成充分的友谊和信任感。每个人都认真地倾听他人的意见和想法，每个人也都能彻底地表达出他内心深处最真实的想法和看法，然后让不同的观点和意见彼此碰撞、激荡、交融，从而让真理脱颖而出"。学会这种"对话"的境界，正是新教育培养卓越口才行动必须努力追求的方向。

五、构筑理想课堂

"构筑理想课堂"，是指本着平等、民主、和谐的课堂理念，在课堂上建立人类文化知识和学生生活体验之间的有机联系，实现课堂的个性化和高效性，让师生产生与知识、生活和生命的深刻共鸣。新教育实验之所以提出"构筑理想课堂"，是因为课堂是学校最重要的教育形式，是学校最重要的舞台，是师生生命展现的一个最重要场所。学校的教学任务主要是通过课堂教学来完成的，课堂生活的质量直接关系着学校教育的成败和学生生活的质量。可以说在一定意义上，没有课堂就没有教育。

从 2002 年开始，新教育实验展开了关于理想课堂的探索，明确提出理想课堂"六度"：一是参与度，即实现学生的全员参与、全程参与和有效参与。二是亲和度，即师生之间进行愉快的情感沟通与智慧交流。三是自由度，即学习上更尊重学生的个性选择。四是整合度，即整体地把握学科知识体系。五是练习度，即增加学生在课堂上动脑、动手、动口的机会。六是延展度，即在知识整合的基础上向广度和深度延展，从课堂教学向社会生活延伸。六个维度，分别从主体、情感、生态、知识、实践、生活和生命等不同角度，对学生的课堂学习过程与水平进行了分析。

2004 年，新教育实验确立了"六大行动"框架，其中"构筑理想课堂"成为重要组成部分；2006 年，关于理想课堂的三个研究目标确立，即"构建有效课堂""课堂的多元文化理解"和"风格与个性化课堂"；2008 年，新教育实验提炼出理想课堂的"三重境界"：第一重境界是落实有效教学的框架，第二重境界是发掘知识这一伟大事物的内在魅力，第三重境界是引发知识、社会生活与师生生命的深刻共鸣。与六个维度不同的是，三重境界更侧重于从教师的教学过程反思课堂。

第一重境界注重讲效率、保底线，由五个部分组成：一是解读教材及学生（这是教师的备课阶段，主要是教师对教材的理解以及对于学生的了解）。二是确定教学目标（A 类：基础性、阶梯性目标，为核心目标搭梯的知识；B 类：核心目标，即掌握课堂教学重点与教学内容；C 类：附着性、拓展性目标，即提升学生的思想、情感、价值观，等等。另外还有针对不同学生的个性化目标）。三是明确预习作业。预习是学生独立学习的机会，不应只是为课堂教学做一些准备工作，而应尽可能地针对所有教学目标，是真正的自主学习。四是设计严谨的教学板块。教学板块一方面将课堂清晰划分为若干板块，标注每个板块要解决的目标及可能所需时间，在讲究必要的节奏、方式灵活多样的基础上，让教学过程更有计划、富有成效。另一方面是对课堂上学生个体学习的预设与规定。教师列出个体学生学习清单，是为了真正确立"教为学服务，让学生的学习成为课堂的真正核心"

的思想。我们一般把教师的教用左手栏、学生的学用右手栏来表示。五是反思教学。这个框架继承了传统的"目标—策略—评估"的教学基本过程，但在两个地方有创新：一是强调以精确目标为课堂教学统帅，二是从备课开始，全程都确保、还原了学生独立完整的学习过程。这个过程，让教学从传统的知识推送模式，变成师生共同探索和解决问题的共生模式。

第二重境界注重讲对话、重品质。第一重境界更多的是围绕着教材，第二重境界则围绕着文本。这一境界所讲的"知识"，不仅仅是教材上的知识，更包括教材之外的相关知识；不是静态知识的片段堆砌，而是动态知识在不同背景下的整体把握。这里所讲的"发掘"，是指从提问到解答的完整过程，即探索中的发现和探索后的重现，既指方法又指方向。这里所讲的"魅力"，其核心是智力挑战、思维训练。一方面是指知识对师生智力上的吸引与挑战，另一方面则是学生在教师的引领、陪伴、协助、督促下，按照可遵循的规律去探索，在这一过程中不仅可以习得相应的技能，更能掌握学习的方法。所以，为了真正实现教学过程中教师、学生、文本三者之间的深入对话，需要通过人与知识（世界、文本）的对话、人与他者（教师、学生、其他读者）的对话发掘知识这一伟大事物的内在魅力。

第三重境界注重讲个性，求境界。在第三重境界，知识不再是一个死的体系，而是一个活生生的存在，并在激发起师生的强烈反响后，内化为师生的生活、生命的一部分。这个阶段的理想课堂，是从知识的丰收转换为生活的丰富、生命的丰盈。这种转换是在人拥有知识、习得技能之后，通过回望、反思自身的顿悟而实现的。关于"共鸣"，深层的理解是知识的学习能够帮助师生激活生命，享受学习，不断地发现新的生命潜能和新的生命状态，学生是越学越想学，越学越聪明，教师是越教越能教，越教越智慧，师生在课堂生活中不断地成长，不断地遇见一个更好的自己，获得共同成长的快乐。

"六维度"和"三境界"，如经线和纬线，编织出新教育充满活力、情趣与智慧的理想课堂。

六、建设数码社区

"建设数码社区"，就是指通过加强学校内外网络资源的整合，建设学习型的网络社区，引导师生利用网络进行学习和交流，培养其信息意识和信息应用能力。新教育实验之所以要提出"建设数码社区"的行动，是因为我们清晰地认识到，信息技术革命是新教育的"助产婆"，是新教育得以实现的桥梁和通道。新教育共同体以新教育实验学校为基地，以教育在线为网络平台，通过加强各类数字化学习资源的整合和应用，建设家庭、学校、社区一体化的"数码社区"进行网络学习、交流，在实际应用和操作中提高收集、加工和应用各类信息的能力，促进人的全面发展。

在新教育实验诞生之初，"建设数码社区"就是我们提出的五大行动之一。因为网络的平等性和开放性，打破了传统教育资源垄断的局面，在这样的背景下，谁拥有了网络，谁就能够拥有信息，谁就能成为教育的主人。所以无论是从现代社会的发展，还是从教育自身的发展来看，无论是从新教育实验的发展，还是从建设新教育共同体的发展来说，都需要加快建设数码社区的步伐。数码社区的"社区"概念是超越校园的，着力建设新教育的网络共同体，可以帮助更多的农村和边远地区学校健康发展，帮助更多的师生成长。

能不能具有很强的信息意识，能不能判断信息的价值，能不能有强烈的重视信息的敏锐感，是信息变革时代信息获取有效性的重要评判指标。新教育实验"建设数码社区"的一项重要目标，就是培养教师和学生具有强烈而自觉的信息意识。培养师生全面而快速地获取信息、查找信息的能力，加工信息、应用信息解决问题的能力以及主动而和谐的信息交流能力，也是建设数码社区的应有之义。

在 21 世纪初，新教育实验就建立了自己的网站教育在线，在传播新教育理念，汇聚一线教师方面发挥了重要作用。为推进数码社区建设，我们倡导建设具有地域特色、学校特点、教师个性特征的资源网，实验学校把自己的资源（如教案学案、备课资料，甚至课堂在线等）上传，进而实现资源共享。通过分享交流可以有效防止学校间的重复开发、重复劳动、重复购买等资源重叠问题。我们还鼓励部分新教育实验学校建立新教育的师生电子档案，建立新教育实验的网络课题管理系统，注重网络道德建设等。2009 年，我们正式建立了网络学习共同体"新教育实验网络师范学院"。2016 年，我们研发并推出了新教育研究院的 APP。

2019 年，笔者编写的《未来学校：重新定义教育》一书，在一定意义上就是对网络时代下教育变革与学校发展问题的思考和对建设数码社区行动的总结。在此书中，提出传统的学校概念将被新的学习中心取代，教学（teaching）的概念将变为学习（learning）的概念，教师（teacher）将成为成长伙伴（partner），标准化（standardization）教育将变为定制化和个性化（customization and personalization）教育。我们建议国家要顶层设计，建立真正以学生为中心的教育社区，建立教育的国家标准和国家教育资源库，建立基于互联网的教育考试评价制度，推动真正数码社区的建设。

七、推进每月一事

"推进每月一事"，是根据学生的身心发展特点及学校与社会生活的节律，每月开展一个主题活动，通过主题阅读、主题实践、主题展示、主题评价和反思等方式，开展多种形式的活动，从多角度培养学生良好的行为习惯和公民意识。

　　新教育实验之所以要推出"推进每月一事"的行动，是因为我们主张教给学生一生有用的东西。什么是学生一生有用的？无疑就是伴随着他们的良好习惯，包括读书的习惯、思考的习惯、遵守规则的习惯、做事情有计划的习惯、锻炼身体的习惯、感恩的习惯，等等。根据心理学习惯养成规律和社会生活节律，新教育通过每月重点培养一个好习惯的方式，在整个中小学阶段螺旋式训练，以帮助学生养成一生受益的习惯，其中包括 12 个习纲和 36 个习目专题。如图 1 所示：

图 1　新教育实验"推进每月一事"习惯培养规划图

　　新教育实验的"推进每月一事"项目，具有独特的教育价值取向。"每月一事"的习惯养成，所养成的不是零碎杂乱的习惯，而是以习惯为路径，明确指向教育生活的幸福完整，明确指向一个人的人格塑造。我们以自我发展、社会交往和文化学习为维度安排 12 个习纲，不仅直接有利于自然生命的延长，社会生命的拓宽和精神生命的提升，也与国家提出的核心素养结构相呼应。此外，"推进每月一事"也契合了家校生活的节奏和儿童生命的节律，两者也是设计每月一事项目的经线和纬线。我们以年为学习周期整体设计每个月的主题，包括了寒假、暑假，让家庭、学校教育有机地形成一个整体。

大量新教育实验学校的实践证明，通过这一习纲清晰、主题鲜明、习目完整、经纬交织而成的"推进每月一事"项目，学生的节俭、守规、好学等优良习惯在润物无声中悄然养成，感恩、勤劳、友善等高尚人格也在习惯养成中逐步发展，生活在人格发展中幸福完整。

八、缔造完美教室

"缔造完美教室"，是指在新教育生命叙事和道德人格发展理论的指导下，以理想课堂的三重境界为目标，师生通过"晨诵、午读、暮省"共同建构知识和编织生活，形成有个性特质的教室文化，书写一间教室的成长故事。

新教育实验之所以要提出"缔造完美教室"的行动，是因为教室在师生生命中具有特别重要的意义。同样是一间教室，是平庸、冷漠，还是完美、温馨，对于每个孩子生命成长的意义完全不同。学生生命中最重要的一段时光是在这个叫作"教室"的地方度过的，他们的成就与挫败、悲哀与喜悦也源自这个叫作"教室"的地方。教室作为一个生命场，不同于传统的班级。班级更多是组织的概念，完美教室比传统的班级更具有张力；班级中更多强调的是班主任，完美教室中则更强调师生的共同行动。新教育实验"缔造完美教室"的行动有三个重要特征，即汇聚美好事物、呵护每个生命和擦亮每个日子。

首先，完美教室应该成为汇聚美好事物的地方。完美教室应该把新教育的愿景、新教育的文化、新教育的课程完美地融合在一个教室的空间里。学校应该成为汇聚伟大事物的中心，而教室应该让学生在这里与人类最美好的东西相遇。

其次，完美教室应该呵护每个生命的成长。完美教室应该让生命绽放，每个孩子，所有的生命都应受到关注，得到重视。新教育开展的生日诵诗、生命叙事剧、生命颁奖等，就是围绕生命展开的。

再次，完美教室应该擦亮每个日子。孩子和日子，是新教育完美教室的重要概念。新教育的完美教室里有独特的庆典，有特别的节日，这些都是教室的独特性。要让孩子们和老师们每一天都过得幸福、充实，每个日子都值得让学生期待，每个日子都成为师生生命中重要的日子，完美教室让每一个生命都绽放出美丽的花朵。

九、研发卓越课程

"研发卓越课程"就是要在执行国家课程和地方课程、校本课程的基础上，鼓励教师对教材进行二次开发和整合创造，通过课程创新使课堂成为汇聚美好事物的中心，并引领学生进行认知体验、合作探究，建立知识与世界的内在联系，将所有与伟大知识的相遇转化为自身的智慧，从而使得师生的生命更加丰盈。

新教育实验之所以提出"研发卓越课程"的行动，是因为课程对于师生成长具有特别的价值。师生共同经历的课程，不应是一堆知识的罗列，而应让知识具有生命的温度和生活的厚度。让学生在课程学习中学会热爱生活、热爱生命，成为具有德行、审美、情感、智慧和能力的人。

新教育实验通过 20 年的研究，提出了一个以生命的幸福完整为终极目的和当下尺度，以哲学、心理学、教育学、社会学及相关学科理论为潜在的理论工具，以活生生的人为中心的未来课程体系。这个体系是以新生命教育课程为基础，以新智识教育课程（真）、新德育课程（善）和新艺术教育课程（美）为主干，并以"特色课程"（个性）为必要补充的课程结构。

（一）新生命教育课程

教育是为生命奠基的，涵养生命是教育的天职。对生命的发现、挖掘、探索、提升和追寻，是教育的永恒主题。新教育的生命教育课程，以"过一种幸福完整的教育生活"为核心理念，围绕人的自然生命、社会生命和精神生命展开，旨在引导学生珍爱生命，积极生活，过幸福人生，拓展生命的长度、宽度和高度，从而让每个生命成为最好的自己。

新教育研究院已经研发了新生命教育专设课程，出版了中小学系列的《新生命教育读本》。这是一门以学生生命为原点，以其生活为主线而组织的活动性综合课程。课程具有三个主要目标。

一是珍爱生命：认识生命的特点、发展规律及其意义与价值，珍惜自己的生命，尊重他人生命，敬畏自然生命；掌握生命安全与身心健康的知识、技能，保持心理和情绪健康，预防各种可能的生命伤害事件的发生，不伤害自己的生命，也不伤害其他生命。

二是积极生活：保持积极心态，勇敢地面对挫折，养成良好的生活习惯和乐观的生活态度，具有良好的人际沟通能力；同情和关心弱势群体，遵循社会公共规则，具有社会公德、正义感和责任心。

三是过幸福人生：感受生命的珍贵，树立远大的理想和坚定的信仰，合理规划人生；激发生命的潜能，不断提升、充实自己，追求生命的崇高与伟大；超越"小我"，关心国家、社会和人类，形成中国灵魂和世界胸怀。

（二）新智识教育课程

新智识教育课程类似于通常所说的文理课程，主要包括语文、数学、外语、科学（或物理、化学、生物）、历史与社会（或政治、地理）等。之所以不用文理课程或智力课程的概念，是因为"智识"更能准确表达我们对于课程本质的思考。课程的根本目的不是传授知识，而是形成用以统领知识的智慧和运用知识的能力。但这一目标的实现又是以"知识"为媒介的。新教育努力让知识拥有温度，将知识引向智识，引向智慧。新教育把智识教育课程分为新科学教育课程和新人文教育课程两个领域。

第一，关于新科学教育课程。科学的焦点是人与物的关系，本质是求真和创新。新科学教育课程最重要的目标是教会学生处理人与物的关系，培养科学素养，包括科学知识、科学观念、科学思维、科学方法、科学精神五个方面。科学知识指从科学视角形成的对自然现象的基本认识，是科学研究的结果，包括内容知识和方法知识。科学观念指对科学研究的过程、结果及应用价值等的概括性理解和认识。科学思维是科学家思考问题的方式，科学方法指科学和工程实践过程中解决问题采用的手段和行为。科学精神是指科学的态度和价值追求。科学知识是科学研究的结果，是科学教育的载体；科学观念是科学的基本信念，对科学教育具有导向作用；科学思维和科学方法体现的是科学的智慧，是实现科学创新的手段和途径；科学精神是科学的价值追求，是新科学教育的终极目标。

新科学教育的课程究竟如何实施，无疑是科学教育改革的首要问题。

目前的科学教育内容庞杂、学科分割、知识堆砌的情况比较严重。爱因斯坦说："科学的目的，一方面是尽可能完整地理解所有感性经验之间的关系，另一方面是通过少数的基本概念和基本关系的使用来达到理解的目的。"英国科学教育专家温·哈伦也指出："科学教育的目标不是去获得一堆由事实和理论堆砌的知识，而应是实现一个趋向于核心概念[①]的进展过程，这样做有助于学生理解与他们生活相关的事件和现象。"也就是说，科学教育应该以少数的基本概念及其基本关系来展开。由于科学知识的广阔性，课堂时间和空间的有限性，精心选择最有价值的科学大概念，发挥其在学生发展中的最大作用，应该是科学课堂改革的关键。

如何选择科学的大概念？美国《下一代科学标准》（NGSS）制定者提出了核心概念的4条遴选标准[②]，并明确指出符合其中2条及以上标准的概念才可以定为核心概念。哈伦和来自世界各国的科学家也提出了选择大概念的7条标准[③]。

---

① 科学概念作为组织起来的科学知识，是一个相联系的概念体系，其中有一些概念要比另一些概念能够解释更多的自然现象，甚至跨领域的自然现象。在人类的历史上，这些科学概念的建立也给科学的发展和人类社会的进步带来更大的影响。我们将这些概念称为核心概念。这些概念是纲，纲举才能目张。

② 美国《下一代科学标准》（NGSS）制定者提出的核心概念的4条遴选标准：（1）对科学或工程学的多学科领域都有重要的价值，或者是单一学科重要的组织性概念；（2）可作为理解和探究更复杂的概念及解决问题的重要工具；（3）与学生的兴趣和生活经验相关，或者联系到需要科学或工程学知识的社会性或个人关注的问题；（4）能在不同的年级进行教与学，并呈现出深度和复杂性上的增加水平。

③ 哈伦和来自世界各国的科学家提出的选择大概念的7条标准：（1）能普遍运用；（2）能通过不同的内容来展开，可以依据关联度、兴趣和意愿来选择内容；（3）可以运用于新的情况；（4）能够用于解释众多的物体、事件和现象，而它们也是学生在学校学习和毕业以后的生活中会遇到的；（5）能够提供一个帮助理解遇到的问题并做出决策的基础，这些决策会事关学生自己和他人的健康与幸福，以及环境和能源的使用；（6）当人们提出有关自身和自然环境的问题时，他们为能够回答或能够寻求到答案而感到愉快和满意；（7）具有文化上的意义。

根据这个标准，哈伦等选择了 14 个科学大概念①，其中关于科学知识的大概念 10 个，关于科学自身的大概念 4 个。

不论是美国的《下一代科学标准》，还是哈伦等提出的 14 个科学大概念，都有一定程度的跨学科性。围绕科学大概念学习相关的基本知识，了解科学研究的基本方法，形成基本的科学思维和科学精神，对科学探索保持兴趣和尊敬是最重要的。所以，我们认为义务教育阶段为所有人开设的科学教育课程，不必刻意分成不同学科，未来基础教育阶段的分科学习主要在高中，一方面为学生了解不同的科学学科提供机会，另一方面为未来向科学方面发展的人做准备。所以未来物理、化学、生物、信息技术等可能更多地会以选修课程的形式出现。通过有意义的主题组织科学核心概念，以综合化的项目学习开展科学探究实践，是未来科学教育发展的趋势。

2017 年教育部制定的《义务教育小学科学课程标准》正是遵循了科学大概念的原则，从物质科学、生命科学、地球和宇宙科学、技术与工程四个领域选择了适合小学生学习的 18 个主要概念。除关于科学自身的概念外，与上述哈伦等的大概念基本吻合。

新教育认同以科学大概念来组织科学教育的理念，并准备从科学大概念的角度组织科学内容，把中小学的科学课程用科学大概念的体系贯通起来。在内容选择时，从涉及个人幸福、国家利益和社会发展的最重

---

① 哈伦等选择的 14 个科学大概念，分别是：（1）宇宙中所有的物质都是由很细小的微粒构成的；（2）物体可以对一定距离外的其他物体产生作用；（3）改变一个物体的运动状态需要有净力作用于其上；（4）当事物发生变化或被改变时，会发生能量的转化，但是在宇宙中能量的总量总是不变的；（5）地球的构造和它的大气圈以及在其中发生的过程，影响着地球表面的状况和气候；（6）宇宙中存在着数量极大的星系，太阳系只是其中一个星系——银河系中很小的一部分；（7）生物体是由细胞组成的；（8）生物需要能量和营养物质，为此它们经常需要依赖其他生物或与其他生物竞争；（9）生物体的遗传信息会一代一代地传递下去；（10）生物的多样性、存活和灭绝都是进化的结果；（11）科学认为每一种现象都具有一个或多个原因；（12）科学上给出的解释、理论和模型都是在特定的时期内与事实最为吻合的；（13）科学发现的知识可以用于开发技术和产品，为人类服务；（14）科学的应用经常会对伦理、社会、经济和政治产生影响。

要的科学应用领域入手，包括生命与健康、农业与制造、建筑与交通、信息与通信、能源与资源、地球与环境、灾害和防灾、科学技术前沿（航空航天、人工智能、纳米材料、基因改造等）等领域。这些领域中的科学素养对个人和社群维持、提高生活质量及制定公共政策具有特殊价值。在围绕核心概念编排科学教育的内容时，我们会重点把握以下几点。

一是关注概念的层次性。即注意核心概念在不同教育阶段的进阶过程。如物质及其相互作用包括物质结构与性质、化学反应、核反应，能量这一概念包括能量的定义、能量和能量转化守恒、能量与力的关系，对这些核心概念的掌握应该是一个螺旋式上升的过程。

二是关注概念的一致性。即学生对科学概念的理解要与科学家的理解是一致的。这是因为学生对事物和现象的理解是有前概念的，有些经验概念与科学概念是相异的，转变学生的概念观点是科学教学的难点，也是提升科学教学质量的关键。我们主张学生经过科学探究学习，批判性地审视科学证据，进而发展出对科学现象的一致性观念。

三是关注概念的关联性。即核心概念往往具有跨学科性，具有在不同情境中解释现象和解决问题的能力。帮助学生借助于核心概念的"生产机制"，意识到概念之间的联结性，也能够将概念联系运用到身边的情境之中，这是科学教学的重点。

关于如何实施与推进科学教育，新教育提出了必须遵循的六大原则：注重科学与人文相结合，让科学教育更有温度；注重动手与动脑相结合，让科学教育更有力度；注重校内与校外相结合，让科学教育更有长度；注重分科与融合相结合，让科学教育更有深度；注重传统与现代相结合，让科学教育更有高度；注重全体与个体相结合，让科学教育更有广度。

为了让学生在科学教育中领悟科学的魅力，体验科学实践的完整性，更深刻地理解科学的本质，使科学教育在师生的幸福完整的教育生活中发挥积极的作用，新教育致力于研发新教育理念下的科学教育课程，致力于探索基于解决问题的项目式学习，致力于推进科学教师的专业化成长，致力于建构以家校共育为特征的新科学教育物质资源库，致力于发展有利于学生学习科学的教育评价项目，并提出了"做中学、读中悟、写中思"的实践路径。

第二，关于新人文教育课程。人文的焦点是人与文，即关心人，培育人的理性与价值追求，提升人性的涵养；关心文化，传承与发展优秀传统文化。与人文的两个含义相对应，新教育实验的人文教育也包括两个方面的主要内容：传授人文知识、培养人文精神。

在我国基础教育阶段，较少使用"人文教育"这一说法。中学阶段区分文科与理科，"文科"（主要包括政治、历史、地理，有时也包括语文和英语）似乎与"人文教育"有些接近。2016 年，教育部印发的《中国学生发展核心素养》中，提出人文底蕴、科学精神、学会学习、健康生活、责任担当、实践创新等六大素养，并将其作为我国新一轮课程改革的重要依据。"人文底蕴"在这份报告中第一次作为学生发展目标正式被提出来。该报告对人文底蕴的界定是："学生在学习、理解、运用人文领域知识和技能等方面所形成的基本能力、情感态度和价值取向。具体包括人文积淀、人文情怀和审美情趣等基本要点。"这里所说的人文素养就包括了人文知识与人文精神两个大的方面。

与生命教育、科学教育、公民教育、艺术教育课程一样，人文教育也是为了增进个人幸福、社会和谐、国家富强和人类福祉而开展的。阅读、对话、写作和社会实践，是新人文教育的主要途径和方法。人的自然生命依靠水、空气和食物来培育，人的精神生命需要阅读、交往和反思来滋养。人类不是因为能够征服世界、主宰世界才伟大，而是因为拥有文化、拥有精神才超越其他物种。

施特劳斯（Leo Strauss）在《什么是人文教育》一文中说，"人文教育就是仔细阅读伟大心灵留下的伟大著作"。在美国，人文教育课程已经成为大学学制设置的基本组成部分。人文教育的目标在于，通过阅读经典与写作训练，使学生形成独立思考、判断的能力，并能就公共事务进行理性论辩。这样一种以注重公共对话与理性思考为特点的教育模式可以极大促进公民意识提升，现已成为美国公民教育的重要组成部分。阅读，尤其是经典阅读，是新人文教育的最基础的方法，新教育通过营造书香校园这一行动措施，来落实新人文教育。

对话，是新人文教育的第二个重要方法。严格来说，阅读也是一种对话，是我们与历史上的伟大人物之间的对话。发生在人文教育课堂上的同学们之间和师生之间的对话是另一种对话形式。在新人文教育中，两者缺一不可。对话不仅可以训练说话技能，而且有助于提升人的文明和价值规范。西方许多教育学者把对话看成是"人克服孤独存在和原子化状态的必要条件"。人若独自无援地生活在社会人群中，不能与他人进行关于人生意义和价值的交流，则是一种极其可悲的异化，而对话恰恰颠覆了这种异化，通过与前人或眼前人的交流丰富了精神境界，扩展了生命的意义和价值。

写作，是新人文教育第三大重要的方法。新教育一开始就非常重视写作，并把师生共写随笔和教师的专业写作（反思）作为新教育的重要行动。从新人文教育的角度来说，写作是学习以理性文明的、有教养的方式与他人交流，也就是民主生活方式和公民社会所必不可少的公共说理，有利于促进人文教育培养民主生活下的有效的成员这一主要目标的实现。

践行，是新人文教育的第四个重要的方法。我们以"纸上得来终觉浅，绝知此事要躬行"的自觉，开展社会实践、生活实践的各种行动。"积极的实际行动"是 20 世纪末至 21 世纪全球教育变革的主导方式。新教育实验不只是鼓励师生敢于拥有理想，更重要的是倡导立刻行动。因此，也可以将新教育实验看成是教育行动哲学的实践。

新教育实验的新人文教育是面向所有学生的人文教育。它具有如下特征。一是开展融语文、哲学、历史、地理等学科为一体的大人文教育课程。没有课程的实验，是无法深入扎根的，新人文教育从课程研发做起。现在人文教育的问题之一，就是知识体系是割裂的，不同教育阶段的学习是非连续连贯的。如，小学阶段对于历史和地理知识的缺乏，整个基础教育阶段对于哲学思维的训练的缺乏；文理分科以后，对于理科学生的人文教育的忽视；等等。为解决这一问题，迫切需要重新构建人文教育课程体系与结构。新教育的一个基本的设想，就是按照人文教育的基本概念与原理（类似科学大概念的人文大概念）来组织文本，研发一个融语文、哲学、历史、地理等学科为一体的大人文教育课程，这个课程将从小学到大学一以贯之，是面向所有学段的所有学生的新人文教育课程。新教育实验提出的人文学科大概念，既考虑了人文学科的基础性、共通性特点，又兼顾了哲学、语文、历史、地理学科的学科特点，还涉及了学科研究与教学的方式。二是晨诵、午读、暮省的教育生活方式。新教育实验以"过一种幸福完整的教育生活"为宗旨，提倡过一种浪漫与理性兼具的生活。"晨诵、午读、暮省"三者是把阅读、对话、写作和践行完美融合的新教育生活方式，是新人文教育的根本实施路径。在新教育生活中，晨诵是浪漫的开启，唤醒人们诗意栖居的敏锐感受。午读的核心是共读，通过阅读同一本书，读后进行交流，在碰撞沟通中形成共同的价值观。暮省的核心是写作，通常以"师生共写随笔"这一行动所提倡的方式方法，对一天进行反思与总结。三是以合作探究为形式的人文主题学习。合作探究性学习，是一种通过小组合作的方式，以研究问题、解决问题为导向的学习方法。这是一种学习方式的革命性改变，因为传统的学生学习，主要是接受性学习、竞争式的个体学习，是从学科的概念、规律开始的学习方式。而合作探究性学习则是学生们通过互相合作的方法自主选择学习课题，针对问题有效地开展探究活动，通过假设、推理、分析等途径去找出解决问题的方向，然后通过观察、实验来收集事实，对获得的资料进行归纳、比较、分析，形成对问题的解释，且在这一过程中可以发现新的问题，并对问题进行更深入的研究。与自然科学的项目式学习类似，新人文教育的合作探究学习一般用人文主题学习的方式来进行，通过主题阅读、对话讨论、写作反思、实践行动等方法来发现问题与解决问题。这样的学习是充满挑战性的，因为它需要兼具人性的温度和精神的高度，需要在思辨中探索多元答案。

（三）新德育课程

如果说新生命课程主要是为了使主体朝向身心健康与人生幸福，新智识课程主要是为了使主体获取真知和增长智慧，新艺术课程主要是为了使主体具有艺术情操和审美能力，那么新德育课程则旨在培养"外德于人、内德于己"，即兼具公共品格与个体品格的社会合格公民。

"新德育"的基本理念是：在立德树人教育根本任务的基础上，以培育具有中国精神与世界胸怀的社会合格公民为目标，从"私德、公德和大德"三个维度，以新教育道德人格图式为参照，以"十大行动"为路径，引领师生明德至善，过一种幸福完整的教育生活。新教育实验力图通过"新德育"课程，为师生的教育生活注入"善"的源泉，使"幸福"更有厚度，使"完整"更加充实。当前德育面临的主要问题是：强有力的教育政策支持与相对薄弱的德育实施之间的矛盾。主要在于"人学空场""重智轻德""知行分离"三个突出问题没有得到有效解决。

所谓"人学空场"，就是"目中无人"。作为主体的人的角色被淡化甚至遮蔽了，德育内容是抽去了"人"之内涵的空洞规范，忽视"人"的身心发展规律。使"本来应当是充满了人性魅力的德育，变成毫无主体能动，没有道德意义，枯燥无味，令人厌烦的灌输与说教"。

所谓"重智轻德"，就是只重视智力教育，忽视甚至无视德育的价值。"说起来重要，做起来次要，忙起来可要可不要""分数一俊遮百丑，考试第一大于天"，是对"重智轻德"弊端非常形象的描述。受考试评价、社会评价的影响，许多学校把主要精力放在智育上，作为媒介的知识还远远没有走向智识，走向智慧。

所谓"知行分离"，就是道德认识与道德行为严重脱节，表现为精致的利己主义者和言行不一、口是心非的"两面人"。"知行分离"的一个重要原因在于德育知识化、学科化、专门化，德育被阉割为课本教学，道德品质以考试分数来评价。一方面，那些冰冷的，远离学生生活的道德教条和空洞道理难以触发学生的情感世界；另一方面，那些凭借努力学习而在考试中取得高分的学生，也会对德育产生极大的质疑和否定，因其并没有体验到道德生活的充实，会对"道德"本身产生负面评价，甚至走向道德虚无。具体来说，"新德育"课程具有以下几个主要特点。

一是以立德树人为根本任务。2018 年，党的十八大首次提出把"立德树人"作为教育根本任务。2019 年 10 月，中共中央、国务院印发《新时代公民道德建设实施纲要》，对加强社会主义公民道德建设、提高全社会道德水平，促进全面建成小康社会、全面建设社会主义现代化强国进行了全面部署。"新德育"将按照纲要的要求，把立德树人贯穿学校教育全过程，坚持育人为本、德育为先，把学生品德建设工作纳入学校教育质量评价体系之中，致力于德智体美劳全面发展的育人目标的实现。

二是以培养"具有中国精神、世界胸怀的社会合格公民"为目标。所谓"中国精神"，就是有强烈的中国文化认同、全面的中国文化素养、深厚的爱国主义情感。所谓"世界胸怀"，就是有广阔的国际视野和深刻的国际理解，有国际交流与对话的意识与能力。所谓"公民"，就是政治正确、思想端正，在社会公德、职业道德、家庭美德和个人品德建设方面，能够担当民族复兴大任的社会主义公民。从法律层面讲，公民是具有一国国籍的人。从德育角度讲，公民是具有公民意识、公民知识、公民道德和公民能力等要素的社会成员。新德育既要培养身心健康的自然人，又要培养品行合格的社会人。对于国家的公民来说，公民意识意味着要热爱祖国，忠于祖国、要拥护宪法、尊重法律，要有主人翁精神和家国意识；公民知识则是指在公民意识的基础上，公民所应具备的公共知识，如法律知识、政治知识、历史知识和公民权利义务等社会知识；公民道德包括了公民的个体私德、公共道德和为国为民的大德；公民能力是指公民应当具备参与公共事务的能力，如理性交往能力、批判思维能力、合作沟通能力等。

三是"私德、公德、大德"三维度。党的十八大以来，习近平总书记在多个场合号召党员干部明大德、严公德、守私德。"私德、公德、大德"这三个维度是对传统德育思想的继承，也是对新时代德育的引领。两千多年前，儒学经典《大学》开篇第一句就提出了"大学之道，在明明德，在亲民，在止于至善"的教育之道。"明明德"，就是要通过营造良好的道德情境，最大限度地唤醒、激活、释放、彰显人性中积极的道德潜能，使之变得有意义，成为有益于自我和他人的现实。"亲民"则是指个体在完成自明其明德之后，进一步推己及人，由私德推及公德，完成革故自新，复归明德。"至善"则指在追求人格的自我完善与升华的同时，追求个人对社会、国家、人类乃至世界的神圣使命担当。"明德至善"是中国传统文化对于个体道德修养的核心价值追求，"新德育"希望回归中国优秀传统文化的源头，在文化传承中朝向"明德至善"的德育目标。"新德育"的过程，是从"明德"（私德）——个体道德的奠基，到"亲民"（公德）——公共道德的扩展，再到"至善"（大德）——崇高道德的追求，是从"修身""齐家"的个体私人领域，到"治国""平天下"的至善境界，是一个目标清晰、路径清楚的道德修养提升过程。

四是以道德人格图式为参照。"新德育"主张根据学生的身心发展特点和道德认知规律进行有针对性的德育。2012 年，在以"缔造完美教室"为主题的新教育年会上，我们提出了儿童道德品格发展"三境界六阶段"的道德人格图式，当时称之为"道德人格发展图谱"。其中第一阶段是"我不想受到惩罚"，第二阶段是"我想得到奖励"。这属于第一境界，自然功利境界。第三阶段是"我要做个好孩子"，第四阶段是"我要捍卫游戏规则"。这属于第二境界，是社会规则境界。第五阶段是"将心比心"，即儒家"己所不欲，勿施于人"的"恕"道精神；第六阶段是"惠泽天下"，即儒家"己立立人，己达达人"的"仁爱"精神。这属于第三境界，是道德仁爱境界。在新教育教室中，这个道德人格图式并不是被高高挂在墙上，而是一个行动纲领，是许多新教育教师的德育"诊断仪"和"工具箱"，使教师可以根据学生的具体表现，判断其所属阶段，利用认知冲突，引导学生从自然功利境界、社会规则境界向道德仁爱境界发展。

五是以"十大行动"为路径。新教育实验的"十大行动"，每一个行动都有着德育的意蕴和功能，都是"新德育"实施的重要路径。以"营造书香校园"为例，阅读其实是最好的德育方法之一。人类最重要的道德准则，都蕴含在那些最伟大的著作中。那些伟大的经典作品，通过一个个具体的人物和事物及其命运的故事，把道德原理和道德准则生动地体现出来。同样，当更多的人"共读、共写、共同生活"的时候，其实就是不断塑造民族优良性格、凝聚人民共识力量、巩固国家安定团结、走向人类命运共同体的过程。所以，永远不要低估阅读对于道德品格的形塑力量。

六是帮助师生过一种幸福完整的教育生活。新教育从本质来说是一种幸福教育，而幸福本身必须是合乎道德的。正如中国古代哲学主张的"德福同一"。新教育也是一种完整教育，强调身心灵的和谐统一，强调自然生命、社会生命与精神生命的完整统一，强调让人成长为完完整整的自己。因此，"新德育"的使命，就是追求和创造"幸福完整的德行教育生活"。

"新德育"的课程内容，既包括现有德育课程中的道德、心理、法律、国情等内容，也包括伦理学和社会学中的德育内容，如博爱精神、契约精神、理性精神等关乎道德的内容。"新德育"的课程形式分为显性课程与隐性课程，其中显性德育课程包括"道德与法治"课程、"综合实践活动"课程、德育主题的校本课程、社团课程或其他活动课程，隐性德育课程包括校园文化建设、班级文化建设以及学科课程中的德育渗透等以精神文化建设为特质的育人课程。

新德育的课程实施，不再将德育止步于道德说教和理论宣讲，而是将道德能力的培养作为德育课程的核心。德育课程的实施，既可以融合于学科课程，通过学科课程获得道德认知，建立道德意识，也可以通过项目式学习、综合实践活动课程、校本课程、乡土课程、社团课程及其他实践性主题课程，培养学生的道德思维能力、道德判断能力和道德行为能力。比如面向中小学生的领导力课程，学生可以通过发现问题、思考问题、解决问题的课程训练，建立对自我、对他人、对公共生活的道德认知和道德判断。又如财商课程，学生可以通过生活消费规划、压岁钱的使用等活动，建立对金钱的正确认识，并形成道德的经济价值观。此外，新教育实验学校中的特色班会课程、儿童戏剧课程、电影赏析课程、科学探究课程、暮省课程等，都是实施德育的载体。今后将在此基础上，开发和拓展具有地域特色、校本特色和班级特色的德育项目实践活动。如通过"模拟联合国""模拟政协""模拟法庭"等公共事务研讨活动，培养学生的社会责任意识与人类命运共同体意识；通过环境资源保护、公共设施改善、关爱弱势群体等志愿者服务活动，培养学生关心社会、参与社会的道德能力；通过班级选举、班级辩论、班级事务协商、班级同侪互助等班级交往活动和管理活动，培养学生的公共参与意识和合作协商能力。

（四）新艺术教育课程

艺术教育课程在未来学习中心的课程体系中具有十分重要的位置。我们认为：对个体而言，艺术教育是生命早期发展的主要动力，是全面提升个体素质与能力的重要路径；对家庭而言，艺术教育是日常生活的诗意化，是道德教育的愉悦化；对学校而言，艺术教育是碎裂学科的黏合剂，是倦怠时刻的兴奋剂；对社会而言，艺术教育能够弥合被不同标准切割的人群，提高全社会的内聚力和创新力；对民族而言，艺术教育是传续民族精神的瑰宝，是积淀民族文化的法宝；对人类而言，艺术教育能够帮助我们形成看待世界的第三只眼，交给我们开启世界的另外一把钥匙。艺术教育课程是让学生在学习艺术知识、欣赏优秀作品、习得艺术技能的基础上，掌握艺术思维，拥有艺术品位，具有艺术精神，传承人类文化，陶冶丰富的情感，培养完善的人格。在未来的新艺术教育的开展过程中，我们必须遵循以下几条原则。

一是人人参与，舒展个性。艺术是人的基本需要，也是生命的无限可能。人人生而有艺术的欲求。正如我国著名艺术教育家丰子恺所描述的：有生即有情，有情即有艺术。故艺术非专科，乃人所本能；艺术无专家，人人皆生而知之也。对于孩子来说，人人都是艺术家，新艺术教育正是孩子通过艺术技能滋养后的舒展生命，是孩子通过艺术思维训练着的精神体操。"人人享受艺术，使得艺术生活成为最日常的生活方式、生命形态"与"给予有天赋的儿童以特别的教育"二者形成高度统一。当有天赋的孩子先"艺术"起来，总能够让整间教室所有孩子受益——因为他们往往是真正的示范者、小老师、辅导员。人人享受艺术，人人活出艺术，才是新教育的追求。

二是立足生活，吻合节律。生活与生命是新艺术教育的两个重要主题词。新艺术教育追求实现艺术、生活与生命的深刻共鸣。立足生活，是指必须强调艺术的多样性和区域性。每个地方、每个区域，都有自己独特的艺术文化样式，这些独特的艺术样式是构成新艺术教育的重要组成部分。并且因为地方民间艺术扎根于当地，与孩子们的生活紧密相关，为孩子们所喜闻乐见，所以要实现新艺术教育的生根、发芽、开花和结果，必然要借助并依靠地方的文化艺术形式。

三是学科渗透，走向综合。艺术教育的理念，必须渗透到新教育生活的所有时刻、所有地方、所有课程。新教育力图打通艺术学科与其他学科的壁垒，使艺术课程向其他学科渗透，让任何一门课程都可能成为艺术的课程。也就是说，艺术课程不仅是音乐和美术的课程，还是"语文课中有音乐和美术，物理课中有美术"，可以在任何学科开展的课程。在所有课程的起点处，通过艺术教育来实现"浪漫"，能够让孩子感知到这一课程的美好，从而激发起心中的兴趣，产生多彩而活跃的想法，热衷于课程之中。到了所有课程的终点处，通过对该学科知识的精确训练使艺术教育实现"综合"，让孩子产生举一反三、触类旁通的领悟，成为新一轮"浪漫"的源头。我们特别注重艺术教育对所有学科产生的"浪漫"和"综合"效应，并在每一门学科的课程中积极主动加以运用。

新教育实验已经在艺术教育方面开展了一系列具有特色的综合艺术课程，如听读绘说课程、生命叙事课程、戏剧课程、电影课程等，既为打破艺术与其他学科的壁垒，也为非专业艺术教师从事艺术教育探索出了新的路径。

（五）特色教育课程

新生命教育课程、新智识教育课程、新德育课程和新艺术教育课程，基本上已涵盖了为生命而存在的课程内容。在实际教育过程中，作为基础的生命教育应该贯穿始终，而在幼儿时期、小学时期和中学时期，可以有相应的侧重点，按照人的身心发展的内在规律，进行真的教育（新智识教育课程）、善的教育（新德育课程）和美的教育（新艺术教育课程）。在以上四类课程的基础上，新教育根据教师的个体特长和兴趣，以及为了满足学生不同的个性、特长和兴趣而开设了特色教育课程。

特色教育课程充分尊重学生的特质。我们相信每个人都是一个世界，每个人的天性都蕴含着不同特质。从某种意义上说，特色是对不同生命的不同恩赐。新教育建议减少开展为达成课程目标而设计的特色课程，鼓励以管中窥豹之法做超越课程规定的特色课程；减少开设高价聘请高手传授特长的兴趣特长班，鼓励针对学生个性特长，创造发挥教师个体兴趣或生命特质的特色课程。

从本质上讲，特色课程也是为了促进生命的丰富和充盈、潜能的发现和发挥、才华的施展和张扬。除开展艺术、体育课外，应挑选适合学生个性化的学习内容，如宇宙科学中的宇航、火箭，生命科学中的基因、遗传，物质科学中的能源、结构等不同的知识体系，从开放的社会资源出发，满足不同学生的个性化需要，让学生们在学习的过程中创造自己。

十、家校合作共育

家校合作共育，是指通过建立和发展家庭、学校、政府和社区多方教育主体之间的新型合作伙伴关系，完善家校政社共育机制，拓展和改善学校教育教学资源和条件，并影响家庭、家教和家风，促进现代学校制度建设，强化社区和谐共生、家校政社共育机制，实现家庭、学校、政府和社区的协调发展，促进父母、孩子与教师等相关人员的共同成长。

新教育实验之所以提出"家校合作共育"，是因为家庭、学校、社区、政府围绕教育问题进行精神交流，就形成了一个强大的教育磁场。这有利于家庭增强教育功能，促进新型家庭、家教和家风建设；有利于学校建立现代学校制度，拓展教育教学资源，提升教育教学质量；有利于师生、亲子和相关参与者共同成长；有利于人民生活幸福完整、社会和谐稳定。家校合作共育形成的磁力影响着磁场中的一切，"磁场效应"会让所有参与者产生精神共振，就当下而言，会有着潜移默化的"不教之教"的良好效果，就长期来说，有着辐射社会并提升全民教育素养的重要功效。

家校合作共育的一个基本理念，就是父母、老师与孩子一起成长。成长不仅仅是孩子自己的事情，更是父母和教师共同的责任，陪同孩子成长，是父母和老师必须共担的职责。因此，家庭教育、学校教育和社区教育，都不是简单地针对孩子，而是在与孩子的碰撞交流中，同时实现了父母、教师和社区人员的自我教育。这种平等互动的关系，让教育中的多方互相促进，共同成长，不断自我超越。对于父母来说，家校合作共育给他们提供了一个重要的学习机会和成长平台。一方面，参与家校合作共育的过程也是父母树立权利意识和责任意识的过程。通过沟通、协商、相互妥协来解决孩子的教育问题，本身就是推动父母民主法治意识的启蒙与觉醒，有助于父母积极地投入社会政治生活，从而促进社会的进步。另一方面，来自各行各业的父母们在分享教育子女的意义和经验的同时，也可交流其他诸如职业和生活方面的信息，在广交朋友的过程中学习别人的长处，为自己今后的生活开辟更广阔的道路。对于教师来说，家校合作共育使老师们更加全面、客观地认识学生，加强与社会各界的交往能力，不仅有助于推动教育向更好的方向发展，而且也能为本职工作增效减负。

此外，家校合作共育也是社区各类相关人员学习与成长的过程。家校合作会涉及政府机关、专业社会组织、社区服务机构（如图书馆、科技馆、博物馆、少年宫、电影院、医院、商场等）等的支持与协调，相关人员在工作中由学校进行相应的培训，这也是一种相互学习、相互受益的过程。在教育孩子的过程中与孩子共同成长，是家校合作共育的特点，也是最理想的境界。

新教育在推进家校共育过程中，逐渐摸索出几条有助于活动有序开展的准则：应该遵循目标一致、地位平等、权力均衡、求同存异、机构开放、方法多样、多方共赢和跨界协调等基本原则；需要加强制度建设，积极搭建和充分发挥家校合作委员会、新父母学校、新父母俱乐部、新教育萤火虫工作站和家校合作共育资源室等平台和载体的作用；需要共读共写共赏，用共同的理想和愿景切实推动亲子师生共读共写共赏；需要畅通家校交流联系渠道，以家校读物、家校互访等方式密切沟通；需要共同分享多方家校合作资源，建设资源室、组建社团、兴建实践基地，等等；需要发挥榜样示范引领的积极作用，开展表彰、叙事、学习等多种活动。新教育希望可以通过自己的探索之路，为更大范围地开展家校合作项目、提升教育质量提供借鉴。许多新教育实验学校积极推进家校合作共育工程，并取得了可观的成效。从家校合作共育的范例中不难看出，父母和社区参与学校管理事务给更好地进行教学带来了巨大力量：父母从学校的阻力变成动力，从与学校对立变成友好，社区与学校从互不相干变成共同携手孩子成长，由此改变了学校的生态，提高了父母和社区对学校与教育的满意度，形成了一种强大的教育正能量。

新教育实验的十大行动虽然不是一个体系完整、逻辑严密的教育行动结构，但它完全是在中国教育大地上生长出来、针对中国教育的突出问题创造出来的。正因为如此，它在教育实践中受到了广泛欢迎，取得了明显成效。

第五章

新教育实验的主要贡献、问题反思与未来发展

经过 20 年的发展，新教育实验从 2002 年的 1 所学校，到目前的 5600 余所学校、160 个实验区、620 多万实验教师和学生，遍布中国除香港、澳门、台湾外的所有行政区域。事实证明，新教育实验是一个比较受师生和学校欢迎，可推广、可复制性比较强，具有生命力的教育实验。

新教育实验已经渐渐变成了一个合作性的教育行动，受到了国内外的广泛关注。2014 年，新教育实验入围世界教育创新峰会（WISE）教育项目奖 15 强。2015 年，获得第四届全国教育改革创新特别奖。2017 年，获得江苏省基础教育优秀教学成果奖特等奖。2018 年，获得国家基础教育优秀教学成果奖一等奖，新教育研究院获得网易教育金翼奖年度教育创新团队。2019 年，新教育实验获得第五届中国教育创新成果公益博览会最高奖"SERVE 奖"、2019 搜狐年度影响力教育品牌。新教育实验筚路蓝缕 20 年，本着"为中国教育探路"的初心，做了许多理论和实践的探索，取得了一些成绩，积累了一些经验和教训，同时也面临许多困惑、矛盾和挑战。展望未来，新教育任重道远。

一、新教育实验的主要贡献

20 年来，新教育实验在理论研究和实践路径方面进行了系列探索，在基础教育的各方面取得了若干突破，初步实现了"五大改变"和"两大愿景"。具体表现在以下四个方面。

（一）通过教师"三专"培养模式，大批普通教师得以成长提升

教师是立教之本，兴教之源。中国教育的问题错综复杂，解决教育问题的关键在于发展教师。教育的品质在很大程度上取决于教师的专业水平与投入的热情和精力。在一定程度上，教师的问题解决了，教育的根本就解决了。这正是新教育实验把教师成长作为逻辑起点的重要原因。

针对一线教师缺乏成长内驱力、专业素养不足、教育理论与教育实践脱节等现实问题，新教育实验通过引导教师开展生命叙事，激发教师产生职业认同的内在动力，通过专业阅读、专业写作与专业交往，为教师赋能，取得了良好的效果。

在教育内容上，新教育实验完成了教师专业阅读地图——中国第一个系统完整的教师阅读书目，为教师和学生提供了教科书外的优质教育资源，极大地扩展了师生的学习与生活空间。在教育方法上，新教育实验形成了教师通过生命叙事进行教育反思的模式，并提供了成长的平台和榜样的示范，在一定程度上解决了教师成长的内驱力不足和专业素养不足等问题，在教育理论和一线教师实践之间架设了一座桥梁。在组织

形式上，新教育实验通过建立网络师范学院、教师成长学院和种子教师计划等项目大规模地培养优秀教师，建立了中国教师自我成长的"自组织"。据统计，新教育实验网络师范学院当前在学人数有 4339 人，成立 11 年来累计培训约 2 万名教师，被誉为教师成长的"新教育范式"。新教育教师成长学院自 2013 年至今线下培训 112950 人次，2020 年线上培训 725000 人次。新教育提出的教师成长理论模型和操作方法，为中国和全球教师成长探索出一条操作路径。

中国的教师绝大多数是接受过传统师范教育体系训练的，教育学、心理学、教材教法"老三门"课程，维系了一个教师一生的教学活动。许多教师缺少富有实效的继续教育机会，缺少完整的生涯成长规划，学习动力不足。新教育实验的职业认同与专业发展理论，不仅提供了教师成长的动力学理论，也提供了教师成长的方法论；不仅提供了教师学习资源（专业阅读书目、学科阅读书目、教师成长榜样叙事），而且提供了专业成长平台（网络师范学院等）。这为教育研究者与教育实践者之间架起了一座桥梁。在专业阅读、专业写作与专业交往的教师专业成长理念之下，我们通过实地实验，见证了一批批普通教师成长为优秀教师的历程。

20 年来，5600 余所学校的近 50 万教师成为新教育实验的直接受益者，涌现出大批在中国基础教育界颇有影响的专家和一线教师。比如，从 2004 年到 2020 年，《中国教育报》"推动阅读十大年度人物"评选中，每年都有新教育人，先后共有 32 位教师入选。作为第一批挂牌的新教育实验学校之一的江苏省常州市武进区湖塘桥中心小学，20 年来培养了 50 多位校长、副校长，为所在区域贡献了近三分之一的校长。浙江省杭州市银河中心小学书记朱雪晴老师、江苏省常州市名校长培养基地领衔人庄惠芬等一大批新教育教师，都已成长为优秀的教师领导者，不仅成长了自己，还带动了更多教师快速成长，"新教育实验"也因此被誉为培养中国好教师的"黄埔军校"。第三方实证研究表明，参与新教育实验对教师成长有显著的积极影响。《未来教育家》总编辑刘堂江在研究过许多新教育教师的成长个案后，做了《新教育，让教师的光芒灿若明星》这一专辑，他在总编寄语中写道："对于新教育教师成长的实效与神奇，你不能不心悦诚服。一位普普通通、平平凡凡的老师加入了新教育，他（她）就会变得信心满满，激情满满；智慧多多，幸福多多；乐此不疲，乐而忘返……"

（二）通过书香校园建设，大批乡村学校、普通孩子获得优质发展

如何最有效地提升教育品质，推进教育公平？如何最有效地提升学业成绩，提高学校办学质量？新教育实验把书香校园建设作为突破口，取得了很好的效果。通过营造书香校园，进而建设书香社会，是新教育实验最初的行动探索。"书香校园"理念的提出及其所带来的教育成效与社会效应，为我们开展后续的教育实验奠定了重要基础。

2003 年两会期间，《中国教育报》就新教育实验首倡"书香校园"概念的三个关键问题对笔者进行了专访。我提出了书香校园的主要标志：图书馆应随时随地向孩子敞开、让爱书懂书的人荐书管书、书香校园是学校图书馆发展的终极目标，对理想中的中小学图书馆进行了描绘和展望。

网络时代的"碎片化阅读"问题日渐突出。新教育实验在中国首次研制了面向不同群体与不同学科的阅读书目推荐体系，并将其引入学校和社区，创造性地提出了晨诵午读暮省、新教育生命叙事剧、听读绘说等新型阅读方法。此外，新教育团队还主持研发了中国第一套面向中国盲人的有声阅读材料和听读工具，为推进弱势人群的阅读做了大量工作。

新教育实验的阅读改革，找到了既可以提高学生学业成绩，又能提升其综合素养的路径，使一大批普通的孩子得到了健康成长，成为优秀学生；使一大批乡村学校迅速成长，成为远近闻名的书香校园，成为有口碑有品质的优秀学校。厦门市同安区最早的一所新教育实验学校梧侣学校，是一所以打工子弟为主体的学校，经过近十年的努力，已经成为当地的好学校。美国休斯敦教育局叶仁敏博士主持研究并主编的著作《行

动的力量——新教育实验实证研究》一书中，以大量的数据表明：新教育实验学校在学生的阅读兴趣、阅读能力、阅读习惯以及学校的归属感等方面明显优于非新教育学校。2020 年 5 月 4 日，笔者由于推进书香校园建设，与荷兰作家玛丽特·托恩奎斯特共同获得了首届 IBBY-iRead 爱阅人物奖。评委会主席阿哈默德·赖泽·卡鲁丁在颁奖词中说："他致力于从多个方面推动儿童阅读，从儿童到家长再到教师、从乡村到城市再到整个国家政策，确实每个方面都取得了丰硕的成果。"

（三）通过家校社政共育，形成多元协同教育效应，许多实验区教育生态得以改变

新教育实验对于提升区域的教育品质，改变区域教育生态，起到了重要的作用。新教育实验非常注重学校与家庭、社区、政府的合作，主要通过新父母学校、萤火虫亲子共读等项目，帮助教师与父母形成教育共同体。新教育实验较早提出了家校合作共育的理念，不仅在许多学校开设了新父母学校，还在中国 100 多个城乡创办了有 15 万多名教师与父母参与的"萤火虫工作站"，帮助家庭开展亲子共读、亲子游戏等，直接动员和组织了约 1000 万人次的父母与儿童参加阅读活动。新教育实验还通过微博、微信公众号等媒体手段向公众普及家庭教育理念。笔者每天早上在微博、头条等发布《童书过眼录》《新父母晨诵》《新教育晨诵》等，至今已推荐的儿童图书达 2000 余种，总阅读量超过 4 亿人次。新教育实验对于父母和孩子的影响也是巨大的。作为山西省绛县第一批新父母学校创办人的赵晶在讲述新教育实验改变了绛县许多家庭的故事时写道："新教育让父母与孩子一起成长，绛县许多父母的家庭观和育儿观都发生了深刻的变化。"

新教育实验不仅注重家校合作，也一直注重探索与社区和政府的合作。新教育实验的管理，采取官方与民间、学术与一线融合的模式，采取实验区自愿加盟、统一管理的方法。针对中国行政体系严密、政府推动力

度大等特点，新教育实验注重与教育行政部门的密切合作，借助当地教育行政部门"自上而下"的力量，充分发挥新教育实验"自下而上"的草根优势。在双方彼此借力的密切合作中，不仅缓解了新教育专职人员不足的压力，又为基层教育实践提供了长期跟进的理论指导，化不利为有利。自上而下和自下而上、政府官方和民间草根、学术团队和一线教师结合的实验推进方式，会极大提高教育效用，这也为教育探索提供了新的思路。

通过家校社政共育，新教育实验不仅有效提升了家庭和学校的教育品质，也有效提升了区域的教育品质，改变了区域教育生态。大量实验的案例证明，新教育有效提升了许多区域的教育品质。例如在湖北省随州市欠发达地区的随县新教育实验区，经过 5 年的实验，总体教育质量有了显著提高。全市总共 73 所初中学校，随县有 25 所，在全市综合考评中，随县的 23 所初中进入前 30 名，14 所进入前 20 名，7 所进入前 10 名。国家级贫困县安徽省霍邱县新教育实验区，乡村学校的平均规模，从实验前的 500人，发展到目前的 1500 人左右，办学品质的提升，吸引了外流学生的回归。

（四）通过加强理论研究，形成了一系列较高水平的研究成果

理论研究是新教育实验发展的最重要的支撑。新教育实验一直把理论建设作为基础工程。新教育实验可持续发展的一个重要原因，在于理论上的不断创新和实践上的不断引领。新教育实验每年召开一次年度研讨会，集中探讨和解决一个教育难题，如最近五年的新教育年会分别围绕习惯养成、家校合作、科学教育、人文教育、德育进行，每年的年度主报告都由笔者领衔，组织全国专家团队攻关；每年召开一次新教育国际高峰论坛，邀请世界各国学者交流分享教育改革的经验，为新教育的主题研究贡献智慧；每年召开一次实验区工作会议，交流教育行政部门推进新教育实验的经验与做法，研究实验中需要解决的理论问题；每年召开一次领读者大会，与全国的优秀阅读推广人和机构交流分享经验，研究阅

读与教育的深层问题，推进中国的全民阅读。

据不完全统计，20 年来新教育人累计出版著作 420 多部，其中主要包括三个方面：一是围绕新教育理论体系建设的理论专著，如《我的教育理想》《我的阅读观》《新教育实验：为中国教育探路》《新教育实验：中国民间教育改革的样本》《新教育年度主报告》《从哪里来　到哪里去——"新教育实验"本体论》《新教育讲演录》《中国新教育》《新科学教育论纲——新教育在科学问题上的探索与思考》《新家庭教育论纲——新教育在家庭教育上的探索与思考》《致教师》《未来学校：重新定义教育》等相关著作。二是围绕新教育实验的实验教材与操作手册，如《新教育晨诵》（26 册）、《新生命教育》（22 册）、《新父母教材——这样爱你刚刚好，我的 N 岁孩子》（20 本）、《新孩子》（24 本）以及《与理想同行——"新教育实验"指导手册》《与崇高对话——"新教育实验"与书香校园建设》《相信种子，相信岁月——新教育实验管理操作手册》《一间可以长大的教室——新教育实验"缔造完美教室"操作手册》《养成一生有用的好习惯——新教育实验"每月一事"操作手册》《好课程是这样炼成的——新教育实验"研发卓越课程"操作手册》《让生命放声歌唱——新教育实验晨诵项目用书》《整本书共读：为童年播下美妙的种子》等。三是关于新教育实验教师的叙事与媒体报道，如《未来因你而来——我与新教育人的故事》（朱永新）、《朱永新与新教育实验》（朱永新）、《守望新教育》（许新海）、《让梦想开花——我和"新教育实验"》（李镇西）、《教育的幸福——我与新教育 20 年》（李镇西）、《守望教育的田野——新教育的理想和行动》（余国志）、《极目新教育》（傅东缨）等。

值得一提的是，近年来在新教育实证研究方面，也出版了一批重要的研究成果。通过对新教育实验学校及其师生进行实证研究，形成以下四个方面的研究结论：第一，在教师方面，研究结果显示，新教育实验可以显著改善教师的综合效能感，教师参与新教育实验的态度越积极，教师的综合效能感越强。第二，在学校方面，研究结果显示，在"过一种幸福完整的教育生活"的教育理想指导下，新教育实验学校学生遭受校园欺凌的频率显著降低，学生的学校归属感显著提高。新教育实验创设的理想校园显著地提高了学生的学习表现。此外，新教育实验学校开展"家校合作共育"更为彻底，这一关系显著提高了学生的学习表现。第三，在学生方面，通过与非新教育实验学生对比，发现新教育实验学校学生的阅读表现和数学表现显著优于非新教育实验学校学生，并且，加入新教育实验的时间越长，学生学习表现越好。在不同学科素养中，新教育实验学校学生的阅读素养尤其高于非新教育实验学校的学生，这一特点在学生阅读态度、阅读行为方面都有体现。在新教育实验学校中，改善学生阅读自信比改善学生阅读兴趣和阅读动机更为重要。第四，在家庭方面，参与新教育实验的家庭更加重视营造有助于学生成长的学习氛围，其家庭书屋的建设情况显著优于非新教育实验家庭，家庭藏书量也显著高于非新教育实验家庭。通过家庭书屋的建设，新教育实验学校学生在阅读上付出的时间更多，这是新教育实验学校学生具有更高水平阅读素养的重要原因。

　　新教育实验的理论研究有鲜明的个性风格。新教育实验不是西方新教育思想在中国的实验，也不是西方教育理论在中国的实践，而是融合中西古今先进的教育理念与方法，结合中国教育的实际所进行的创新与创造。国家督学、江苏省教育科学研究所原所长成尚荣在《新教育：中国素质教育的一面旗帜》一文中，对新教育实验在素质教育的实践探索和理论建构方面的创新研究做了充分的肯定。他提出，新教育实验体现着中国美学精神，新教育的理论话语是中国美学方式下的自然体现。关于新教育在素质教育方面的实践探索，他认为，新教育的一系列关键因子和系列行动，让教育的理想主义扎扎实实地落在大地上，促使素质教育在整体推进中有突破，在突破中整体向前，行程中一直闪耀着素质教育之光。关于新教育在理论方面的建构与创新，他明确指出，新教育有自己的理论自信、理论解释、理论框架、鲜明的理论品格和理论话语系统。新教育始终把实验的主题指向人，指向生命，指向本原、本质，这本身就是一种理论。武汉大学原校长刘道玉在为傅东缨历时近十年写就的报告文学《极目新教育》的序言中指出，新教育实验"是目前中国规模最大、参与人数最多、效果最为显著的一次民间教育科研实验。在新教育实验的富有成效的成就之中，极大程度上解决了教育职业倦怠、理论实践脱节、应试教育与素质教育矛盾等问题，形成了完美教室、卓越课程、理想课堂等一系列扎扎实实的成果"。

20 年来，新教育实验以"大教育"对抗"应试教育"，柔性地化解了"应试教育"的部分难题，实现了"五大改变"，得到了媒体的广泛关注。全国各类媒体先后发表报道千余篇，仅中央电视台、中国教育电视台、《人民日报》《中国教育报》《中国教师报》等主流媒体的报道就有近300 次，地方性报刊的报道 1000 余次。截至 2021 年 1 月，在百度搜索"新教育"三个字，可以找到相关结果约 51500000 个，搜索"新教育实验"五个字，则可以找到相关结果约 11300000 个。

20 年来，新教育实验的国际影响力也在不断扩大。2004 年到 2005 年，日本学习院大学对新教育实验学校昆山市玉峰实验学校进行了深度调查后撰写并出版的《沸腾的中国教育改革》一书，对新教育实验这样评价道："新教育的理念，是通过倡导阅读，开拓学生的思想和视野，从而改变中国教育。在新教育实验团队和他们的数百所加盟学校的共同努力下，这项实验运动正在成为中国教育改革的引领者之一。"2009 年，韩国政府"21 世纪智慧韩国工程"（Brain Korea 21）项目组邀请笔者赴全北国立大学作《过一种幸福完整的教育生活》的主题讲演，随后 10 卷本的"朱永新教育文集"被译成韩文在韩国发行。2010 年，笔者应邀在哈佛大学燕京图书馆第六届剑桥沙龙公开讲坛和马萨诸塞州大学波士顿校区教育学院举行讲演，介绍中国新教育实验。同年，新教育理事会理事长许新海博士应邀赴新加坡德明中学作"中国新教育"讲演。2012 年，麦格劳 - 希尔教育集团引进新教育著作"朱永新教育作品"16 卷英文版版权。2016 年，笔者应邀在麻省理工学院国际教育论坛、哈佛大学中国教育论坛介绍新教育实验。2017 年，在蒙古国教育部部长的提议下，蒙古国派遣了一个由 30 人的校长与教师组成的代表团，到中国江苏省海门市新教育实验区考察，并在新教育教师成长学院接受为期 10 天的新教育通识培训。2018 年，日本 NHK 专题片介绍中国教育和新教育实验。

20 年来，新教育团队的同人多次应邀走出国门，在美国、日本、韩国、俄罗斯、澳大利亚、卡塔尔、泰国等地分享新教育的探索，分享新教育实验的理论与实践探索。据不完全统计，截至 2020 年，《中国新教育》《新教育实验：为中国教育探路》《朱永新教育小语》等 20 多种著作分别被译为英、法、德、日、韩、俄、蒙、西班牙、希腊、阿拉伯、哈萨克、吉尔吉斯斯坦、乌克兰、阿尔巴尼亚、乌兹别克斯坦、越南、尼泊尔、马来西亚、柬埔寨等 28 种文字，40 个版本。从 2009 年开始，美国马萨诸塞大学波士顿分校教育领导学系严文蕃主任每年都会带领百名中小学校长、教师和博士生候选人参加新教育年会和国际论坛，参与新教育行动研究，进行中外对比以改进实验。严文蕃教授指出："新教育完全是自发的，自下而上的民间的活动，它是具有中国特色的儿童发展关键期的素质教育的行动研究。新教育这个内容里面有理想、有激情、有诗意、有行动。五个改变，五个理念，七个学理，十个行动，都具有中国特色。"日本教育家、日本东京大学教育学部原教授佐藤学先生在参加新教育国际研讨会时评论说："解决我们在 21 世纪所面临教育问题的可能性，孕育在新教育实验所进行的教育革新之中。"国际儿童读物联盟（IBBY）主席张明舟在评价新教育实验的阅读工作时评价说："新教育实验为世界各国，特别是广大发展中国家和地区跨越贫富差距，解决教育不公难题，实现跨越式发展和共同发展提供了一个可以复制的优良模式。"

二、新教育实验的问题反思

20 年来，新教育实验的发展并不是一帆风顺的，在取得成绩的同时也存在不少问题、困难、矛盾和挑战。从新教育实验诞生开始，来自内部的矛盾和外部的批评也时刻警示着我们在实验推广过程中必须思虑周全、如履薄冰。作为一个民间的教育实验，在组织建设过程中，既面临着经费不足、人才不足等困难，也面临着动力不足、能力不足等问题，既面临着公益性与市场化的冲突，又面临着专业性与实践性的矛盾。对于建设中的冲突，新教育实验尝试通过设立基金会、成立研究院等使其得以缓解，对于推广中容易出现的问题，新教育坚持客观谨慎对待，进行"冷思考"。

（一）关于大规模教育实验与质量控制的问题

新教育实验是一项较大规模的民间教育改革实验。新教育实验的"规模"与"实验"本身的性质是有着非常密切的关系的。如前所述，新教育实验是一项田野实验，面向的是成长中的学校和师生。它虽然名为"实验"，但并不是严格意义上的科学实验，没有对自变量进行严格控制。但是，教育实验与科学实验的区别在于，不是为了数据，为了论文，而是为了质量。新教育实验所进行的项目、行动，绝大多数是经过别人的实验和实践反复证明是正确的。基于此，让"营造书香校园"等教育行动惠及更多的学校和师生，自然是多多益善。新教育实验一开始就提出了"为了一切的人"（for all）的理想，自然是实验规模越大，受益面越大。所以，20 年来我们一直没有刻意控制实验的发展规模，对于那些真正想要改变学生状态、改变学校生态、改变教师行走方式的学校和地区来说，我们敞开大门欢迎。

但是，关于新教育实验"规模过大"，一度是新教育经常受到"诟病"的问题。华中师范大学教授郭元祥在 2006 年发表了一篇题为《再看朱永新所谓新"教育实验"：大规模教育实验研究的局限性》的文章，对"好大喜功、贪多求全、追求轰动效应和大场面"等国内基础教育实验研究的"顽疾"提出了呼应性的尖锐批评，同时从研究方法论的角度检讨了"大规模教育实验研究中的弊病"。郭元祥通过对杜威的芝加哥大学实验学校、苏联教育家苏霍姆林斯基的帕夫雷什中学、陶行知的晓庄学校、拉尔夫·泰勒的"八年研究"等实验的考察,得出结论:在这短短的一百年中,真正能够影响基础教育走向的教育实验研究,并能够以此为基础形成称得上"学派"的理论,其实并不是大规模的实验,相反是以一校为基地的小规模、长周期的教育实验研究。他认为,只有"以一所学校为实验研究基地的教育实验",才能"保证教育实验过程中的变量控制、实验处理的有效性,有利于研究者对教育实验研究过程的沉思、深入细致的因素分析和严密的理论论证"。所以,"真正有影响力的教育实验,从来都不是大规模实验研究,也没有什么大规模教育实验能够产生什么宏大理论和学派"。

应该说,就探索性的教育科学实验本身的规律性而言,郭元祥的意见有一定道理。但是,从新教育实验 20 年的发展历程来看,我们至少做到了使一大批的普通学校通过新教育实验发展成了优质学校,使一大批普通学校的教师成长为优秀教师,这些教育资源的改变,自然会对学生的成长产生积极影响。至于大规模实验是否能够产生"宏大理论和学派",这是一个需要留待历史检验的问题。这个问题,不是新教育首先要解决的问题,我们更关心的是实验本身能否造福更多师生。在没有足够的实验周期之前,谁也无法下定论,无论是学术权威或是新教育人自身。

所以,新教育实验一直保持"坐而论道不如起而行之"的行动理念,奉行"做比不做要好""认真做比马马虎虎做要好"的朴素想法,继续为有意愿寻求更好教育的学校和师生服务。当然,关于实验规模过大是否会影响实验品质,却是一个非常重要的现实问题。近年来,随着新教育实验规模不断扩大,我们采取了"不主动出击、也不轻易拒绝新的实验者"的工作方式,对实验规模进行了适度控制。尽管如此,还是不断有新的实验区、校加盟。但是,的确也出现了由于实验区、校过多,管理跨度太大,管理成本太高等问题,导致实验区和实验学校良莠不齐、发展很不平衡的现象的产生。如何处理好实验规模与管理质量,仍然是新教育实验迫切需要解决的问题。

（二）关于新教育实验系统推进与重点突破的问题

与实验规模的问题相似，新教育实验的内容项目较多，从"营造书香校园"等十大行动，到新科学、新人文、新德育、新艺术等课程，再到新教育学校文化，几乎涉及整个学校教育体系的所有内容。新教育内部和学术界对新教育实验的内容也有不同的观点，新教育实验另一个经常受到"诟病"的问题就是内容"过于庞杂"。

的确，传统的教育实验，往往是小切口、小专题，实验的自变量、因变量关系清晰，验证性效果较好。但是，作为一个实践性强、受益面广的教育实验，笔者也清晰地认识到，教育是一个复杂的系统工程，各个行动、课程之间是相辅相成、彼此影响的。新教育实验要取得"最大公约数"，就要尽可能提供更丰富的内容选择。郭元祥在批评大规模的教育实验时，也对实验内容的"宏大"提出了异议。他认为，我国大规模教育实验的致命伤就是：研究目标过于宏观、研究方式的"宏大叙事取向"和"宏大哲学语境"；首席专家缺乏对教育活动结构的细节关照，研究过程不深入、研究周期短；研究结果的理论建构有余而实践取向不足、综合有余而创新不足。

郭元祥的这一观点同样是理性并值得深思的。问题在于，既然新教育实验不是严格控制实验变量的"科学实验"，而是整合既有教育科学研究成果，在实验中丰富完善的教育改革探索，就没有必要按部就班地因循传统教育实验的做法，用数据来证明本来就知道的常识。如关于"营造书香校园"，强调阅读的意义和价值，推进"晨诵、午读、暮省"的儿童生活方式，推进整本书共读、亲子共读等。再如，关于教师成长的"三专"理论，其实是在整合了国外教师成长的反思理论、生态理论等基础上提出来的，也是不需要"验证"的成熟做法。新教育实验采取批判继承的方法，对人类优秀的教育文化遗产做了甄选，形成了相对完整的教育体系和学校教育解决方案，为学校发展和师生成长提供操作性的建议。新教育实验发起的目的不是为了标新立异，而是为了追求更好的教育；不是为了"宏大叙事",而是为了踏踏实实地追寻更好的教育。这也是新教育实验能够吸引众多学校"大规模"参与的原因所在。

新教育团队对新教育项目与课程的拓展展开过充分讨论。曾有核心团队成员提出,"伤其十指,不如断其一指"。如果新教育实验用"狮子搏兔"的精神全力以赴,专注于校园阅读,或者专注于教师成长,精耕细作地按照严格的科学实验,把对照组和实验组的数据进行处理分析,写出数十篇高水平的论文和著作,是不是更能够站住脚?这种做法当然简单得多,也"有名有利"得多。但是如果新教育实验止步于此,又能对教育的进步做出什么有意义的贡献呢?教育领域从来都不缺理论家,每年产生的教育研究论著可以用汗牛充栋来形容。相比之下,扎根于教育田野的行动研究,即使在新教育实验发展了 20 年的当今,也是为数不多的。

当然,对新教育实验"过于庞杂"的善意和冷静的批评是值得我们重视的。在新教育专业团队人手紧张、疲于奔命、顾此失彼的情况下,尤其是实验区、实验学校需要更多帮助和指导的情况下,我们确实很难专注所有项目和课程的深化,甚至很难考虑新教育实验的可持续发展。所以,在系统推进实验的过程之中,我们如何关注和把握重点行动与项目,不要造成"狗熊掰棒子"拿一个丢一个的情况,是应该引起我们的高度重视的。

但是,在新教育实验的造血机制逐步形成,人力资源逐步充沛,研究机构逐步健全,专业团队逐步壮大的情况下,我们还是应该回过头来"安营扎寨",对新教育实验的课程、行动进行深化细化,完善理论体系,落实操作方法,为实现新教育的愿景而努力。

(三)关于新教育实验话语体系与学派建设的问题

与规模、内容相关的另外一个问题,就是新教育实验的话语体系与学派建设问题。我们提出要建立新教育实验的话语体系,成为扎根中国大地的新教育学派，这是我们的愿景，是我们的梦想，是我们努力的方向。对此，新教育内外也有过不同的声音。

2006 年初，新教育姜堰实验区的时任负责人就写过一篇题为《质疑"打造教育学派"的目标——新教育实验走向之我见》的文章，他认为，"学派"云云其实是反映了中国传统文化之中的某种负面因素，包括门派纷争、个人崇拜、急功近利等。我在教育在线网站上回答了他的问题。我提出，以新教育实验目前已经具备的条件，如果能够更加及时地关注和研究现实，包括新教育共同体自身和新教育实验赖以生存的社会现实，自然有条件成为中国素质教育的一面旗帜。自己能否成为中国有影响的新教育学派，应该是以能否得到社会的广泛认可以及相关领域专家的肯定为标志，似乎不必刻意追求和打造。同年 5 月，"学术批评网"刊发了华南师范大学教授黄甫全的一封公开信《必须警惕当代教育研究中的"浮夸"风气》，对笔者在某次采访中提出的要建立新教育学派，"打造在国内外有影响的新教育实验"等提出了尖锐批评。其中指出：当今教育界涌动着的浮躁之风，在新教育这里"达到了登峰造极的地步"。希望笔者能够停止"浮夸"，"带头冷静"，"带头停止自我膨胀"。

黄甫全的公开信让新教育人更加审慎地思考新教育实验的推广过程是否符合教育变革规律，是否真的出现了"浮夸"。尽管黄先生批评的这篇关于新教育的报道是基于一篇内部讲话稿，而且未经笔者审阅，对于新教育的认识上带有一定的"夸张"的色彩，但该批评是有一定道理的，促使新教育进行更加深刻的自我反思。

虽然建立学派本身是一件水到渠成的事情，也许不是那么重要，但是形成新教育的话语理论体系，是至关重要的。作为一个教育变革的系统解决方案，如果没有高水平的理论研究支撑，如果无法知道一线教师的成长和学校的发展途径，实验就会寸步难行。为构建、形成新教育的话语与理论体系，迫切需要志同道合的人士积极参与其中，在这过程中"学派"的形成便是自然而然的。关于能否建立"新教育学派"，我们认为只要目标明确，坚持不懈，应该说是可以预见的结果。

（四）关于如何提高新教育实验年会水平与成效的问题

一年一度新教育实验的年会，是新教育人的庆典和重要仪式。也有专家称之为新教育的"春晚"。我们一直期待，新教育实验年会不仅仅是新教育人的一场温暖、热烈的相聚，更是一场思想的盛宴，一次方法的交流，一个现场的展示，是再出发的加油站。对于举办方来说，也是借年会的平台，提升区域新教育实验的整体水平，发现和培养更多榜样教师的契机。20 年来的新教育实验表明，这样的"初心"基本是做到了。但是，对于某些承办一年一度年会的新教育实验区来说，的确也存在着重外在形式而轻内在品质，重场面的热闹而轻实际的效果等问题，甚至存在着一定的"攀比"现象。

针对新教育实验的年会和推广过程之中存在的问题，新教育研究院院长李镇西在 2010 年写过一篇《新教育热的冷思考》的文章，谈到了他对于新教育发展的"忧虑"。其中提出了几个发人深省的问题：我们会不会把新教育实验仅仅当作一个招牌来装潢学校门面，而并不打算认认真真去做？在这个浮躁的时代，几乎任何东西都具有商业价值，都可以用来"扯眼球"，新教育实验是不是也被人赋予了这种功能呢？一年一度的新教育年会会不会成为越来越令人瞠目结舌的"豪华攀比"？他认为，新教育实验应该是朴实无华的，是家常便饭的，即使是一年一度的欢聚，也不应该成为一次烧钱活动。那些为了展示、展演"不惜血本"的做法，本身已经远离了我们所热爱的新教育。

类似的意见，同样多次出现在新教育内部。新教育基金会理事长卢志文在新教育理事会上曾经对实验区、实验学校的快速发展表示担心。他说过一句话："我们是否回访一下，看十年来举行过新教育年会的地方，现在是否都还在搞新教育实验？我每想到这个问题，就脊背发凉！"这些质疑的可贵之处在于，警醒我们要保持理性思考，不忘发起新教育实验的初心。

应该说，针对新教育实验年度会议中成果展示的"场面华丽"，特别是开放周、年会的展示现场过于讲究场面、豪华攀比等问题，新教育实验管理团队还是有着清醒认识的。2020 年新教育实验年会筹备期间，笔者就给组委会写信，希望把年会办成一个扎扎实实而非轰轰烈烈、科学务实而非个人崇拜、节俭朴素而非华丽铺张、激荡思想而非罗列拼凑的大会，要求不讲会议排场，不搞大规模专业水准的演出，不要租用专业设备，绝不聘请专业团队搞与实验内容无关的演出。结合新教育本身的探索，以叙事式展演为主，用最朴素的方法，讲最真实的教育故事，鼓舞和引领最普通的教育工作者。

笔者衷心感谢黄甫全、郭元祥等学者及众多新教育同人对新教育的批评和建议。一个不怕批评的国家是有前途的国家，一个不怕批评的机构是有前途的机构。被批评的时候可能会有委屈，甚至会愤怒，批评对了可能会有伤疤被揭的感觉，批评错了也可能会有啼笑皆非的怨恨，这是许多被批评的人的共同本能反应。其实，对待批评的态度不妨改变一下：批评对了，从心底里感谢，闻过则喜。别人帮助你发现错误，不是可以更好地改正错误并且不断地进步吗？批评错了，不知者无罪，不是可以提醒自己今后不要犯这样的错误吗？把批评当成喝彩和激励，才是我们应该有的态度。犯错误并不可怕，可怕的是我们不知道自己的错误，更可怕的是我们知道错误以后不改正错误，知过不悔。

新教育有宏大的梦想，有人会说我们"痴人说梦"，甚至批评我们"吹牛"，我们相信岁月会见证梦想。新教育注重行动，由于一直没有完成系统建构理论体系的任务，有人说我们"浅薄"，甚至批评我们"无知"，但我们会坚持行动，在行走中踏出理论之路，把梦想化为现实。

三、新教育实验的未来发展

一项民间教育改革运动，历经 20 年而不衰且愈加显出活力，足见新教育实验是符合教育变革趋势的产物。但我们也必须清醒地看到，在互联网、人工智能的新时代，面对覆盖了从幼儿教育、小学教育到中等教育、高等教育整个阶段的庞大教育体系，新教育要拿出比较系统的管理与教学方案，是非常不容易的。新教育实验仍面临很多挑战，还有漫长的路程要走。在未来几年，新教育实验将在以下几个方面继续探索：

（一）继续加强新教育的理论体系建设，完善新教育课程体系

理论，是新教育的根基。没有理论指导的实验是盲目的实验。20 年来，新教育实验一直注重理论研究与话语体系建设，先后成立了 10 余个专门研究机构。但是，教育研究本身的复杂性和艰巨性，研究经费与条件的有限性，注定了我们的理论研究仍然与实际的需要有很大的差距。

课程，永远是教育理论研究与实践探索的关键议题。学什么，是教育首先要解决的问题。围绕"过一种幸福完整的教育生活"这一核心理念，构建由新生命教育（基础课程）、新智识教育课程（真）、新德育课程（善）、新艺术教育课程（美）和个性化课程组成的课程体系，大幅度压缩和整合现在的学校课程体系，把更多的时间和空间留给学生，是新教育课程研究的未来方向。

如何才能卓有成效地帮助新教育共同体成员"过一种幸福完整的教育生活"？如何实现理想的课程体系与现有的课程结构有效衔接？如何

把劳动技术教育等内容与已有课程有机融合？如何发展中国特色的项目学习课程？为解决这些问题，就需要新生命教育研究所、新人文教育研究所、新科学教育研究所、新公民教育研究所、新艺术教育研究院和新教育 K12 卓越课程研究院等各个研究机构，在未来若干年将继续对以大生命、大人文、大科学、大德育、大艺术为特色的新教育课程构架进一步从课程理念、课程标准、课程纲要到教材建设等方面全面、深入地研究，抓紧研发相应的课程，完善新教育课程标准，开发相关的教材等。目前正在进行的新教育学科阅读书目、项目学习书目，是为新教育的未来课程研发做的前期工作。

（二）继续加强贫困地区、边远地区的新教育实验区建设，发挥新教育在推进教育公平方面的作用

如前所述，新教育实验学校 62% 在农村或者边远地区。20 年来，新教育实验在改变农村学校的教育生态，提升农村学校的办学品质方面做了大量工作，为推进教育公平做出了一定的贡献。但是，限于资金、人力、物力等多方面因素的制约，仍然还有很大的空间。从区域分布的情况来看，新教育实验虽然覆盖了全国除香港、澳门、台湾外的所有行政区域，但大部分农村学校，还是集中在江苏、浙江、山东、河南等东中部地区，西藏、新疆、宁夏、云南、海南等边远地区和少数民族地区的学校还比较少。

教育公平的问题涉及教育的外部和内部两个方面，一般称之为显性的教育公平和隐性的教育公平，长期以来，大家关注比较多的是外部的显性的教育公平问题。比如说区域教育发展不平衡，城乡教育发展不平衡，学校之间的教育发展不平衡，不同群体受教育的发展不平衡。对于学校教育内部的隐性的教育公平问题关注度是不够的。

所以，在未来的新教育实验资源配置方面，无论是实验区和实验学校的建立、种子教师的遴选，还是完美教室和新教育童书馆的资助等方

面，将更多关注上述边远地区和少数民族地区，更多关注弱势人群，更多关注学校教育内部的隐性教育公平问题。

（三）继续深化新教育教师成长模式，开展教师培养体系再造探索

教师成长，是新教育实验的逻辑起点。新教育实验的教师成长模式，比传统的强制模式更加柔软、人性化，比纯学术的理论模式更加亲切、通俗化，比现在的各种培训模式更系统、专业化，得到了一线教师的认可。但是，如何才能调动教师自我成长的主动性和积极性？如何及时防止教师的职业倦怠？如何大面积地提高教师教育与培训的效率？还有许多问题需要深入研究。在未来几年内，新教育实验将在以下四个方面继续努力：

一是把新教育实验教师成长的理论体系与操作模式进一步总结提炼，形成有效的"工具箱"。也就是说，将进一步把新教育的生命叙事理论和三专理论体系化、操作化，在更大的范围有效地复制和推广。

二是选择与一所到两所师范大学合作，重新构建教师教育课程体系。现在教师教育体系很难培养出优秀的教师、教师职业的专业性比较薄弱等问题，与课程设计不合理不无关系。新教育实验拟借鉴新教育教师成长项目的理念和经验，与部分高校合作，进行系统改造教师教育课程的探索。

三是遴选一批乡村学校，通过乡村教师与城市新教育实验学校的教师结对，帮助乡村教师成长助力乡村教育发展，把新教育教师成长项目的成果更好地在农村推广，造福更多的乡村学校和乡村孩子，推进教育公平。

四是升级新教育实验网络师范学院，创办新教师大学，通过线上线下结合的方式，遴选优秀的种子教师，帮助教师制订生涯发展规划，指导教师在职研修。

（四）继续研究未来学校的转型，开展未来学习中心试点

风靡世界的教育纪录片的制片人泰德·丁特史密斯在《未来的学校》一书中指出："传统学校挣扎于两类大环境背景之中，一类是拘泥于过去不肯自拔的传统教育体系，另一类是正在不断塑造未来走向的创新世界。"也就是说，现在教育有两个发展方向：一个是继续走传统教育模式这条老路，把孩子们批量送进教育机器之中，"等着这些机器产出大批毫无技能和目标感的年轻人，然后眼看着他们往投票箱里扔手榴弹，却束手无策"；另外一个是打破这一切，发动一场真正的教育变革，这样的话，"我们的孩子就能够唤醒自身潜藏的天赋与力量，开拓出充实而精彩的人生之路，去想办法解决我们这代人遗留给他们的诸多难题"。在丁特史密斯看来，传统学校不过是僵化的教育体制打造出来的"纸老虎"，是"创新时代的博物馆文物"。而发动变革打破这一僵化的体制的力量，一定是来自民间的草根行动。

随着新教育实验的深入，我们越来越清晰地看到，在现有的教育体制和教育结构下，学校的变革寸步难行。于是，从 2014 年开始，笔者深入研究了未来学校与未来教育模式，并且于 2019 年和 2020 年先后出版了《未来学校：重新定义教育》和《走向学习中心：未来学校构想》等著作，提出了学习中心的构架：第一，现在的学校（school）将演变成为学习中心（learning center）。传统的学校概念将被新的学习中心取代，人们不必要每天按时去学校，不必按部就班地学习各门课程。第二，现在教学（teaching）的概念将变为学习（learning）的概念。传统的教师教、学生学的教学活动将变为学习，学生的学习活动成为学习中心的主旋律。传统的教师中心、课堂中心、教材中心将会真正转型为以学生的学习为中心。第三，现在的教师（teacher）将成为成长伙伴（partner）。传统的教师角色变为助教或者成长伙伴。第四，现在的标准化（standardization）教育将变为定制化和个性化（customization and personalization）教育。

未来的学生，完全能够做到一人一张课表，而且随时调整学习内容，他们的大部分时间是在家里或者在学校的图书馆、学习室等，通过网络学习、团队学习解决学习过程中的大部分问题，而且通过大数据的方式自动记录他们的学习过程，作为评价的依据。未来学生的学习，"是新建构主义所倡导的零存整取式的学习，是基于个人兴趣和问题解决需要的自发学习，是大规模的网络协作学习"。学生可能不再需要专家学者为他们提供完整的知识结构，而是通过自主学习建构能满足自己需要的个性化知识结构。在这样的学习和建构中，课程、学分、学校、学历等不是最重要的，唯一重要的是"我学到了什么、我分享了什么、我建构了什么、我创造了什么"。

在未来的几年中，新教育将积极推进这样的变革。2020 年突如其来的新冠肺炎疫情虽然是一个灾难，但同时也提供了一个未来教育的试验场。新教育发起的"云伴读"课程开播期间，先后获得了近 50 万人次点播，其中参与直播的约 40 万人次。新阅读研究所开设的"新阅读　喜说写"抗疫联合儿童说写公益课程，共有 26.7 万学员参加，提交作业 225.9 万份。新教育种子计划主办的"飓风的新教育教室 12 讲"教师培训，共有教师 60.2 万人次参加，提交感言共计 2000 多万字。"新中国　新教育　新孩子"新教育萤火虫之夏（2020 年）暨全国种子教师峰会，在钉钉平台上共计 4.4 万名教师参与，总观看 109.2 万人次，共留下 63.3 万次点赞、共提交 11617 篇感言。新教育培训中心组织的"新时代　新德育"全国新教育实验线上开放周，在 CCtalk 平台数据显示，8 个专场的参与人次达到了 31.05 万。7、8 月份基于新教育十大行动设计的通识培训与提高培训，近 10 万人次参与研训。这些可能就是未来学校、未来课程和未来课堂的模样。

20 年，对于一个人来说，是一个从牙牙学语、蹒跚学步到风华正茂、意气风发的时段。20 年，对于新教育实验来说，是一个从一个人的念想到一群人的梦想，再到一个团队的理想的发展过程；是从一所学校的探索到五千多所学校加盟的过程。

20 年筚路蓝缕，20 年风雨兼程。"路漫漫其修远兮，吾将上下而求索"，未来仍然面临着许多新的挑战和困惑，但我们会继续按照全国教育大会提出的"9 个坚持"的原则，继续探索适合我国国情的教育模式。我们会进一步彰显新教育的理想追求与实践探索，扎根中国大地，用自下而上的力量和自上而下的力量相结合，办出中国特色的教育。同时，我们也会瞭望世界，把握时代的脉搏及时推动教育改革的进程；我们会努力破解长期以来理论与教育实践相脱节的问题，焕发学校和师生更大的生命力。我们坚信，只要上路就会遇到庆典，我们会把新教育实验写成一部具有中国特色的现代教育学草稿，新教育定会继续向着明亮的那方前行。我们相信，经过新教育共同体的不懈努力，在不远的未来，新教育实验学校将培养出一群又一群长大的孩子，从他们身上能清晰地看到：政治是有理想的，财富是有汗水的，科学是有人性的，享乐是有道德的——这，就是新教育人孜孜以求的共同朝向。这是一个宏大的愿景，需要我们继续努力。我们一直在路上！

四、媒体对新教育实验的关注

新教育实验甫一问世就受到了敏锐的媒体的关注。《中国教育报》是最早关注新教育实验的专业媒体，记者在 2004 年发表的一篇报道中就惊叹："'生于毫末'的新教育实验虽然尚未成就'合抱之木'，却已成为当今中国教育改革的一枝奇葩。"而《南风窗》杂志记者章敬平在 2004 年 5 月以"新希望工程"为新教育实验命名的报道中写道："该实验（新教育实验）有望在另外一重意义上，成为继希望工程之后的'新希望工程'——原先的希望工程是一项增添书桌的工程，侧重于物质。'新希望工程'是一项有了书桌后塑造一个什么样人的工程，注重于精神。可以断定的是，作为一场对抗教育异化的实验，理想主义者试图从源头上救赎中国教育危机的努力，起码可以视作以'人的教育'为旨要的'新希望工程'的剪彩仪式。"

同年12月，章敬平又在《21世纪经济报道》撰文，高度评价新教育实验的时代意义。他认为，"作为一项综合性、整体性、长期性的改革实验，新教育的出发点就在于进行'教育共同体及其生活世界改造'。真正的教育是一种回归，回归人类的理想，回归人的发展本身。教育就是为了理想，为了人的和谐发展，为了唤醒潜藏在人们心中认知和创造爱与美的能力。新教育的实质其实是一种人性教育，以个人发展需要为标准的教育价值观。"

中央主流媒体也一直关注和报道新教育实验。《人民日报》2006年8月17日的报道指出："让孩子心中有梦想，脸上有笑容，学到终身受益的东西。"《光明日报》2006年12月25日记者表示在采访中听到的最多的一句话就是："一样的学生，一样的学校，但是教师的精神状态发生了变化。"中央电视台2007年11月在其《新闻观察》栏目用45分钟的时间，以《心灵的教育》为题深度报道新教育实验。主持人柴静评论说："相对以分数为主要导向的应试教育，新教育注重与人类的崇高精神对话，强调一个人的精神发育史就是他的阅读史，并且通过晨诵、午读、暮省的儿童生活方式，让学生拥有一个博爱而敏感的心灵，重塑他们的精神世界的蓝图。"《人民政协报》教育在线周刊主编贺春兰认为："和批评相比，对转型中的中国社会、中国教育而言，建设的价值要优于破坏的价值，这个社会更需要心怀理想、执着践行的建设者。"《中华儿女》杂志编辑部主任刘之昆在2010年3月刊发表文章，提出新教育实验是一种理想主义色彩极浓的行动，也是一种带有几许悲壮色彩的"抗衡"。认为新教育人不满足于坐而论道，而是高举着理想之旗，在行动力困乏的当下，仍然要义无反顾地"蹒跚前行"，做些实实在在的事情，最起码，对当下的中国知识分子群体无疑是一面镜子式的昭示。

教育的专业媒体也多次聚焦新教育实验。《中国教师报》2010年7

月的一篇评论指出，"只要行动，就有收获；只要坚持；就有奇迹。这是新教育实验一直推崇的信条。而反观当前，在中国'灰霾'遍布的教育星空中，我们更多的是抱怨、批判，而缺少建设和行动。新教育实验人就是这样一批行动者、实践者、建设者，也是一群擦星星的人。因为总得有人去擦星星。擦亮星星，就是点燃希望。"《校长》2012 年第 2 期用 100 多页的篇幅全方位推介新教育实验，主编李斌在卷首语中评论说："站在中国教育前所未有的变革机遇和成长节点上，同样可以说，新教育实验的成败，将在很大意义上影响甚至决定中国教育，乃至中国社会未来的格局——也许历史终会证明，这个说法并不夸张。"《中国教师报》2015 年 6 月 6 日发表记者翟晋玉的专题报道，讲述了新教育实验对于教师成长的许多感人故事，最后总结说："从一个人的念想开始，到实验区遍布全国各地，参与师生逾 200 余万。17 年来，新教育实验在中国大地上掀起的波澜和磅礴，令人瞩目。她不求名利，扎根田野，深入基层，成为推动中国教育改革的一支重要力量，书就了浓墨重彩的一笔。特别是通过提升教师专业素养，新教育改变了许多教师的职业生涯和生命状态，进而改进了当地的教育生态。"《中国教育报》2016 年 11 月 15 日用整版篇幅发表记者俞水采写的长篇报道《一场教育实验生发的故事与思考》，讲述了新教育实验对于师生和学校的改变。她写道："一个一个孩子，一名一名教师，一所一所学校，用一个个故事践行着新教育的目标。16 年来，新教育实验从生发于学术的纸质梦想，到个体的行动探索，进而有了 3000 所实验学校，实验影响遍及全国。一群教育人的理想，生根，发芽，与中国 3000 所学校的教育现实紧紧缠绕着，逐渐茁壮……"

附录1　2022年一丹教育发展奖颁奖词

一丹教育发展奖评审小组主席、联合国教科文组织教育应用资讯科技研究院理事——多萝西·戈登（Dorothy K. Gordon）：

我衷心祝贺朱永新教授获得2022年一丹教育发展奖。作为新教育实验发起人，朱教授致力于解决世界各地教育工作者面临的最棘手的挑战，推进教育公平和普惠。他的工作从教育的不同角度出发，激励学生、教师和家长合作，强调学习的幸福感和个人成长。他认为教育的目标应该是"过一种幸福完整的教育生活"。

成立20多年来，新教育实验已经从一所学校发展成为8000多所学校、50多万教师及800多万学生积极参与的网络，其中许多学校位于偏远的农村地区。在新教育研究院以及旗下各专业研究机构的协调与推动下，众多区域的教育行政部门、实验学校、一线师生、志愿者积极投入新教育实验中，以行动研究的方式开展工作。

新教育实验以研究为基础，不断优化教学方法，旨在提高教师及学生的阅读、写作和沟通能力，通过家校合作进一步改善教育生态。这些措施逐渐改变教师专业发展模式和学生在校内外的学习方式。学生和教师的积极性都提高了，学生的学习成果也有明显改善。

新教育实验"教师成长模式"旨在解决教师职业倦怠和专业发展的问题。新教育实验还提供阅读书目、线上资源和平台等，鼓励教师静思吸纳、专业阅读与写作、梳理表达和分享，将前沿学术研究带给一线教育工作者，建立一个教师成长共同体，鼓励教师的专业发展、鼓励教师间的交流合作，让教师自身价值得到体现。世界各地的教育家都可以从新教育实验的教师激励模式中得到启发。

新教育实验通过"营造书香校园"等十大行动策略，以阅读和写作为基础，积极动员学生、教师和家长合作，共同成长。通过提供课余及校内外的阅读书目等学习资源，鼓励师生共写随笔、亲子共享阅读等创新的教学方式。新教育实验通过与学生所在社区的积极互动，营造了更积极的家庭学习环境，培养学生的成长型思维，培养他们成为宽容、乐于合作的公民。这种协作模式有清晰的学习目标，跳出了应试教育的窠臼，提高了教学结果。

这些只是新教育实验的一部分。朱永新教授的著作通过 28 种语言广泛在海外传播，他的书里还有很多对新教育实验成果的阐述。这些实践经验经过亚洲研究机构的分析，为一些地区制定教育政策提供参考。根据新冠肺炎疫情期间累积的大量远程学习经验，朱教授计划建立一个采用云技术的教学资源平台，支持教师专业发展。

祝贺朱永新教授多年的教育工作受到肯定。他致力于解决教育公平问题，帮助教师拓宽视野，打破自身顽固的思维壁垒，促进教师的专业发展和人生幸福。新教育实验在中国的实践经验对其他国家的教师专业发展有借鉴意义。

朱教授在充满挑战的环境里，坚持解决教育中最棘手的问题，说明心态和思维是改变教育的有力工具。更重要的是，他提醒我们：每一个人都可以幸福、快乐地学习。我代表评审委员会祝愿朱永新教授和他的团队继续成长，共同进步。

附录 2　新教育实验实施效果评估报告[*]

2021 年 1 月，中国最大的调查公司上海零点市场调查有限公司受江苏昌明教育基金会委托进行了一项关于新教育实验的效果的第三方独立调查（项目编号：CSR200021），以下是零点集团的评估报告全文。

一、评估基本情况

（一）背景与目的

新教育实验从 2000 年发展至今，已有 20 个年头。新教育实验的四大改变、十大行动已经深入全国各地，取得了一系列的重要成果。在这 20 年的关键时间点上，本次研究受江苏昌明教育基金会委托，对新教育实验实施效果进行第三方评估。旨在对过往的发展历程进行总结，对实施现状进行评估，并对新教育实验的未来发展建言献策。总结是为了沉淀和积累，评估现状是为了审视和检阅。在审视新教育实验自身发展的同时，向全球领先的教育风向标看齐。本次研究将对标国际先进教育评估体系，发掘新教育实验现阶段的优势以及不足。最后，本次研究将综合整体发展和现状评估，对新教育实验的未来发展建言献策。

　　* 项目指导：黄勇；研究经理：刘晓琳；项目经理：李国玲、何其多；项目助理：徐俊仪、符厶爽、刘城宾；项目督导：严慧敏；报告撰写：李国玲、何其多、符厶爽、刘城宾；数据分析：方乾燕。零点公司拥有本项目的分析方法、报告格式的技术版权。

（二）评估思路

本次新教育实验效果评估的核心思路为同心圆评估法。同心圆分析法是指通过以核心评估对象为中心，不断向外扩展出不同的圈层，越靠近中心的圈层与目标的关系越密切。从近到远分别为核心圈、参与圈和同行圈。

在此次研究中，评估对象为新教育实验。核心圈是指该研究目标的领导者、倡导者以及组织者。对于新教育实验而言，是新教育研究院负责人、各实验区负责人以及各教育局负责人等。参与圈是指该研究目标的受益人群以及主要投入者。对于新教育实验而言，包括直接负责新教育实验的一线教师、学生以及学生家长等。同行圈是指该研究目标的圈内非参与者以及外围关注者。对于新教育实验而言，是指并未亲自投入其中的教育领域相关工作者。本次研究将通过了解不同圈层相关主体对新教育实验的评价、看法，进行全面、科学的评估。

图 1　同心圆评估法

（三）评估内容

1.成效评估：对新教育实验的实施效果进行评估

借鉴国际上相关的教育评估体系，评估内容主要从以下几个方面展开：

☆综合成效：给学生成长、教师发展带来的实际效果。

☆具有远见：着眼于教育的未来发展趋势及需求。

☆富创新精神：开创新的技术应用或教育方法。

☆具改革能力：为教育系统做出积极影响或改变。

☆具可持续性：取得长期持久的成果及具备可复制性。

2.未来展望：为新教育实验的未来发展提出建议

总结新教育实验历年发展情况以及结合评估结果，对新教育实验未来的发展方向提出意见建议。

☆对新教育实验未来发展做出展望。

☆为新教育实验未来发展提出建议。

（四）评估方法及样本量①

为了全面评估新教育实验历年发展情况，本次研究运用定性与定量相结合的方式来对新教育实验实施效果进行研究和评估。

1.定性研究

（1）文献研究

通过搜集、整理新教育已经出版的文献资料，在新媒体上发布的官方内容以及各界对其报道、评论等资料，对新教育实验的发展脉络、创新特点、现实成效进行梳理汇总。

（2）深度访谈

深度访谈执行时间为 2020 年 4 月 26—27 日，共访谈了 8 位受访者，包括教育行业专家、区县教育局负责人、学校校长、一线教师以及家长，涉及江苏、山东、山西、河北、福建等新教育实验典型代表区域。

① 详细的评估方法介绍和样本背景信息见附。

表 1　深度访谈执行情况

类型	深访对象	所属地区	所属实验区	样本量
核心圈	区县教育局负责人	江西	江西定南实验区	1
	学校校长	山东	山东日照主城区	1
		河北	河北石家庄桥西实验区	1
参与圈	一线教师	辽宁	辽宁沈阳实验区	1
		江苏	江苏常州武进实验区	1
	家长	福建	厦门同安实验区	1
		山西	山西绛县实验区	1
同行圈	教育行业专家	北京	北京海淀实验区	1
共计				8

2. 定量研究

定量研究主要采取线上问卷调查的方式进行，于 2020 年 4 月 25—30 日开展在线填答，调查对象包括新教育实验教师、学生（考虑到学生的自主表达能力，本次访问的学生主要是六—九年级的学生）以及家长三类群体，涉及东部（江苏省、浙江省）、中部（河南省、湖北省）和西部（甘肃省、四川省和新疆维吾尔自治区）10 个新教育实验区，共成功回收有效样本量 2027 份，在 95% 的置信度下，抽样误差为 ±2.2%，属于可接受的误差范围。

表 2　问卷调查样本执行情况

类型	在线填答对象	样本量
参与圈	教师（含主管部门工作人员、学校行政管理人员及教育研究机构人员）	471
	学生	320
	家长	1236
共计		2027

表3　问卷调查样本分布情况

在线填答对象所属新教育实验区	样本量
江苏海门实验区	188
江苏姜堰实验区	104
江苏新沂实验区	70
浙江萧山实验区	70
河南焦作主城区	111
河南洛阳高新实验区	76
湖北随县实验区	64
新疆奎屯实验区	971
甘肃兰州榆中实验区	270
四川成都武侯实验区	103
共计	2027

二、新教育实验发展基本情况

从第一所实验学校的建立，到如今5200多所学校、近600万师生参与的大规模教育田野实践，"新教育"的发展经历过诸多挑战与困难。但新教育人始终相信"行动就有收获，坚持才有奇迹"，坚定地朝着求真、向善、尚美的教育理想前行。对新教育实验的价值发展过程进行梳理，可以看到新教育的发展经历了酝酿、初创、深化和完善四个时期。

使命：

　　让师生过一种幸福完整的教育生活

愿景：

　　成为中国素质教育的一面旗帜

　　成为扎根中国大地的新教学学派

价值观：

　　执着坚守的理想主义，深入现场的田野意识

　　共同生活的合作态度，悲天悯人的公益情怀

理念：

哲学基础——人本论：为了一切的人，为了人的一切

行动论：只要行动就有收获，只有坚持才有奇迹

状态论：重视精神状态，倡导成功体验

心理学基础——潜力论：无限相信师生的潜能

个性论：强调个性发展，注重特色教育

伦理学基础——崇高论：与人类崇高精神对话

和谐论：教给学生一生有用的东西

图 2　新教育实验使命、愿景、价值观、理念

1986 年《中华教育思想研究——中国教育科学的成就与贡献》

1988 年《困境与超越——当代中国教育述评》

1990 年《当代日本教育丛书》

1993 年推动了大学生"必读书目""主辅修制""学分制"等教学改革

1999 年受管理学大师德鲁克的思想影响，萌发了开展教育实验的想法

2000 年《我的教育理想》

2002 年，教育在线网站正式创办

自此，新教育实验由朱永新一个人的教育思考与教育理想，变成一群人的教育追求与教育行动

提炼出了"五大理念"和"六大行动"的理论框架

新教育的价值体系拓展到如今的"一个核心""四大改变""五大理念""十大行动"

在这个时期，新教育实验探索出了职业认同与专业发展的教师成长模式

2013 年已经发展了 40 个实验区 1764 所实验学校

2013 年，新教育教师成长学院成立。

2015 年新生命教育研究所成立。

2018 年新教育实验荣获国家基础教育优秀教学成果奖一等奖

2019 年新艺术教育研究院创办新艺术教育节

2019 年已经发展了 152 个实验区 5216 所实验学校

酝酿期
（1986—1999 年）

初创期
（2000—2002 年）

深化期
（2003—2013 年）

完善期
（2014 年至今）

图 3　新教育实验发展历程

图 4　新教育十大行动

（一）酝酿期（1986—1999 年）

早在 1986 年，朱永新用了将近五年的时间写了《中华教育思想研究——中国教育科学的成就与贡献》一书，该书对古今中外教育思想家的著作和教育观念进行了细致的梳理，以求从中寻找中华传统教育思想的精髓，并从中得到启示。1988 年，朱永新又撰写了专著《困境与超越——当代中国教育述评》，书中对中国教育当时存在的现实问题进行了深入的分析和思考，力图找到中国教育改革的出路。1990 年，朱永新将在日本学习期间的所见、所思进行整理，主编了《当代日本教育丛书》，对日本教育的发展特点和我国教育改革的启示进行了较为深入的思考。1993 年，朱永新在苏州大学担任教务处处长期间，推动了大学生"必读书目""主辅修制""学分制"等教学改革。1999 年，在前期对中外教育思想和教育实践进行了充分的调研之后，朱永新受管理学大师德鲁克的思想影响，萌发了开展教育实验的想法。

（二）初创期（2000—2002 年）

1999 年，朱永新在江苏武进湖塘桥中心小学担任教师，这一段授课带徒的经历进一步促成了其实施理想教育的想法。2000 年，《我的教育理想》一书出版，新教育理念有了雏形。2002 年，教育在线网站正式创办，点燃了许多校长和教师的教育激情。一批批有教育理想和教育追求的教师通过这个网站找到了携手同行的学习伙伴。新教育人将这一过程称为"寻找尺码相同的人"。教师们在此学习打卡，并交流各自的教学经验与教学困惑，来自网站同行的线上评价与鼓励使这一部分主动追求教育理想的教师迅速在线下成长起来，拥有了自我教学改革意识与自我提升行动。自此，"新教育实验"由朱永新一个人的教育思考与教育理想，变成一群人的教育追求与教育行动。

（三）深化期（2003—2013 年）

从建立第一所实验学校发展到拥有超过数千所实验学校的规模，最早加入实验的研究者与教师们，提炼出了"五大理念"和"六大行动"的理论框架。后来加入的教师实践者队伍、教育研究团队，通过持续的行动探索，将"新教育"的价值体系拓展到如今的"一个核心""四大改变""五大理念""十大行动"。其中，"一个核心"就是"过一种幸福完整的教育生活"的使命；"四大改变"就是改变教师的行走方式，改变学生的生存状态，改变学校的发展模式，改变教育科研的范式；"五大理念"就是"与人类崇高精神对话"，"教给学生一生有用的东西"，"无限相信师生的潜力"，"重视精神状态，倡导成功体验"，"强调个性发展，注重特色教育"等；"十大行动"就是营造书香校园，师生共写随笔，培养卓越口才，聆听窗外声音，构筑理想课堂，建设数码社区，推进每月一事，缔造完美教室，研发卓越课程，家校合作共育。而理念和行动落地的关键因素就是教师成长。在这个时期，新教育实验探索出了职业认同与专业发展的教师成长模式，其中"三专"教师专业发展模式，即"专业阅读""专业写作""专业交往"，被新教育人称为教师成长的"吉祥三宝"。

（四）完善期（2014 年至今）

2013 年，新教育教师成长学院成立。它作为新教育主要培训机构，成立以来每年培训近 2 万人次。通过一系列举措，促进了教师专业素养的全面提升。具体措施包括：为实验区、实验校教师免费开设通识课程和专业课程；定期举办教师培训会议、教学研讨会议、课程开放周活动，研究者与教师之间可以交流学习；引入第三方评价，对实验的阶段性成果进行评估与反馈；建设网络数据资源库，共享课程资源，以求建立合作共赢的教育共同体。2015 年新生命教育研究所成立，围绕拓展生命的长宽高的核心理念，编写从小学一年级到高中的全套 24 本教材。2018 年新教育实验荣获国家基础教育优秀教学成果奖一等奖。2019 年新艺术教育研究院创办新艺术教育节。首届新艺术教育节暨"新少年国际艺术教育节"在苏州举行。在完善期，新教育人通过行动实践，进一步完善了共同的价值愿景。

三、评估主要结论

（一）综合成效：新教育实验获教师、家长及学生较普遍认可

通过对实际参与过新教育实验的教师、家长和学生进行抽样调查，结果显示，新教育在实验区实践效果显著，新教育实验的推广、倡导的"十大行动"以及开设的课程等均得到了教师、家长及学生的较广泛认可。

首先，从家长及学生对新教育实验的了解程度来看，参与新教育实验的受访者中，60% 以上的家长对新教育实验有较明确的认知，学生中这一比例则达到了 71.9%，仅有 7.5% 的受访学生对于新教育实验不清楚。

图 5　家长及学生对新教育实验的了解程度（%）

　　其次，教育的中心是学生，新教育实验的成效应关注是否对学生的成长有帮助，从新教育实验倡导的"十大行动"来看，评估者分别从教师、家长和学生自身角度，了解其对学生成长带来的成效。结果发现，超过 90% 的教师都认为"十大行动"能给孩子的成长带来帮助。其中获得认可度最高的两项行动是"营造书香校园"和"家校合作共育"，认为非常有帮助的占比分别为 85.5% 和 83.5%，且认为有帮助的占比均超过 97%。

图 6　教师关于新教育"十大行动"对学生成长帮助效果的评价（N=470，%）

将教师关于新教育"十大行动"对学生成长帮助效果的评分进行对比发现,"营造书香校园""家校合作共育"和"培养卓越口才"在教师队伍中获得一致好评,评分分别为95.7分、95.2分和94.2分。

图7　教师关于新教育"十大行动"对学生成长帮助效果的评分(N=470)

家长和学生作为活动的参与者,也给予了较高的评价。家长和学生对于"十大行动"的总评分分别为85.49分和86.25分,均处于优秀水平①。其中,88.1%的家长和90.9%的学生认为学校所开展的"十大行动"对学生学习和自身成长有帮助。

图8　家长、学生对新教育活动的帮助效果评价(%)

① 按零点公司对满意度评价的一般分级标准:85分以上为优秀水平,75—85(含85)分为良好水平,60—75(含75)分为合格水平,60分以下为不合格水平。

　　最后，从新教育开设的系列课程来看，超过 90% 教师认为这些课程对学生成长有所帮助，认为效果一般或不太有帮助的教师占比约为 5%。其中"读写绘课程"的帮助效果最受认可，有 85.7% 的授课老师认为其对孩子的学习成长非常有帮助；"家校合作课程"及"晨诵、午读、暮省课程"的教师认可度也相对较高，有超过 97% 的授课老师认为其对孩子成长有所帮助。

图 9　教师关于新教育课程对学生的帮助效果评价（N=470，%）

　　从教师对各项课程的评分来看，各项课程得分均超过 90 分，处于优秀水平。其中，"读写绘课程"和"家校合作课程"获得的评分相对较高，分别为 95.6 分和 94.7 分。

图 10　教师关于新教育课程对学生的帮助效果的评分（N=470）

家长和学生对新教育课程的帮助效果也给予了较高的评价，评分分别为83.37 分和84.78 分，处于良好水平。其中，84.9% 的家长认为孩子参加新教育课程对孩子有帮助，87.7% 的学生认为参加新教育课程对自身有帮助。

图 11　家长和学生对新教育课程的帮助效果评价（%）

（二）教师收获感：新教育教师培训课程，90% 以上教师表示受益

对学生的培育，首要是对教师的培训。新教育为有情怀的教育者提供机会，不仅开设线下的新教育实验培训中心，同时提供线上新教育网络教师培训，为想要做出改变的教师提供成长机会。

调查结果显示，各实验区受访的教师中，有 457 名参与过新教育教师培训课程，其中超过 90% 的老师表示新教育培训课程对其有帮助，表示非常有帮助的受访者也超过 75%。

从教师参与培训课程来看，家校合作专题研讨、实验项目专题培训所获得的好评率最高，都有 97% 以上的受访教师表示对其有帮助，且表示非常有帮助的均超过了 80%；每月一事专题研讨的评价相对较低，有8.3% 的受访教师表示成效一般或不太有帮助。

图 12　新教育对教师的培训效果评价（N=457，%）

从新教育课程对教师培训效果的评分情况来看，七大类培训课程得分均在 90 分以上，处于优秀水平。其中，实验项目专题培训及家校合作专题研讨得分均在 95 分以上，表现较为突出；而缔造完美教室专题研讨及每月一事专题研讨得分相对较低，存在进一步改善的空间。

图 13　新教育对教师的培训效果评分（N=457）

参加新教育实验以来，教师在各方面都有所收获。根据教师反馈情况，认为培训成效主要体现在以下三个方面，分别为"教学能力得到提升"（62.4%）、"教育视野得到开拓"（61.8%），以及"能看到学生的成长"（57.7%）；认为"太流于形式，不切实际"的受访教师仅占 0.2%，侧面反映新教育实验整体规划合理、组织开展有序。

图 14 通过新教育实验，教师的成长和体验反馈（N=471，%）

（三）学生能力改变：新教育实验对学生阅读、沟通表达提升最明显

参与新教育实验后，学生能力的变化，也是新教育实验成效的重要体现。从教师、家长及学生自身的反馈来看，新教育实验对学生在阅读兴趣、阅读能力、沟通表达能力、语言表达能力、写作能力、数学兴趣、数学能力、科学兴趣和科学能力等方面均有所提升，认为新教育实验下学生各方面能力没有得到提升的教师不足 10%，学生和家长相对较多，但仍低于 20%。其中，学生能力提升最明显的维度体现在阅读兴趣的增强、阅读能力的提升、沟通表达兴趣的增强以及语言表达能力的提升。

从教师对学生能力改变的评价情况来看，阅读兴趣的增强最为显著。认为显著提升的教师达到 64.8%，且认为提升的教师合计达到 98.6%；其次是写作能力，有 98.1% 的教师认为学生的写作能力得到了提升。

图 15   教师对学生能力改变的评价（N=471，%）

从家长对孩子能力改变的评价情况来看，80% 以上的家长认为孩子的各项能力到了提升。其中，语言表达能力、阅读能力、阅读兴趣和沟通交流兴趣的提升更为显著，均有超过 90% 的家长认为孩子在这些方面的能力得到了提升；数学能力及数学兴趣表现相对较差，分别有 15.1% 和 14.0% 的家长认为未得到提升。

图 16   家长对孩子能力改变的评价（N=1208，%）

从学生对自身能力改变的评价情况来看，均有超过 90% 的学生认为自身在这些方面的能力得到了提升。其中，语言表达能力、阅读能力、阅读兴趣和沟通交流兴趣的提升更为显著。

图 17　学生对自身能力改变的评价（N=317，%）

另外，对比教师、家长和学生对于学生自身能力改变的总评价情况，教师的评分相对较高，为 88.3 分，处于优秀水平，学生和家长分别为83.1 分和 79.6 分，均处于良好水平。

图 18　教师、家长、学生对学生能力改变的总评价

此外，在对家长的访谈中有家长指出，通过新教育实验，孩子在老

师的指导和任务布置下，从最开始需要家长督促才会学习，逐渐学会了自主学习，可以充分安排学习时间。同时在家长参与的学习指导和互动中，亲子关系变得更好，而且孩子的表达能力得到了很好的提升。

（四）创新性：新教育在理念、模式上的创新得到高度认可

教育的创新，既需要有效回应时代变化与需要，又应兼具前瞻性和超越性。新教育提出的核心价值、四大改变、五大理念、十大行动以及推出的儿童课程、教师发展、理想课堂、每月一事、童话剧、学校文化等项目，是在汲取传统教育精华基础上开展的创新教育，无论在教育理念、教育模式上，还是教育内容、教育成果上，相对于传统教育都有所创新。

总体来看，无论从教师的视角，还是家长的视角，绝大部分受访者都认同，新教育在教育理念、教育模式、教育内容以及教育成果等方面比传统的教育具有创新性，仅有 3.4% 的受访教师和 4.0% 的受访家长认为新教育与传统的教育没有区别。其中，新教育在理念和模式上的创新性，得到教师（84.9%、79.6%）、家长（69.7%、74.7%）的更多认可。

注：多选题，合计百分比大于100%。

图 19   与传统教育相比，新教育在哪些维度具有创新性（%）

从学生的视角来看，多数学生认为新教育实验课程在获得的收获、

上课的形式以及课程的内容方面与传统教育课程有很大不同，仅有 5.6%
的受访学生认为新教育课程与传统教育课程在以上几个方面均无变化。

图 20　新教育实验课程与普通课程对比情况（N=320，%）

（五）前瞻性：新教育有助于增强教师的职业认同感、成就感

调研中还发现，新教育对教师在职业认同方面带来了积极效应。教
师是推动未来教育变革的核心力量，让他们获得持续前进的动力，才可
能谈教育的未来。

随着教师专业化发展的不断推进，培养高素质、专业化的教师是教师
教育所追求的目标。但传统教育尤其重视学生成绩，对教师自身成长的关
注不够。简单僵化的教学模式，既会让学生厌学，也会让教师厌教，甚至
产生职业倦怠，职业幸福感降低。新教育以教师成长为起点，以营造书香校
园等十大行动为路径，以帮助新教育共同体师生"过一种幸福完整的教育生
活"为目的，转变了传统的教师教学模式。不只是在教学方法、教学内容
上给予教师新的支撑，也在心理状态、精神状态上为教师注入更多能量，
为正处于传统教育改革中的教师注入新的活力和生机，得到教师的欢迎。

传统教育也会说提高教师地位、教师待遇等，但具体措施落实
效果不明显，新教育在外部条件未得到改善的前提下，通过专业阅

读、专业写作等改变教师的行走方式，使得教师可以获得内心的愉悦和成就感，收获了他人无法拥有的一份精神自信。①

——江西省定南县教育局负责人

新教育一方面是关注教师的成长，另一方面是关注学生，还有学生的家长。对教师来说，提出的教师专业发展的"三专模式"对传统教育来说是一个概括和提升。把关注教师专业发展与教师的幸福生活联系在一起，我觉得这一点非常重要。因为像我们的传统教育，也提倡教师的专业发展，更多是注重的专业。较少关注人的生活样态、幸福指数等，相对来说，新教育在这一方面更加新颖一点，有这样一种理念。教师既有专业成长，同时也能感受到自己成长的一些快乐，这样生活幸福指数也相应提高了。

——山东省日照市金海岸小学负责人

新教育建立了自己的模式，尤其是在德育教育方面，不再拘泥于传统教育大纲教材，新教育的教育模式更加多元化，教材内容更丰富、有内涵。让教师知道怎样去做、怎样更好地做学问。

——江苏省常州市武进区清英外国语学校教师

（六）突破性：新教育助力改变欠发达地区的应试困局

未来的教育发展趋势一定是围绕学生身心全面发展的教育，绝不仅仅只注重成绩的学科教育。但在教育欠发达地区，对于教育的重视程度及视野高度都不如发达地区，仍然广泛存在教育只要学好了知识就行的观念，或者即使观念改变了，也缺少相应的能力或资源。新教育实验一直特别关注教育欠发达地区，包括农村地区，以及部分三四线以下城市地区。随着二十年来新教育在这些地区的推广扎根，越来越多的家长更

---

① 在此份报告中，楷体内容为受访者原话，后文将不再赘述。

重视孩子的教育，在教育观念上也发生了很大变化，对于教育的期待从简单的获取应试教育知识，到更重视孩子全面的成长以及对于学习主动性的培养。"希望孩子成长为乐观的人，不需要成绩特别好，不过希望能学会如何学习，主动学习，有良好的学习习惯。"

新教育关注我国农村教育，关注学生的全面发展，把农村的教师、学生以及家长等多方力量聚集在一起，共同参与到新教育中来，为农村教育的突破革新贡献力量。

> 学校一开始是农村学校，学生生源、家长的整体认知都比较不太能接受新教育的概念，大家都觉得不要好高骛远，咱们就实打实地搞好学科知识，学习成绩好就行了。失去了对孩子身心的关心。但后来接触时间久了，他们对于这种教育方式的接受度就提高了。这几年学校的整体的口碑啊，家长的认可度都还是比较高的。
>
> ——河北省石家庄市桥西区实验小学负责人

> 我们这个地方呢，人比较喜欢吃喝玩乐，对阅读这些精神层面的这种兴趣爱好不大关注，但推行新教育以后，我们现在很多老师自己有公众号，每一天自己看书写作，还会跟学生一起共读，过程当中还会把家长拉进来。老师、学生、家长成为一个学习共同体，现在我们这里每一所学校，都能感受到那种书香的氛围。
>
> ——江西省定南县教育局负责人

（七）家校共育：协作成效有目共睹，沟通方式不断创新

近年来，家庭教育作为教育的重要组成部分，得到各界越来越高的重视。从前述评估中可以看到，新教育实验中关于家校合作的活动或课程，得到教师、家长和学生的突出认可。深度访谈中也了解到，新教育实验把家校合作共育放到重要位置，通过成立家校合作委员会、新父母学校与俱乐部、萤火虫工作站等多种形式积极搭建家校合作平台，以家校

读物、家校互访、家校叙事以及微信群、QQ 群等新技术手段，与家长保持长期友好的合作关系，形成同向、同步的教育合力，共同促进学生成长。

家校合作共育是新教育实验的一个亮点。同时，也有受访者建议，随着新教育实验的大范围推广，教师的理论素养和教学能力也需相应不断提升、优化，在家校合作等相关活动的具体开展上，希望能得到更多指导。比如，针对新加入实验区的学校，新教育研究院是否可定期调配已通过新教育成长起来的优秀青年教师前往进行公益指导教学。

　　我们学校成立了家校合作部、组织家长进课堂等活动，要求每一个家长都必须到学校来，也来给学生上一堂课，形式也是各种各样的，对家长，我们是全方位开放的，家长也可以利用自身资源邀请其他不同职业、不同阅历的家长发挥自身的职业优势和兴趣特长，走进校园，走进课堂，走近学生。

——江苏省常州市武进区清英外国语学校教师

　　例如，今年新冠肺炎疫情的影响，组织学生和老师参与书写新教育课程，让家长也参与进来，还有邀请牙医到学校跟学生讲一些保护牙齿的这个课程，医生啊，警察也都请过来，孩子们都特别喜欢，家长也很支持。

——江西省定南县教育局负责人

　　在家校合作方面，就是让家长成为我们教育的同盟。我们一直在讲教育的路，我们一起走。我们也都是在这些方面提供了一个平台。例如，我们成立了三级家长委员会，让家长能够参与到家校共育的活动中，还有情智讲台，在这个讲台上，我们邀请家庭教育经验丰富的人进校园开讲，这样更能引起家长共鸣，但也希望新教育研究院能指派优秀的青年教师来校指导。

——山东省日照市金海岸小学负责人

（八）可复制性：新教育实验获推荐度高，值得借鉴推广

新教育实验在一定程度上提高了学生对课程的兴趣，提升了其课堂表现，促使其形成了较好的学习习惯，这无疑是对"授予学生一生有益的东西"以及"培养完整的人"的注解，孩子的成长也让家长看到了新教育实验的巨大作用。

本次评估分析了受访者在参与新教育实验之前的期待，与其目前感知到的实际效果之间的差异。数据显示，83.4%的教师和78.7%的家长表示新教育实验的实际效果超出他们的期待，表示低于预期的均未超过5.5%。整体来看，新教育实验给参与者带来的积极成效显著。

图21　参与新教育实验后的收获与期待情况（%）

从各实验区教师参与新教育试验后的收获与期待评分来看，十个实验区的受访教师整体评价得分为84.92分，处于良好水平。其中江苏新沂实验区得分（96.9分）最高，表现突出；其次是浙江萧山实验区（90.9分）和江苏姜堰实验区（90.2分）；江苏海门实验区和甘肃兰州榆中实验区得分（78.8分和75.7分）相对较低，低于整体得分超过5分。

图 22　各实验区教师参与新教育实验后的收获与期待评分（N=471）

　　借用商业咨询中的 NPS（Net Promoter Score，净推荐值）分析法，评估教师和家长对于新教育实验的推荐情况。用 0—10 分量表测试受访者参与新教育实验后，会不会向其他教师或者家长推荐，表现了受访者对新教育实验的黏度以及对新教育实验传播推广的贡献度。0—6 分属于贬损者，7—8 分为被动者，9—10 分表示对新教育体验较好，愿意为新教育实验做口碑传播，属于推荐者。

　　总体来看，受访者对新教育实验的净推荐值（推荐者百分比－贬损者百分比）较高，教师的净推荐值为 43.74%，家长的净推荐值为 35.43%，表明新教育实验的现有参与者认可度高、认同感强，这也是新教育实验在更大范围推广复制，以及在更长远未来可持续发展的强大支撑。

图 23　教师对新教育实验的推荐情况（%）

图 24　家长对新教育实验的推荐情况（%）

从受访者对新教育实验的推广示范适合度来看，89.1% 的教师和 85.5% 的家长表示新教育实验适合在更大的区域进行推广示范，仅有不到 3% 的受访教师和家长表示不适合。由此可见，根据受访教师和家长的意见，新教育实验的理念与实践经验值得借鉴与推广。

图 25　教师及家长对新教育实验的推广示范评价（%）

（九）持续发展：未来应注重四"新"，新内容、新技术、新教师、新资源

二十年，对于新教育来说无疑是个重要的发展节点。作为主要通过社会组织来发起推动的教育变革，过去经历了许多，现在已成就了很多，

未来需要做的还有更多。调研中发现：受访教师对未来新教育发展的意见建议主要集中于教师教学能力的提升和培养，希望整合利用自有资源，开发更多的优质课程，多发挥榜样教师的力量；受访家长及学生的意见反馈较为相似，均集中于"十大行动"及新教育课程的优化方面，主要为对于已有的阅读、家校合作的加强，及对于实践、综合素质、视野拓展的需求建议。

结合受访者的各方面意见反馈，未来发展中需注重对以下四个"新"的持续推动。

新内容开发。随着基础教育内部条件、外部环境的不断变化，新教育本身也需要不断自我革新，内容建设是其最主要的支撑，在新教育理论体系完善，新课程、新教材、新活动的研发等方面，都需要跟上脚步，且保持前瞻性。

新技术应用。科学技术日新月异，教育技术也在快速发展，新教育在新技术上应该也要不断创新，尤其是在对全国 150 多个试验区、5000 多所学校的沟通互动场景下，需要不断思考如何提高效率，确保实效。

新教师引入。有多位受访者提到，未来应重视提高对于年轻教师的吸引力，让他们多参与到新教育实验中来。一方面，年轻教师本身可以带来更多新的理念与实践；另一方面，年轻教师更能决定未来的教育图景。

新资源整合。除新教育研究院传递给各个实验区的信息之外，还可以让不同实验区之间、不同学校之间的沟通学习机制与网络，更加高效，尤其是对于优秀教师、优秀课程、优秀经验的总结、推广，对于其他实验区，都是可以借鉴的新资源。

　　我觉得它的理念始终都在不断自我完善，已经很值得我们去认可赞赏了，如果说未来的发展要有提升的话，我觉得应该是资源的系统性和整合性，因为对于新加入实验的老师或者实验的校长来说，他看到这么庞大一个体系，可能会一下子就像进了一个大观园一样的，他就会有一种失措，其实这种时候我们把已经取得的成果能给他参照，这是我说的这个角度，另外就是比如说十大行动当中的构筑理想课堂，我觉得在理想课堂的层面可以和新课程改革结合得更加紧密一些。

——中国教育学会家庭教育专业委员会专家

新教育团队与学校有更多的对接，提供专业支撑，随着时代的发展，需要思考如何让更多的年轻教师更加乐于投入新教育实验当中。

——河北省石家庄市桥西区实验小学负责人

新教育研究院经过这么多年的发展，也积累了很多优质的资源，比如榜样教师的优质资源，如果能够利用这些资源与实验学校一起开发一些优质课程，比如阅读，还有这个课程的建设方面，希望在新教育这个资源平台上，应用最新的技术把它建设得更好。然后这个平台上的老师，还有学生或者家长能够不断自主学习。

新教育未来如何从技术层面和可操作层面紧扣时代发展也是需要考虑的问题；如今年新冠肺炎疫情期间，大部分课程转到线上教学，从某种程度上来讲，疫情加速了教育的变革，促使学习方式、教学方式等快速实现新的变化，也促使新教育在整个教育发生加速变革的情况下，无论从形式，还是资源的获得渠道，新教育应该在前期积累的资源的基础上结合当前新冠肺炎疫情情况，思考未来如何从技术层面和可操作层面紧扣时代发展。

——山东省日照市金海岸小学负责人

四、参考意见建议

项目组对文本题进行了结构化处理，各类受访者意见建议汇总分析如下：

（一）强化师资力量，搭建交流平台

教师是新教育实验的主要实施者，强大的师资力量是快速稳健推进新教育实验实施的有力保障；同时，新教育实验也对教师提出了新需求，充分发挥榜样教师的引领示范作用，全面提高新教师的素质水平。

图 26　教师对师资力量方面的意见建议反馈情况（N=78，%）

从教师对师资力量方面提及较多的意见来看，46.15% 和 30.77% 的受访教师对于优化改善培训模式、提升教师专业素质能力的需求更高，希望提供更多的培训机会，多开展开放周、教学研讨等相关活动；并有少量受访教师反馈期望整合优质教学资源，搭建技术交流平台，采用线上线下相结合的方式，推进优质资源共享共建，以更好地实现因材施教。

1. 重点优化培训模式

本次调研中，教师对于新教育培训模式提出了较多需求。在培训内容上，建议调整新教育理念宣讲课程及实操性课程的安排占比，增加和拓展更广泛领域的培训课程，不断优化和创新培训模式，全面提升教师的综合素质；在培训形式上，可多开展线下经验交流、教学研讨活动，并逐步将培训课程进行系统化、规范化，形成一套系统性强、可操作性强的培训体系。

2.优质资源共享共建

新教育发展至今，已经积累了大量的优质教学资源，实现优质资源共享共建也成为新教育实验教师的共同期待。在教师资源方面，加强新教育合作单位间优质教师轮换，充分发挥团队作用，开发教学资源，相互共享。另外也可增加榜样教师数量，多开展交流活动和榜样示范，让新教育实验教师快速成长。在平台资源方面，搭建技术交流平台，汇集各学校优质教学资源进行共享，推广优质课程，便于不同实验学校之间的交流学习。

（二）融合传统教育，优化教学课程

从教师及家长对优化教学课程方面的意见来看：家长对提升学生实践能力、开发优质新课程提出的意见占比较高，分别为31.5%和28.2%；教师对加强学生文化教育和提升学生实践能力两方面提出的意见占比较高，分别为40%和20%。

具体来看，教师和家长都比较期望教学内容中增加更多提升实践能力、文化水平及心理素养的活动；教师更偏重于文化教育课程与传统教育的融合，新课程的开发以及质量的提升；家长更偏重于增加实践课程，提升学生实践能力。

图27 家长及教师对教学课程的意见建议反馈情况（%）

1. 新课程开发与创新

本次调查中，家长对于提升学生综合素养提出更多需求，可从新课程开发入手，拓宽学生视野。如科普类课程，可讲授自然科学、社会科学、安全法规等多领域知识要点等；结合社会时事热点的研讨活动；心理辅导课程，讲授心理学知识，并帮助学生疏导心理问题，提升学生的心理素质；团队实践课程，着重锻炼学生动手、待人接物能力的同时培养学生在团队中的自律性和责任感，提升综合素养。

2. 做好新教育与传统教育相融合

当前新教育实验的实施正处于完善期，此阶段需做好新教育在学生的培养方式、培养内容等方面与传统教育相互融合。本次调研中，受访者对于新教育课程的培养方式提出了更加系统化、规范化的要求。一是希望与传统教学内容相结合，不增加学习总量，调整传统学科学习、新教育课程学习的安排占比；二是协调统一新教育课程与传统教育考试内容，可通过调整新教育课程开展形式、内容，使其更贴合考试内容，或调整考核标准与方式，将新教育相对于传统教学增加的部分内容纳入考核范畴中，再对考试内容的占比进行合理调整。

（三）畅通交流渠道，推动家校合作

本次调研中，多数受访家长对新教育教学模式提出了较多意见，主要反映在家校合作方面，如多开展家校合作活动，加强家校互动交流，组织家长参与新教育培训等，便于增进家长对学校工作的了解，更新家庭教育观念。

图28　家长对教学模式的意见建议反馈情况（N=57，%）

1.畅通交流渠道

家校之间坦率而又真诚的交流，充分而又对称的信息分享，经常性的联系，是良好的家校合作关系的基础。多数受访者提到家校合作活动中除了提倡家校阅读，多开展文化活动，可再增加一些寓教于乐的休闲体育活动，引发孩子学习兴趣。另外，有部分家长提到增加家校互动交流，可结合实际多开展家校互动方式的亲子拓展活动，最大限度激发孩子融入，从而提升孩子的兴趣，让每个孩子都体验到教育的快乐。

2.继续推动家校合作共育

疫情常态化影响下，"线上学习"成为孩子们获取学业知识的主要途径，课堂从线下搬到线上，教学模式的改变对学校、学生和家长提出了新的挑战，同时也让人们看到互联网技术对教育行业造成的变革性冲击，催生家校合作实现教育创新的新契机，新教育也可"线上＋线下"架起家校沟通平台，继续探索家校沟通零距离的互通模式，进一步形成家校合力，打造家校联合共同体。

（四）积极宣传调动，扩大实验范围

从教师及家长对新教育实验宣传推广方面的意见反馈来看，主要集中在推广方式、推广群体、推广范围和推广力度四个方面。其中教师主要建议改进推广方式、扩大推广群体，希望新教育实验在各区域推广时要因地制宜、不流于形式，并让更多的教师、家长参与其中；家长主要建议加大推广力度，让更多家长了解新教育实验成果，加快落实常态化新教育，让更多学生从中受益。

图 29　教师及家长对宣传推广的意见建议反馈情况（%）

1. 积极宣传新教育理念，调动提升教师、家长、学生的参与度

有 48% 的教师和 23.2% 的家长对新教育实验的推广方式提出了更高的要求。在教师方面，建议适当调节教师的行政事务负担或给予优秀示范教师表彰等，从而调动教师积极性，引导更多教师参与；在家长方面，建议广泛宣传家校共育合作的活动与课程，注重新教育实验的理念、成果宣传，开展针对家长的培训、宣讲活动以吸引更多对孩子教育需求与新教育诉求符合度较高的家长；在学生方面，建议在课程活动设计上提升趣味性、开放性要求，更好地调动学生的兴趣，给予学生更多的自主性、施展空间，这样在提高学生参与度的同时也能激发促进学生的创新思维、独立性。

2. 加大新教育实验推广力度，适当扩增实验学校

本次调研中超过五成的家长反馈，希望加大新教育的推广力度，可以联合地方行政教育部门共同推动，并适当增加新教育实验的实施经费；扩大实验区域范畴，城乡接合部及农村区域的学校也选取纳入实验范畴中，并选取基层、规模小的学校作为实验学校，以确保新教育的普适性。

附 技术报告

（一）研究方法介绍

1.文献研究

新教育实验是一种自成一派的教育体系，有完整的理念以及实践方式。本次评估将通过新教育已经出版的文献资料，以及在新媒体上发布的官方文字记录进行采集和评估，对新教育实验的发展脉络、创新特点，以及深耕多年的成果进行汇总评估。

2.深度访谈

2.1 方法介绍

深度访谈是一种无结构的、直接的、一对一的访问，通过掌握访问技巧的研究人员对受访对象进行深入交流，了解受访对象对于特定问题的看法。一次深度访谈可能要花 45—90 分钟的时间。深度访谈的优点在于研究人员可以就相关问题获得比较深入的信息，并能够针对不同的受访对象追问不同的问题。

2.2 样本设计

本次评估针对新教育实验所涉及各利益主体进行深度访谈。深访样本以核心圈、参与圈对象为主，以同行圈深访对象为辅，抽取江苏、山东、山西、河北、福建等区域具有代表性的被访者作为样本进行访谈交流，其中包括教育行业专家、区县教育局负责人、校长、教师以及学生家长共计 8 人，具体执行情况如下。

表 4 深度访谈执行情况

类型	深访对象	所属省份	所属实验区	样本量
核心圈	区县教育局负责人	江西	江西定南实验区	1
	学校校长	山东	山东日照主城区	1
		河北	河北石家庄桥西实验区	1
参与圈	一线教师	辽宁	辽宁沈阳实验区	1
		江苏	江苏常州武进实验区	1
	家长	福建	厦门同安实验区	1
		山西	山西绛县实验区	1
同行圈	教育行业专家	北京	北京海淀实验区	1
共计				8

3.定量问卷

3.1 方法介绍

本次评估的定量问卷将使用线上调查的方式进行，通过在线填答来让更多接触过新教育的教师、学生以及家长能够快速在线进行填答。"答对"是零点有数旗下的移动端数据交互工具，由零点自主研发，拥有计算机软件著作权，是一种手机交互性 APP。随着移动互联网的发展，参与度更高、样本更丰富、时效性更强、回答更方便、调研成本低的"二维码"调查逐渐成为专业调查公司识别、收集信息数据的"新宠"，"答对"正是这样一款移动端交互调查平台，将其搭配"二维码"调查，可以实时捕捉问卷信息，最终自动形成数据报告。

"答对"平台主要具有三大功能，分别为创新问卷收集方式、使用便捷及多需求满足和专业研究背书。

·区别于传统问卷，移动端采集数据速度快、周期短、成本低；

·区别于普通线上调研问卷，将问卷转化成为趣味测试，提升参与趣味性，C端用户卷入效果好；

·为了追求更准确的测试结果，C端用户会更认真答题，提升内在答题积极性；

·答题后形成趣味化测试结果，极易带动转发分享、形成自传播；

·可唯一标识识别用户，实现跨题目的连续累积的数据沉淀。

·在微信端&APP端均可使用，手段多样且方便快捷；

·答题H5页面支持微信个人、微信群、朋友圈、电商页面、线下二维码等多渠道传播；

·既可与B端客户现有消费者交互渠道（企业公号、企业粉丝群、线下门店等）相对接，也可以与pannel库相对接；

·区别于普通线上调研问卷，设计感强、形式多样，可对B端用户的页面美化需求进行定制化开发。

·调研结果直接对接零点数立方后台，企业登录数立方平台后，可快速查看调研结果，免去后续数据清洗、数据分析解读、展示等环节；

·依托零点专业研究背景和完整的行业条线，可为客户数据提供专业的问卷设计、深度的数据分析，以及后续的咨询服务；

·C端用户每答一套题都可获得相应的标签，答题越多标签越精准，后续可实现用户画像、精准营销等。

图30 "答对"平台三大功能

"答对"数据采集工具具有如下显著特点：

（1）可以快速响应轻量化的公众调研和互动需求。

（2）能够与企业现有的消费者触达渠道无缝对接。

（3）可唯一标识识别用户，实现跨题目的连续数据自动沉淀。

（4）以游戏化的方式调动填答者的积极性，提升参与意愿，卷入效果好。

（5）借由答题后形成互动测试结果，极易形成社会化传播。

（6）页面设计感强，可定制化设计和开发。

（7）利用LBS技术，在特定地点打开，令数据更真实更有针对性。

（8）多渠道打通，答题H5页面支持微信端、线下二维码等多渠道传播。

（9）全渠道整合，调研结果直接对接零点数立方后台。客户登录数立方平台后，可快速查看调研结果，免去后续数据清洗、数据分析解读、展示等环节。

（10）依托零点专业研究背景和完整的行业条线，可为客户数据提供专业的问卷设计、深度的数据分析以及后续的咨询服务。

3.2 样本设计

本次定量问卷调查采用分层随机抽样，这种方法的优点是样本的代表性比较好，抽样误差比较小。

本次评估的定量问卷使用线上调查的方式进行，通过在线填答来让更多接触过新教育的教师、学生以及家长能够快速在线上进行填答。

东部省份包括江苏省、浙江省，中部省份包括河南省、湖北省，西部省份包括甘肃省、四川省和新疆维吾尔自治区，共涉及 10 个新教育实验区，回收有效样本量 2027 份。

表 5　问卷调查样本执行情况

类型	在线填答对象	样本量
参与圈	教师（含主管部门工作人员、学校行政管理人员及教育研究机构人员）	471
	学生	320
	家长	1236
共计		2027

表 6　问卷调查样本分布情况

在线填答对象所属新教育实验区	样本量
江苏海门实验区	188
江苏姜堰实验区	104
江苏新沂实验区	70
浙江萧山实验区	70
河南焦作主城区	111
河南洛阳高新实验区	76
湖北随县实验区	64
新疆奎屯实验区	971
甘肃兰州榆中实验区	270
四川成都武侯实验区	103
共计	2027

3.3 受访者背景信息

图 31 教师年龄分布情况（N=471）

图 32 家长年龄分布情况（N=1236）

图 33 教师学历分布情况（N=471）

图 34 家长学历分布情况（N=1236）

表 7 教师加入新教育的时间（N=471）

发展阶段	年份	样本量	占比（%）
初创期（2000—2002 年）	2000	25	5.3%
	2001	4	0.8%
	2002	7	1.5%

表 7　教师加入新教育的时间（N=471）　　　　（续表）

发展阶段	年份	样本量	占比（%）
深化期（2003—2013 年）	2003	10	2.1%
	2004	5	1.1%
	2005	11	2.3%
	2006	28	5.9%
	2007	8	1.7%
	2008	21	4.5%
	2009	21	4.5%
	2010	20	4.2%
	2011	9	1.9%
	2012	17	3.6%
	2013	19	4.0%
完善期（2014 年至今）	2014	28	5.9%
	2015	49	10.4%
	2016	33	7.0%
	2017	40	8.5%
	2018	44	9.3%
	2019	51	10.8%
	2020	21	4.5%

（二）技术与模型说明

1.分析方法

数据分析主要使用了缺失值处理分析、频数分析、交叉分析三种分析方法。

缺失值处理分析：在数据整理阶段运用到该方法。在实际调研中存在受访者对个别题目的答案说不清或者拒答的情况，对于个别题目缺失值的处理方法采用缺失值不计入该题统计的方式，即该题的计算过程不会受到缺失值的影响。

频数分析：在该项目中，针对所有指标均用到了频数分析。频数分析是所有问卷调查中最广泛使用的分析技巧，体现某一答案的人数占回答问卷总人数的百分比。基本统计分析往往是从频数分析开始的，通过频数分析能够了解变量取值的状况，对把握数据的分布特征是非常有用的。

交叉分析（交叉列联表）：在该项目中，针对某一指标不同群体的打分情况使用了该分析方法。交叉分析是一种同时描述两个或多个变量的联合分布及其结果的统计分析方法，此表格反映了这些只有有限分类或取值的离散变量的联合分布。

2.结果计算

在问卷调查过程中，打分题每一指标均是通过 5 分量表评价；在最终分数展示上，所有分数都转换为 100 分制，以方便理解和对比。5 分制转 100 分制公式如下：

$$\frac{x-X_{\min}}{X_{\max}-X_{\min}} = \frac{y-Y_{\min}}{Y_{\max}-Y_{\min}}$$

其中，x 表示某指标 5 分制得分，

$X_{\max}$ 表示 5 分制的最高分 5，

$X_{\min}$ 表示 5 分制的最低分 1，

y 表示某指标 100 分制得分，

$Y_{\max}$ 表示 100 分制的最高分 100，

$Y_{\min}$ 表示 100 分制的最低分 1，

表8　5 分制、100 分制量表

5 分制	1	1.5	2	2.5	3	3.5	4	4.5	5
100 分制	1	13.38	25.75	38.13	50.50	62.88	75.25	87.63	100

附录 3　媒体眼中的新教育实验

1. 新希望工程：一场对抗教育异化的实验

《南风窗》　章敬平　2004 年 4 月

从欧洲到美洲到中国，从陶行知到蔡元培到朱永新，被苏联教育模式和"分数教育"中断了半个多世纪的新教育实验，在苏州擦亮了"教育复兴"的点点星火，并以燎原之势，蔓延到中国的大部分地区。当下，仅凭个案的成功，就宣称新教育实验绝非理想主义者的乌托邦，还为时尚早。可以断定的是，作为一场对抗"教育异化"的实验，理想主义者试图从源头上救赎中国教育危机的努力，起码可以视作以"人的教育"为旨要的"新希望工程"的剪彩仪式。

2004 年 4 月 8 日，37 岁的中国网民"滇南布衣"，以朝圣的姿态，登上了昆明开往苏南的火车。彼时，他业已在发自普洱的汽车上颠簸了两天两夜，再有三天三夜，他就可以到达心中的"教育圣地"。"滇南布衣"是一个虚拟世界的网名，与真实世界的罗民相对应。罗是云南省思茅市普洱县的一个小学校长，一个只有 12 个学生的小学领导人。他要以最低的差旅标准，于 11 日赶到苏州市下辖的张家港市，出席那个冠名新教育实验的研讨会。

据称，这样的研讨会他是第二次参加。此前大半年，首届新教育研讨会在同样受辖于苏州市的昆山市开锣。由于四百名与会者多为贫困地区的小学校长，一个地方官员曾戏称"昆山会议"乃教育界的"丐帮大会"。

来自主办单位的消息说，是次"张家港会议"，依旧染有浓郁的"丐帮大会"的色彩，所不同的是，与会的小学校长中，多了一拨教育界的"显贵"。清华大学附小、中关村一小等中国最著名的几所小学的校长，也将和罗民同天到达。

舆论认为，以纯民间方式运作的新教育实验，能够引领普天下数百名小学校长前行，一则在于新教育实验"人的教育"主张，二则与中国教育异化的舆情相关。

年初以来，云南大学广西籍学生屠戮四名同窗的"马加爵事件"曝显于天下，坊间对"问题教育"的诘问，追溯到"人的教育"的缺失。

此间，敏感于3亿余未成年人思想道德层面的"新情况新问题"，中共中央和国务院联合下文，敦促有司防止"各种消极因素"侵袭未成年人，以免少数未成年人"精神空虚，行为失范，甚至走上犯罪歧途"。

3月下旬，新修订的中小学生守则和日常行为规范，正式亮相。预示着官方的德育行动即将启动。

教育界人士称，倘若新教育实验，经得住时间和空间的检验，将有望在另外一重意义上，成为继希望工程之后的"新希望工程"。

"教育复兴"

"滇南布衣"从家中出发的那一天早晨，朱永新，新教育实验的主持人，教育在线的"江湖盟主"，打开电脑，发现注册网民第一次超越了50000人。

教育在线名义上是草根NGO——21世纪教育发展研究院的门户网站，实质上是新教育实验的一个平台。据称，21世纪教育发展研究院的诞生，本身就是为新教育实验准备的。

事实上，新教育实验并不"新"，其首倡者亦并非朱永新。听朱谈论新教育实验的前世今生，其情形颇似欧洲的"文艺复兴"。与其说朱主持的是新教育实验，不如说他在操纵一个伟大的"教育复兴"。

据朱自己说，旨在推动"人的教育"的新教育实验发轫于100余年前的欧洲。彼时彼地，教育界人士一边宣称要培养具独立精神和健康人格的人，一边相继创办了与这一价值取向相匹配的新式学校。嗣后，新教育实验缔造了自己的国际组织。一个为中国思想界所熟知的名为杜威的美国人，在充分诠释这一实验的同时完成了理论构建。

成长于徽州山村的中国教育家陶行知，将杜氏的新教育理论移植到中国早期的师范教育。接着，成名于北京大学的蔡元培先生在大学教育领域开始了进一步的身体力行。遗憾的是，"二战"和国内战争的炮火，渐渐湮灭了中国版新教育实验在中国版图上的践行和创新。令人扼腕的是，新教育实验并没有因为战火的熄灭，而获得新生，苏联教育模式的引进，"考试教育"的繁荣，使得新教育实验渐成中国教育史上的一抹记忆，只有少数教育专家才能依稀记起。

2000 年前后的中国，中国学生人格扭曲的非正常现象不断敲打着沉睡在"GDP 梦想"中的中国人。从浙江的中学生徐力弑母，到中央音乐学院大学生陈果自焚，从北京 14 岁的男孩残忍地杀害同学的妹妹，到江苏的违纪学生砍死校长的四位亲人——一个个青少年道德危急的个案，让教育专家们一次次忆起爱因斯坦发表在《纽约时报》上的"教育声明"：他必须获得鲜明的辨别力，知道什么是美，什么是道德上的善，否则，他——连同他的专业知识，就更像一只受过良好教育的狗，而不像一个和谐发展的人。

痛感人文精神远离教育的惨淡现实，朱永新决意"复兴"新教育实验。身为博士生导师，朱以《新教育之梦》等雅俗共赏的著作，开始了舆论上的准备。作为唯一获得美国阿姆斯壮大学"2001 年杰出教育家奖"的教育家，他要让理论走出书斋。

就苏州这个狭窄的场域而言，身为主管教育的副市长，朱原本可以调动各种资源，开拓他的新教育实验，"但他却选择了借助民间力量做课题的方式"。共青团中央机关报《中国青年报》资深教育记者谢湘感慨。

据悉，新教育实验为公益性实验活动，凡实验学校及个人均不交纳实验费用。课题组为申请者开列的条件，不是"硬件"而是"软件"：凡接受本实验项目主持人的教育理念，愿为实现新教育理想而行动的学校与个人，都可自愿参加新教育实验。

新教育实验的考核方式也很特殊，一所学校有多少教师上网成为一条重要的考核指标。理由是，不能上网，就不能进入教育在线这个平台，分享新教育实验的快乐，就成了一句空话。"滇南布衣"的新教育实验之旅，就是从一根电话线起步的。尽管他的月工资仅 300 余元，他依然以每月百余元的上网费，奔跑在他的新教育实验的苦旅上。

当下，教育在线的注册会员已逾 5 万，总访问量超过 200 万次。"新教育实验"的空间随着时间的更迭，获得极大拓展。

由此，朱永新看到了"复兴"的一丝曙光。

星星之火

会务组预料，"滇南布衣"的这次旅程，应该少走些弯路。毕竟，来他们心目中的教育圣地苏州开会，于他，已是第二次了。去夏，他出席了在昆山市玉峰实验学校筹办的"昆山会议"。"玉峰"是新教育实验播下的第一颗种子，截至今春，这第一颗星火已显燎原之势，蔓延到中国的 21 个省份。

2002 年 9 月，昆山市玉峰实验学校挂上了新教育实验的铜牌。"玉峰"是昆山方面以 5000 万资金缔造的一所准贵族学校，除了本地居民，还有台商子女。担心落入"问题教育"的怪圈，2001 年诞生的"玉峰"第一个申请加入新教育实验。校长周建华丝毫不担心依全员招聘制度从全国范围内挑选的教师，会让他的桃李们折戟于"分数教育"，他担心的是学生受不到一个完整的"人的教育"。

周的担忧并非杞人忧天。中国诸多富甲天下的城市，动辄花半个亿、一个亿造就的中小学，未能从根本上摆脱缺乏理想、缺乏人文精神的"问题教育"的困境，已然说明"问题教育"的根源不仅仅在于缺钱。

经由几轮磋商，"玉峰"参与了展现新教育实验所有理念的"六大行动"：营造书香校园，师生共写随笔，聆听窗外声音，熟练应用双语，建设数码社区，创建特色学校。

本来，学校是可以根据各自的条件，进行单项选择的。而玉峰选择了"全部"。因为主事者信奉孕育在"六大行动"中的新教育实验的主要观点：无限相信学生与老师的潜力，教给学生一生有用的东西，重视精神状态倡导成功体验，强调个性发展注重特色教育，让师生与人类崇高精神对话。

《南风窗》在调查中发现，新教育实验主要从三个层次，塑造"全面的人"。

第一个层次，当然是学生。与"玉峰"同处一城的柏庐实验小学，将"诵读中华经典"当作营造书香校园的一个手段。每周二中午，学校进行"诵读考级"。每个孩子都可以申报 1 至 6 级的考试，且依诵读篇章的多寡难易赢得不同的段位。学校的名字，是依据朱子的号命名的。《朱子家训》被校方列为营造书香校园的必读教材。2004 年 4 月 7 日中午，四年级的丁晓东熟练地背诵出《朱子家训》的开头：黎明即起，洒扫庭除。

经由阅读和写作，校方将精神思考的权利，还给了学生。"玉峰"初一年级的学生姜文轩，有一本装帧精美的日记集，内中对央视《新闻联播》的评论，对生活中阴暗面与光明面的感悟，对美伊战争和台湾地区"大选"的理解，虽不乏稚嫩之处，却透露出独立思考的能力和意趣。

第二个层次，是老师和学生的共同成长。"实验师们"认为，没有理想的老师，就没有理想的学生。受叶圣陶写"下水文"的启发，他们倡导师生共写日记或者随笔，以激发教师内在的潜能。2002 年夏天，教育在线张贴了《"朱永新成功保险公司"开业启事》，投保条件："每日三省自身，写千字文一篇。一天所见、所闻、所感、所思，皆可入文。十年后持 3650 篇千字文来本公司。"理赔办法："如投保方自感十年后未能跻身成功者之列，本公司愿以一赔百，即现投万元者可成百万富翁或富婆。"

江苏省盐城市数学教师张向阳是最早的投保者，他说，过去十数月，他在教育在线上写出数十万字的教育随笔，并在现实世界赢得诸多奖项。他在教育在线上的签名是："用我的生命，擦亮新教育之梦的火花。"

昆山参与实验的一吴姓女教师，渐渐发现一个孩子频频现身于她的随笔。原来，这是一个特殊家庭酿就其特殊性格的特殊孩子。于是，她也进入孩子的日记世界。他们将各自的善良和改变，融入彼此的生命旅程，一个见证孩子的成长，一个见证老师的良苦用心。

第三个层次，是父母和学生和学校共同成长。2004 年 3 月 28 日，华东师范大学教育系教授胡东芳博士，在苏州娄葑二小作了场专题报告：别国的父母与我们的家长——中外家教教育现象比较。"新父母学校"作为新教育实验中的一个子项目，由此掀起垂垂帘幕。"实验师们"强调，没有父母的成长，就没有孩子的成长。校长戴永军说，在新父母学校里，学生父母将在家教观念、家教知识、家教方法诸层面全方位受训。有学生父母表示，他们期待告别家教的随意性、情绪化。

教育在线的总版主储昌楼称，当下，新教育实验正式得到认证的加盟学校已近 200 所，主动参与实验子课题的逾百所。许多个人还开设了新教育实验班。

教育在线上，中国各个角落里叹息中国人文教育缺失的理想主义者们，自发地贡献自己的"一砖一瓦"。这里没有报酬，有的只是志愿者。61 岁的张万祥，有过 26 年的班主任生涯，《德育研究》杂志的编辑，享受政府特殊津贴的退休专家，致力于"人的教育"的老先生，在教育在线上公开授徒。知晓"滇南布衣"的学校因缺少图书而不能参加新教育实验，网民们以罕见的真诚，在极短的时间内，为那个西南边陲的乡村小学募得"书香校园"的一切条件。

有教育界人士称，随着一拨热衷于新教育实验的最优秀教师的加盟，教育在线，已然是一所虚拟的师范大学。惊悉"无官方一分钱投资"者感慨，仅靠上海中锐集团 8000 元赞助，就能办出这样的网上工程，"委实是一种奇迹"。据了解，少数有政府背景的教育网站，每年的预算高达数百万元之巨，除了登录者稀罕，就没有什么让人稀罕的了。

奇迹是怎么诞生的？部分受访者分析有二：教育在线搭建了新教育实验的技术平台，新教育实验把民间社会对教育的忧虑和热情激发了起来。

观察人士称，中国教育积弊重重，不是大家视而不见，而是大家找不到出力气的方式，缺乏一个组织或者一个灵魂人物的引领。理想主义者朱永新的振臂一呼，适逢其时。他们的实验，是一场对抗"异化教育"的实验，是从源头上发起的针对中国教育危机的救赎。

可爱的是否可信

"当'滇南布衣'和朱永新走到一起的时候，新教育实验的理想主义色彩，展现得淋漓尽致。"一位资深传媒人士说，"他们用他们的行为艺术，勾勒出这样一幅图画：一群拥有教育理想的人，聚合在一个理想的平台上，跟着一个有理想的教育家，在播种理想的路上，蹒跚前行。"

正是如此浓郁的理想主义色彩，致使新教育实验走出娘胎伊始，就在教育界乃至关心教育的人士中，划出两个阵营："疑是派"和"坚定派"。

少数"疑是派"相信新教育实验，是可爱而不可信的。它最多只能是中国教育界的乌托邦。苏州娄葑二小门前有一块石碑，上有朱永新亲笔写就的三个字：理想园。有"疑是派"人物感叹，新教育实验只能是朱永新及其及弟子的理想园。

2004 年 4 月，一个农村初中的教师存留在新教育实验上的一则留言，被视为"疑是派"的代表性言论：我对新教育实验向往已久，可是，要在我们这样一所农村初中实施是行不通的。我们这里，仍然是踏踏实实搞应试教育，学生的分是教师的命，学生的分是校长的魂。教学质量是与资金挂钩的。所以，我只能说："新教育实验，想说爱你不容易。"

翻阅跟帖，会看到"坚定派"的回击：不能改变身边的一切，但可以塑造自己。行动起来，其实想说爱你也容易。

另有"坚定派"理性地辨析，应试教育未必就能有好分数，从诸多层面提升师生素质的新教育实验，和教学实践在大多数情况下不是一种对立关系，关键在于我们能否寻找到一个结合点、一种途径，这需要实践智慧。

《南风窗》观察到，"疑是派"的怀疑之处，在于新教育实验的"红旗"能否插遍全中国。尽管新教育实验的点点星火，已蔓延到中国三分之二的省份。"疑是派"担心最后的成功会否仅局限于经济发达地区，和经济条件相对较好的学校。

《南风窗》调查了苏州工业园区境内三个梯次的三所学校，结果表明，这样的担忧绝非臆断。调查发现，新教育实验效果的好坏，一定程度上取决于物质条件、师资力量，以及学生素质的高低。

新城花园小学，是一所处处透露出新加坡气息的小学。校长吴云霞对《南风窗》说，新教育实验推动了学校的进步，学校的进步也佐证了新教育实验的可行性和成功性。

娄葑二小和胜蒲金光小学，虽地处苏州工业园区境内，但无论是硬件设施，还是软件师资，都远逊于新城花园小学。譬如，后者的教师是以 25 比 1 的比例，挑选出来的。相应地，他们在新教育实验过程中表现出的"成果"，也远胜于前者。

然而，差别也存在于娄葑二小和金光小学之间。"娄葑"位于城乡接合部，"金光"则地处新农村。叶圣陶的名篇《多收了三五斗》就取材于半个多世纪前的"金光"所在乡镇。他们的学生，绝大多数是农民或者半农半商者的子弟，虽然教育家叶圣陶曾在附近教过小学，孩子们读书的习惯比起"娄葑"的还是要差些。

"金光"的教员叹息地说，他们为"建数码社区"，向镇政府递交了建两个计算机房的报告，镇政府暂批了一个。虽然如此，但比起中国诸多小学来，这个拥有轿车的小学肯定能够跻身"先富阶层"。据悉，敦厚爱笑的朱永新在教育在线上流过一次泪。一个苏北的贫困小学的校长，曾在教育在线给他留言说，他们一直在攒钱，他们想给每个老师发一本《新教育之梦》，但攒了好长时间也未能凑足，他问：能否先赊欠三分之一，先圆了每个老师的梦？

　　以中国很多小学贫穷的现实为论据，"疑是派"推断，可爱的实验或可在更大范围内遭遇"不可信"。他们宣称，一项实验的完全价值，非但在于个案的成功与否，还在于成功的个案有无大规模推广的可能。

　　"坚定派"认为如此论断纯属无稽之谈。"成长"和"超越"是新教育实验的本质追求，"滇南布衣"们的自发参与，从一个侧面证实新教育实验追求的不是可望而不可即的嫦娥的月。

　　由于新教育实验是民间运作，政府没有一分钱投入，"疑是派"还怀疑缺乏造血功能的实验，能否走到尽头。储昌楼说，他们的项目不单不收取参与者任何费用，还给每个申请的学校免费送一块价值近百元的铜牌。他们的想法是牌子是我们送的，你不好好做，我们就摘走。迄今，新教育实验的经费来源，基本上来自朱永新个人的讲课费和稿费。"疑是派"问：仅凭朱个人的义务投入，新教育实验又能支撑到几时？

　　在美国，公益性项目不仅有稳定的资金支撑，支援者还可以获得一定的报酬，可是，推动新教育实验的骨干力量，除了一个教育在线的网管每月领取 200 元的电话费补贴，其他所有的人都在理想的驱动下尽并非义务的义务。凡此，无不让"疑是派"中有 MBA 或者 MPA 教育背景的人感到前途莫测。的确，没有理想的教育走不远，然而，仅有理想是远远不够的。

　　至于"钱的问题"，"坚定派"中有人断言："这是一个不是问题的问题。"理由是：教育在线作为中国教育界的龙头网站，孕育着巨大的商业潜能。真正的难题在于，身在官场的朱永新，不能沾染任何"铜臭"，否则日后说不清楚。

　　宣称新教育实验可爱不可信的声音，部分来自教育理论界。教育在线上，人们偶然会看到这样的留言：当越来越多的人参加实验的时候，实验本身的学术规范、理论构建与操作手段，就显得很重要了。可是，即便是我，反反复复看了相关书籍资料，还是不太明白这个实验在上面三个方面有什么独特之处。

　　学者出身的朱，当然不会轻慢理论问题，但他坚持先行动起来，在行动中研究。他在接受《南风窗》专访时，援引了管理大师德鲁克跟经济学家熊彼特说过的一句话，大意是：学术研究如不能改善现实生活，又有什么意义？

乐呵呵的朱，对于"疑是派"的言论并不反感，但他表示，他很坚定。每说到这里，他总是以乐观的形体语言，闪现出"办法总比困难多"的表情。

有坊间人士评论道：无论结果如何，一群理想主义者的新教育实验，在行动力困乏的当下，最起码，对坐而论道的中国知识分子群体是镜子式的昭示。

2. 新教育实验：像农夫一样守望教育的田野
《中国教师报》 翟晋玉 2015 年 6 月 6 日

新教育的"飓风"

"曾经以为，教室就是一首独奏曲，我是演奏者，孩子们恭敬地聆听，被我指导着演奏。而我现在认为，教室是一首交响乐，我和孩子们彼此独奏，也为对方伴奏，孩子们因此学会演奏，而我也得到了新的成长。"在不久前举行的新教育缔造完美教室论坛上，57 岁的小学教师郭明晓说。

郭明晓是四川省宜宾市的一位小学教师，被新教育同人称为"飓风大姐"。本打算退休后安享晚年的她没想到，自己的人生因新教育而兴起一场"飓风"，来了一个不可思议的 180 度"大转弯"。

7 年前，步入"知天命"之年的郭明晓似乎已经达到了她职业生涯的顶峰。作为一名小学教师，她得到了许多令人艳羡的职称和荣誉：中高级职称、省政府教学成果奖……

"有学生的崇拜，有领导的信任，我完全可以凭借这些光环，轻松度过最后 5 年的教学时光。"郭明晓说。彼时，她在学校担任教导主任，兼一个班的教学工作，每周只有几节课。每天上午教学，下午处理教务，傍晚游泳，悠闲自在。

在当时的郭明晓看来，自己过得简直是神仙般的日子，人生已接近完美，夫复何求。

然而当时她并没有意识到，自己这种悠闲自在的生活，其实是另一种职业倦怠。

这种平静悠闲的日子被一个偶然事件彻底改变。2008 年 11 月，郭明晓到成都参加新教育举办的儿童阅读培训。特级教师常丽华展示的古诗课程"在农历的天空下"，几乎给了她"毁灭性打击"。

当全场听众一起朗诵诗歌时，郭明晓却因从未听闻这些诗歌而茫然无措。就在那一刻，她深深地意识到了自己学识的贫乏。

这次难忘的经历让郭明晓"由震撼而猛然觉醒"。从此，她"纵身一跃，跳进了新教育"，开始了一次异彩纷呈的全新旅程。

多年来，郭明晓尝试开展新教育理想课堂实验，实施了晨诵课程、生命叙事剧课程、传统节日课程等。她带领孩子们晨诵儿歌、儿童诗、古诗等近千首，阅读绘本近 200 本，排演大型生命叙事剧 6 部 14 台，和孩子们一起徜徉、流连于泰戈尔、狄金森、纪伯伦等名家的精神世界……

郭明晓说，在过去几十年的职业生涯中，她对教育没有找到真正的感觉。参与新教育实验后，她才懂得什么是教育。

新教育的另一员干将，河南省焦作市教研室主任张硕果的经历与郭明晓有些相似。本已"功成名就"的她们，加入新教育短短几年后，发生了脱胎换骨的变化。"这种变化是静悄悄的，却震撼人心。"张硕果说。

像郭明晓和张硕果这样的教师，在新教育团队中还有许多。对于许多中小学教师来说，新教育就像一场飓风，扫除了他们陈旧的教育观念，改变了他们的职业生涯，乃至整个生命状态。

新教育实验发起人、中国教育学会副会长朱永新将这些参与新教育实验的一线教师称为"教育的觉醒者"："因为觉醒，而理性地燃烧着激情，孜孜以求地探索，是这些教师共同的特点。"

"他们不一定是中国最优秀的教师，甚至不一定是新教育实验学校中最优秀的教师，有些教师可能还有着明显的缺点。但是，他们是真实的，他们在路上。"朱永新说。

唤醒教师，从阅读开始

曾经做过小学教师的美国儿童心理学家哈伊姆·吉诺特曾经说过这样一段话：

"我得出了一个令人惶恐的结论：教学的成功与失败，我是决定性的因素。我个人采用的方式和每天的情绪是造成学习气氛和情境的主因。身为教师，我具有极大的力量，能够让孩子们活得愉快或悲惨……"

根据自己的从教经验，吉诺特认为，在教育教学中，教师是最关键的因素，对学生的学习和生活有着决定性影响。

朱永新对此高度认同："教师是一个冒险的，甚至危险的职业，因为伟人和罪人都有可能在他的手上形成。"

在朱永新看来，教育成败得失的关键在于教师的专业素养。也正因此，新教育把教师的成长和专业发展作为教育改革的逻辑起点。"只有改变教师，才能改变学生。教师成长了，学生自然就会成长。"

"理想总是美好的，但是如何让理想落地生根，变为现实，关键在人。尤其是在教育技术和装备不断改善的今天，站在讲台上的那个人，才是关键中的关键。"张硕果认为，长期以来，教师的重要性常常被低估。"一些教室开始沦为知识的交换地，沦为考试机器的训练场。因此，新教育实验以教师的专业发展为起点，围绕着师生的生命成长展开。"

教师专业发展的一个重要基础是阅读。"一个人的阅读史就是他的精神发育史。"朱永新经常对教师如此强调阅读的重要性。

因此，新教育主张教师要多读书，特别是要多读经典，与过去的教育家对话。他们认为，这是教师成长的基本条件，是教师教育思想形成和发展的基础。

"成长从阅读开始。我知道要改变自己，要不断成长，唯有阅读。"郭明晓说，她的成长是从阅读开始的。

2009 年是最值得郭明晓骄傲的一年。那一年，她读了大量的儿歌和童话，以及童话理论与心理学著作，中断多年的阅读生活续接起来。"我希望用飓风一般的威力，扫除自己生命中所有陈旧的东西，让自己不断学习，追求幸福完整的教育生活。"

对于新教育，郭明晓充满了感激。通过阅读，新教育不仅改变了她的职业状态，更唤醒了她的生命激情。

张硕果对此亦深有共鸣，"教育其实就是一种唤醒，如果一个人的生命没有被唤醒，这件事情是很难做下去的"。

对于"唤醒"这个词的含义，许多参加新教育的教师都有自己的体验和理解。

"教育是相互的唤醒。通过教师的教，唤醒孩子心灵中的希望之火。通过孩子们的成长，唤醒教师心中的教育之火。通过孩子们之间相互的期望，他们彼此共同成长。"参加论坛的长江学者、北京师范大学教育学部部长石中英说，"教育唤醒的不只是学生，我们所有人的生命，我们这个社会的生命，都在教育的世界里被唤醒了。"

在朱永新看来，新教育的这种唤醒是一次新的复活。"我们的创新并非为了标新立异而创造，新教育人一直说，当某个旧的、好的理念被人忘却时，我们将它唤醒，甚至让它在我们生命中活出来，这种复苏与传承，已经是生命的一次更新。"

完美教室：指向幸福

最近几年，新教育开始致力于"缔造完美教室"。

在张硕果看来，教室是教师最重要的舞台，它检验着教师的专业素养和教育智慧。

"我觉得一间完美教室，应该能够最大限度地实现孩子生命成长的可能性。"张硕果说，"我们新教育经常把一个孩子比作一粒种子，你说他是一朵花、一棵草、一棵树，都没有关系，最重要的是他能够成为最美的花，能够成为最绿的草，能够成为最伟岸的树。"

"谁站在教室里，谁就决定着新教育的品质，甚至决定了孩子的命运。"对于什么是完美教室，朱永新曾经做过这样的描述："生活于同一间教室里的人，应该是一群有着共同的梦想，遵守能够实现那个共同梦想的卓越标准的同志者。他们应该为彼此祝福，彼此做出承诺，共同创造一个完美的教室，共同书写一段生命的传奇。"

在特级教师、成都武侯实验中学校长李镇西看来，新教育倡导完美教室，其意义远不只是"追求优秀"。"优秀班级更多的是外在的评价，比如流动红旗得了多少、奖状有多少、期末年终奖有多少。而完美教室是内在的追求，它比一般的优秀班集体多了一份自觉的文化追求、一份诗意的营造、一种浪漫的生活。这是普通意义的优秀班级所不具备的。"

"完美教室指向的是幸福，指向的是生命。"李镇西说，"完美教室最根本的是带给学生和教师精彩的、富有诗意的生活……新教育能使我们的人生获得幸福，让我们更美丽。"

朱永新用三个短语表达完美教室的三个特征。

第一个短语是"汇聚美好事物"。"应该是把最美好的东西带到学校。学校应该成为汇聚伟大事物的中心，教室应该把人类最美好的东西放在教室里，让学生与它相遇。"

第二个是"呵护每个生命"。"完美教室应该是生命的绽放，所有的孩子、所有的生命都不能被忽略。教室里不应该有被遗忘的角落，教室里每个生命都应该得到特别的关注和重视。"

第三个是"擦亮每个日子"。"每一天你都用心把它擦亮，每一天我们都让孩子们过得很充实。如果每一天我们都能够问心无愧，如果让每一天都成为孩子生命中难忘的一天，我相信这就是完美教室。"

"完美教室在路上，我们要不断地前行，所以在缔造完美教室的过程中，我们也让自己的人生更完美，也让我们自己的生活更美好。"朱永新说，"一位教师一旦懂得了教育，懂得了孩子，懂得了教室，我相信他的能量就像飓风一样。"

新教育，"新"在哪里

"我们的教育应该真做教育和做真的教育，新教育实验本身就立足于做这种真的教育和真做教育。"参加论坛的国家教育咨询委员会委员、国家总督学顾问陶西平说，新教育实验推动了中国教育的行动研究。

10 年前，陶西平就曾把新教育实验比作"鲇鱼效应"，预言它会在中国教育的这片水中掀起波澜。

如今，新教育的确已经产生了这样的效应。2000 年，新教育从一个人的念想开始启航，到今年已经走过 17 年的历程。从江南古城苏州发轫，一步步成长壮大，走向了大江南北，长城内外。今天，新教育已遍布全国大多数省份，有 49 个实验区、2200 多所学校、200 多万师生参加了新教育实验。

任苏州市副市长期间，朱永新并没有以行政力量推行新教育。他明白，作为一种新生的教育改革，不能以外力强加推行，而必须依靠其自身的魅力来吸引人自觉加入。

如今，随着新教育的影响日益扩大，越来越多的地方教育行政部门开始认同新教育的理念，并主动推广新教育。行政力量的参与在新教育的快速推广和普及上起了很大的作用。如今，朱永新认为，自下而上和自上而下结合才是推广新教育最有效的方式。

去年 11 月，在多哈举办的"世界教育创新项目奖"评选中，新教育实验从全世界 1000 多个申报项目中脱颖而出，入围 15 强，这是中国唯一入围该奖的项目。

"这些都是额外的奖赏。我们对自己的期望，是像农夫一样守着教育的田野，无论在怎样的天气里，都勤奋地劳作。"朱永新说。

"新教育的'新'到底新在什么地方？不是不要旧的，完全搞一个新的。我觉得应该是把旧的精华吸取了，糟粕剔除了，吸收时代的元素，创造新的教育。所以不是除旧布新的新，而是推陈出新的新。"陶西平说，"这样的新教育就是要解决问题，能够有一些创造。"

"真正的英雄来自基层。"教育部基础教育一司司长王定华认为,新教育已经积累了丰富经验,创造了许多好的做法,而且还凝练出可操作、可复制、可推广、可持续的行动指南。

"新教育是一个不断生成的过程。它不是一个框架,一个理念。我们在行走的过程中不断创造,不断汇聚,不断生成。"朱永新说。

在一份报告里,朱永新对新教育的未来作了如此描画:"新教育的彼岸是什么模样呢?应该是一群又一群长大的孩子,在他们身上我们清晰地看到,政治是有理想的,财富是有汗水的,科学是有人性的,享乐是有道德的。"

手记　回到教育的原点

伟大的哲学家康德曾经指出,教育是人类最难的事业。这种艰难首先在于,教育面对的是世间最复杂的事物——作为万物之灵的人。而且,教育不仅仅是观察和研究这个最复杂的对象,更重要的是要改变这个对象。不是随意的改变,而是让他们向着强健、智慧、自由的方向,向着真、善、美的方向改变。

中国教育的问题盘根错节、困难重重。在许多人看来,个人的力量微乎其微,自己再怎么努力也无法改变中国教育的现状。

朱永新深知这种困难,但他还是义无反顾地在做,日复一日,从不停息,这一做就是15年。在他身上,人们感到一种孩子般的纯真和执着,或许还有一种似乎不合时宜的精神气质,类似"堂吉诃德般的勇气"和"西绪福斯式的坚毅"。

这种勇气和坚毅来自他内心的使命感。"教育的使命在于塑造美好的人性,进而建设美好的社会。"朱永新认为,当下我们的教育是单向度的、畸形的、片面的、唯分数的,其中最大的问题是缺乏做人的教育,缺乏德行的教育。而要改变这种状况,关键在教师。

新教育提出通过改变教师来改变教育,是向教育常识的回归。"新教育之新,实际上是让教育返璞归真,回到教育的原点。"朱永新说。

"我们并不奢望自己能够拥有教育的真理，我们甚至认为，我们即使已经探索到的局部真理，也并非真理本身。"朱永新说，"真理的探寻必然是一个不断创造的过程。所以我们坚信，新教育人的每一次探索，都是为中国教育探路，从而助力于中国教育，大步迈向理想的明天！"

当然，要达到"理想的明天"，实现中国教育的梦想，并非易事，需要长期的努力。

新教育人喜欢说，相信种子，相信岁月。

这是一种期待，更是一种信心。人无信不立。信为立身之本，信不仅仅是诚信，更重要的是信心，对真理、正义、美善的信心，对教育所能带给人的成长的信心。

有这种信心，加上坚持不懈的奋斗，中国教育的梦想终究会变成现实。

3. 让教师的光芒灿若明星

《未来教育家》 刘堂江　2015 年 6 月

对于新教育教师成长的实效与神奇，你不能不心悦诚服。

一位普普通通、平平凡凡的老师加入了新教育，他就会变得信心满满、激情满满，智慧多多、幸福多多，乐此不疲、乐而忘返……

奥妙何在？

新教育实验发起人、当代著名教育家朱永新教授说："新教育最大的成就，是点燃了许多普普通通老师的理想与激情，让他们知道教育原来可以如此美丽，教师原来可以如此生活。"

新教育给予教师的，是"一个开阔无垠的精神视野"，是一个可以纵横驰骋的自由空间。这是教师成长的一种高端引领。究其"合理内核"，新教育给教师点燃的，是以教育家情怀育人的圣火。这圣火，折射出八道夺目的光芒。

一、师本之光

新教育的师本价值观尤为鲜明突出。

他们认为："站在教室讲台上的那个人，决定着教育的基本品质。"因为所有与教书育人相关的活动，都有一个共同的指向，那就是教师。"教师是教育过程中最重要、最关键、最基础的力量。"没有教师的发展，学生的成长就成为无本之木；没有教师的研发，课程就成为无源之水；没有教师的实践，理想课堂就成为水中之月。所以，新教育实验把促进教师成长作为逻辑起点。

这种对教师职业价值的深刻到位的认识，使教师的职业尊严感和神圣使命感油然而生。

二、理想之光

"过一种幸福完整的教育生活。"

这是新教育的核心理念，也是新教育美丽的"乌托邦"。

新教育人认为："教育生活应该是幸福的。教育既然是努力地去促进每一个人过一种幸福完整的生活，它本身就应该是幸福的。"新教育强调过一种幸福完整的教育生活，不仅仅有对教育终极意义的思考与追求，同时还有对当下某些教育问题的担忧与不满。当然，"幸福"不是片面强调感官的享受，而要加上"完整"。人应该是完整的，人格健全的，包括每个人个性的完整。

新教育人理想的彼岸是："一群又一群长大的孩子，从他们身上能清晰地看到：政治是有理想的，财富是有汗水的，科学是有人性的，享乐是有道德的。"

这样的"乌托邦"，怎么能不让人心向往之？

三、生命之光

"教育·生命"说是新教育的一种境界，更是其教师成长的理念支撑。

"新教育的职业认同，是指生命个体对于职业价值的发现和体认，进而产生的心理归属感，也是帮助教师去践行教育思想的理念支撑，是教师走向卓越的重要途径。"新教育的职业认同以生命叙事理论为基础，主张每位教师的生命都是一个故事，他既是故事的主人翁，又是故事的作者。能否把自己的生命写成一部伟大的传奇，取决于其本人是否真心用心地书写自己的生命故事。

"生命，在课程中走向丰盈。"这是新教育种子教师们最真切的体悟。

四、崇高之光

谁选择了教师职业，谁就选择了崇高。

新教育实验正是把崇高论作为伦理学基础，振臂一呼："与人类的崇高精神对话。"

"教育是一项崇高的事业，其崇高建立于对每一棵稚嫩生命的呵护和关爱，对每一份生命尊严和质量的扶植，对每一颗纯真心灵的理解和尊重……新教育的理想让人崇高，让人有一种宗教般的情怀。"新教育人这发自心灵深处的圣洁的道白表明，新教育的实质就是教育的本真。

五、阅读之光

"专业阅读，站在大师的肩膀上前行。"

阅读是新教育人最关心的问题，他们认为："没有教师的阅读，就没有教师真正意义上的发展。"与渐行渐远的教育家对谈，是教师成长的前提，也是教师教育思想形成与发展的基础。具体读什么？"这需要教师在教育教学生活中，学习心理学的经典思想、教育哲学的基本观点、人类最好的教育经验及他所教学科的知识精华及成功案例。"

新教育认为，阅读能够让教师更加善于思考，让教育更加美丽。

六、行动之光

行动，是新教育实验的弥足珍贵之处。

"中国教育有许多弊端，但仅仅是怒目金刚式的斥责和鞭挞，虽然痛快但无济于事。对于中国教育而言，最需要的是行动与建设，只有行动与建设，才是真正深刻而富有颠覆性的批判与重构。"

行动论，是新教育实验的重要哲学基础之一。"只要行动，就有收获"，"只有坚持，才有奇迹"。行动论体现在教师专业发展方面，就是专业写作。主要是通过倡导教师撰写教育日记、教育叙事、教学案例、师生随笔等实现的。"写作就是一种思考，一种加工。教师仅仅站在大师肩膀上还不够，还要学会教育反思，站在自己肩膀上攀升。"正如种子教师所言："真我，在行动中逐渐强大。"

七、共同之光

新教育的教师成长，有一个最显著的特点：不是教师独处"象牙之塔"里闭门修炼，而是教师与学生一起在日常的教育生活中共同成长。

师生共同"晨诵，开启生命的黎明"；师生共同"暮省，做最好的自己"；师生"珍惜相遇，许下共同愿景"；师生"共读共写，点亮彼此生命"……

不仅是教师与学生共同成长，甚至是教师与学生、家长一起参与教育生活，共同成长。

共同成长，符合教师成长的基本规律，这是最科学、最有效的教师成长途径。

八、团队之光

一个人可能走得更快，但一群人，才能走得更远。

新教育主张："在专业阅读、专业写作的基础上，借助专业发展共同体提升教师的专业化水平。"这是一个极具宽广胸襟、极富于智慧的促进教师成长的举措，因为共同体营造了一个成长的绿色生态环境，教师可以"站在团队的肩膀上飞翔"。

八道光芒，犹如八道重彩，绘就了一个主色调；犹如八首金曲，汇成了一个主旋律。那就是——教育家的理想、教育家的情怀、教育家的境界、教育家的智慧。

八道光芒，实质上，就是新教育教师成长的八大特质。高端、前沿，紧接地气，别具一格。在国家"卓越校长领航工程""乡村教师支持计划""国家万人计划教学名师"相继出台的背景下，《未来教育家》重磅推出新教育教师专业成长专题报道，具有特殊的重要意义。

祝福新时代的教育家从新教育的沃土中雨后春笋般地涌现出来！

4. 过一种幸福完整的教育生活
《中国出版传媒商报》 刘海颖 2016 年 9 月 9 日

"最根本的问题还是内心宁静的问题，面对真实的教育世界，让心灵得到安顿。"一个从盐城大丰区临海小镇开始人生探求的"苏北人"，一个从 2000 年开始以新教育实验为路的教育行者，对于没有尽头的教育追问，给出了一个轮回般复杂至简极的答案。

它所通往的，是完整而幸福的教育生活。而这，已成为朱永新连同他那由 60 个实验区、3000 多所实验学校、300 余万师生组成的新教育共同体的不辍志业。

这份志业所要抵达之处，是师之所往，人之所想；是教育之理想，是人生之意义。

回到内心，释放创造性教育的无限可能

16 年前，也就是 2000 年，朱永新写过一本书，叫《我的教育理想》。这本被评论描述为"洋溢着理想主义情怀和浪漫主义气息的教育诗篇"的书，一度抢手到"出现盗版"；朱永新在各地讲座时也曾遇到把这书"翻烂"的老师。回头看它，朱永新自己评价"它点燃了教师的教育理想，可以算是传道"。但是，理想的火种毕竟只是个开始；在奔往理想的路上，解惑成为必需。只是这"解惑版"，一等就是 15 年。

2015 年，朱永新写出了与他口中"传道版"相呼应的《致教师》。与《我的教育理想》不同，《致教师》就是"为解决教师现实问题而来"。事实上，两本书中间隔着的这 15 年，正是朱永新潜心推动新教育实验的 15 年。15 年间，新教育实验"从理想主义的研究转变成为现实主义的耕种"，它作为影响了学生、教师、教育管理者等多个层面的民间教育改革，着力于在一线教育现实中引领"幸福完整的教育生活"。15 年的行动沉淀，终成为以《致教师》回应教师问题的现实支撑。

在纷繁的问题中，朱永新想要回答的第一个问题，一个他认为最简单、最根本的问题就是："我们为什么成为一名教师？"与传统教育观所表述的有所不同，朱永新给了教师一个全新的身份解读，就如同他在《致教师》前言中所说，教师"不是园丁""不是蜡烛""不是春蚕"。教师就是教师，他应该有一个属于自己的完整的自己。朱永新说，幸福之所以幸福，还在于"完整"二字。所谓完整的生活，就是让人成为他自己。教师培养孩子，是要让孩子在教育过程中发现自己、找到自己、成为自己；在这个过程中，教师同时也要发现自己、找到自己、成为自己，从而具备教育个性，有自己独特的教育风格和专业成就。也正因此，《致教师》的精神主线颠覆了传统的以奉献为基础的教育观，转而强调创造为主要价值观的过程，让教育的无限可能得以释放。

朱永新的观点，是要还教师以自由之心，并从"寻找教师生活的美丽""抵达教师职业的四重境界""压力下坚守""尽快成长为名师""保持教育热情""关注窗外世界"等方面鼓励他们去为自己的心找一个智慧的归宿。只有这样，他们才可能从学生的成绩中跳脱出来，去感受教师生涯的自在和痛快。但也一如朱永新所说，"对现实责怪、抱怨是容易的，想要超越现实的表象，对人性、对教育有着根深蒂固的信任与热爱，是艰难的"。

如同一场修行，追求幸福完整的教育生活是一种朝向、一个过程，即便心念已定，还需要时间，也需要方法。因为，在每一种有价值的追求中，问题通常会如影随形。

面朝现实，获得在问题中成长的教育智慧

从 2014 年开始，朱永新每个月在《教师月刊》上连载"答教师问"，接触到了大量一线教师提出的问题。而在此之前，他从 2000 年开始发起的新教育实验，吸引了数以百万计的教师参与其中，并引领他们发展成为一个优秀的教育群体，其中不乏成长为教育领域内旗帜人物的个体，但是他们也是在解决问题的过程中不断成长起来的。

在朱永新看来，教师是一个能够把人的创造力、想象力等全部能量与智慧发挥到极限的、永远没有止境的职业。教师职业面对的是最深邃的世界——人的心灵。世界上没有任何职业比教师更具有不确定性和复杂性。所以他说，虽然爱是教育的底色，但是教师仅有爱还不够，或者说真正的爱里一定包含着智慧，那也可以在一定程度上理解为合理地面对变化和解决问题的能力。

也正因如此，他在《致教师》中从来自教师生活的真实问题出发，与教师展开书信体的对话，用新教育实验中那些具备自然性、说服力、感召力的教育故事，为教师成长提供一个发现自我、寻找榜样的过程，提供教师解决现实问题的路径。

新教育实验认为，教师特别是新教师成长有"吉祥三宝"：一是以阅读为基础的"专业引领"模式，就是站在大师的肩膀上前行；二是以写作为基础的"研究反思"模式，就是站在自己的肩膀上攀升；三是以同伴互助为基础的"教育生态"模式，就是站在集体的肩膀上飞翔。这也是新教育共同体所提炼的"三专"模式，即通过专业阅读、专业写作、专业交往来自我培训。

事实上，每种方式都有很长的路要走。眼下，国内教师阅读的现状并不乐观。一方面大部分教师在沉重的教育负担下没有精力读书，另一方面很多教师还没有充分意识到阅读对其成长的不可替代的作用，认为上课、批改作业、与学生谈话就是为师的全部，忽视了很多教育智慧和方法正是来自阅读的升华，忽视了从阅读中汲取他人既有经验。新教育实验网络师范学院在吸收会员时会请对方写一个"我的阅读史"，从中可以发现，很多教师并没有充分的阅读生活，阅读的广度、深度、精度都不够，这种情况亟待改善。今年 9 月 28 日，新教育研究院将举办 2016 全国领读者大会，并同时公布一份中国教师基础阅读书目。

另外，很多教师也没有意识到写作的过程是一个思考的过程，是一个不断解剖自己教育生活的过程，没有意识到没有反思就难以超越自我。朱永新曾经和一线教师提出了一个"朱永新成功保险公司"的计划，要求老师用心记录生活，每天坚持记录最少 1000 字，坚持 10 年后保证其成为一个优秀的教师。其实朱永新自己如此说，也是如此做。这些年来，他就先后写有"朱永新教育作品"、《我的教育理想》《新教育》《朱永新教育小语》《致教师》等一系列作品，另有一些已列入写作计划。

同样的，打破教师之间的隔阂，形成对话的传统也是不容错过的教师成长之路，新教育实验一直在探索各种基于同一教研组、教学组的，或者是本校的、校际的，以及利用网络的各种专业发展共同体进行阅读、评议和批注教育作品等。

按照朱永新所说，一个教师面临的最大挑战，就是要能够在看上去很平凡的每一天都能体验到成长的感觉，从而发现职业的价值和意义。为了帮助更多的教师体验到这一点，朱永新在《致教师》中围绕"如何做科研型的老师""如何出一本书""如何形成个人风格""如何交往""如何合理安排时间""如何做晨诵、午读、暮省""如何为教室命名"等种种教师可能遇到的细节问题提供了建议。也许，正是因为这些贴切实用、情理兼宜的指引与陪伴，《致教师》在一年之内就热销 20 万册。它是真正在让教师们"以现在求证未来，让生命幸福完整"。

走向未来，在教育合力中实现生命的幸福完整

朱永新说自己是一个集学生、教师、教育研究者和教育管理者于一身的人，教育是他生活中最重要的内容，教育也是他生命中最重要的事情。他以理想主义为原动力发起了新教育实验，希望实现以理想的教育、

理想的学校、理想的教师、理想的学生、理想的父母、理想的课程为组成要素的教育理想。十几年过去了，这一类似于梦想的理想真的扎了根，发了芽，结了果。尽管努力控制实验的规模，新教育实验团队仍然发展成为包含 60 个试验区、3000 多所实验学校、300 余万师生的大团体，新教育理论著作已经被翻译为英、日、韩、阿拉伯等文字。2014 年，新教育实验入围卡塔尔基金会评选的 WISE 教育项目奖 15 强，成为中国年度唯一入围项目。这是一种合力，教育的合力，合力的教育。

其实，朱永新所说的幸福而完整的教育生活，并不只是对教师而言，并不是只让教师每天去拥抱新一轮的太阳，它是对所有与教育相关的人而言，包括孩子和家长。也正是因此，他在《致教师》中还专门提到了"如何寻找适合孩子的家庭教育""如何同时成为好老师和好妈妈""如何做好家校合作共建"；也正是因此，他会在《致教师》之后，计划写《致父母》《致孩子》。如他所言，倘若教师、父母、孩子三方真正缔结为教育的同盟军，那时教育势必突破困局，成为现实生活中真正的大教育，幸福而完整的教育生活就会延及每一个新的生命。

这也正是朱永新期待的新教育的彼岸："彼岸是一群又一群的孩子，待他们长大为一代新人，走向世界大舞台，我们能从他们身上清晰地看到：政治是有理想的，财富是有汗水的，科学是有人性的，享乐是有道德的。"

5. 一场教育实验生发的故事与思考

《中国教育报》 俞水　2016 年 11 月 15 日

前不久，新教育实验第十六届年会在山东诸城举办。来自全国各地的教育者们，走进了这里的一所所学校。

他们发现，除了成绩，这里的老师更在意学生的习惯养成，而且，"感觉这里的孩子总是在笑"。这里的老师解释说，我们是新教育实验学校，我们在追求一种完整而幸福的教育生活。

新教育，这是一个什么样的实验？为什么会有这样的追求？

"流水线"上无精打采的孩子，陀螺般转动的老师，这是幸福的教育吗？

一些学校对分数单一化追求，忽视了做人的教育，这样的教育完整吗？

基于这样的疑惑与思考，2000 年，一个教育改革实验，开始在一些敢于探索的学校推行。"那是一种对学生和老师生命状态的关注，过一种幸福而完整的教育生活，成为新教育的原点和使命。"中国教育学会副会长、新教育实验发起人朱永新说，这就是新教育！

对于探索者来说，虽然实验生发于理想，但"行动"一直是这场实验的灵魂。至今，新教育已经探索了 16 年，逐渐找到了十大行动着力点：营造书香校园，师生共写随笔，聆听窗外声音，培养卓越口才，构筑理想课堂，建设数码社区，推进每月一事，缔造完美教室，研发卓越课程，家校合作共育。

一场行动着的教育实验，正影响着一个个老师与学生的生命。

教师的成长方式在改变

在阅读中、写作中、共同体的碰撞中，新教育的教师们感受着幸福的教育生活。

如果教师不快乐，学生能快乐吗？

走近新教育，记者感受最深的就是，教师的专业成长，是新教育实验的逻辑起点——站在讲台中央的人，决定了教育的质量。

"现在很多学校所有工作的重心是学生，实际上，学校管理的最核心，应该是用教师的专业成长带动学校的发展，影响学生的成长。"朱永新说，"促进教师的成长，让教师体会到职业尊严，是新教育实验最重要的环节。"

四川教师郭明晓，便因为一头撞进了新教育的世界，在即将退休的年纪，开启了颠覆式的教育生活。2008 年的一天，郭明晓在一次报告会上，听到新教育的榜样教师讲起儿童阶梯阅读、讲起参与开发的儿童诗歌晨诵课程，她觉得自己就像个"傻子"，不配当老师。

阅读是新教育最为重要的活动基础，当郭明晓鼓起勇气走进新教育的世界时，她发现自己仿若获得了职业的新生。

2009 年，是郭明晓的阅读生活死而复生的一年。"那一年，我读了无数的儿歌、童话、心理学著作，这让我的课堂不断变化，孩子们越来越认可。"

"让我收获最大的，就是对经典的反复咀嚼。"郭明晓说，"这让我不断思考哪一种教学方式最适合自己和学生。慢慢地，我发现自己思考问题的方式、与学生对话的方式都在潜移默化地发生变化。"她取网名为"大西洋来的飓风"，并心怀飓风一般扫除陈旧教育的理想，学生亲切地称她为"飓风老师"。2014 年，她出版了自己的第一本著作《我是大西洋来的飓风》。

这样的例子，朱永新能举出太多。因为新教育的教师们，幸福地拥有了"新教育教师专业阅读地图"：新教育用书目的形式，在充分考虑个体成长特殊性和序列性的基础上，构建了教师知识结构模型，不同水平、不同学科的教师分别知道该读什么、怎么读，以及如何用专业阅读服务实践。其中，强调对根本书籍的阅读，是强调恢复教师从根本问题出发思考当下问题的能力。

这，只是教师成长的第一步。

经过多年探索，新教育实验摸索出"专业阅读 + 专业写作 + 专业交往"的教师专业发展"三专"模式。

写作，成为继阅读之后，教师成长的另一种方式。"一个人的专业写作史，就是他的教育史。"朱永新说，"这种写作没有功利色彩，只是记录教育生活的原生态，进行反思。"

2002 年，朱永新在网上写了一篇文章——《"朱永新成功保险公司"开业启事》。文章写道："老师想成功吗？来我这里投保，保约只有一条，便是每天上网写自己的教育故事，10 年后，如果你不成功，就拿着 3600

篇文章找我赔偿，以一赔十。"

没想到，很多老师真的应约"投保"了！

郭明晓自 2008 年投入新教育以来，给一、二年级学生上课期间，每个学期写作一二十万字。通过写作，她有意识地反思自己存在的问题并努力改进。她曾经教过的学生开玩笑地跟她说："郭老师以前怎么没给我开过这样的课？"郭明晓笑言："老师也是需要成长的嘛！"

就连校长也"投了保"，江苏省昆山市千灯中心小学原校长储昌楼，曾经的昆山市高中语文教研员，把昆山语文带到了苏州领先的地位，居然坚决地"改弦更张"，一心办一所"原汁原味的新教育实验学校"。2014 年，来到千灯中心小学 100 天后，他便完成了"储老师每日一谈"约 15 万字，记载了他的所思、所感、所行，并带动了全校教师，一起在师生共读共写中谱写幸福完整的教育生活。这些文字也收录在他的新书《教育点亮人生》中。

在有的学校，同事间较少交流，一些渴望成长的年轻教师孤独地摸索。而新教育实验在努力打破这种隔膜，形成对话的传统，在专业阅读、专业写作的基础上，借助专业发展共同体提升教师的专业化水平。

近年来，以新教育网络师范学院为基础的新教育专业发展共同体逐渐建立，共同体成员进行共同阅读、相互评议批注教育作品、相互听课议课、研究讨论问题等，成效显著。今年 9 月 2 日晚上，来自全国各地的 900 多位老师参加了新教育网师的开学典礼。

科研，是教师成长的另一载体。在这场教育实验里，教师们的成长也因为科研范式的改变而精彩。

"这绝不是一种上不着天下不着地的科研，而是鲜活教育生命的科研。"朱永新说。这种做科研有两个关键点：关注教室里发生的事，关注教师和学生的生存状态。

河南省焦作市解放区王褚乡中心小学教师齐家全就是在这种行动科研中收获了成长。齐家全的"发家"始于记录，用文字记录自己平凡的教育生活，用文字反思自己身处的教育情境。天道酬勤，近两年他先后被评为第六届河南最具成长力教师、河南省教育厅学术技术带头人、全国新教育实验优秀个人、新教育实验2016年度榜样教师。

就这样，新教育的教师们在阅读中、写作中、共同体的碰撞中、教研中，感受着幸福的教育生活。

课堂的构筑方式在改变

学生想要的未必是学富五车的教师，而是拥有平等、民主、和谐、愉悦氛围的课堂。

曾经有一所学校做了一项调查：一位曾获全国"十佳师德标兵"称号的教师，课堂教学满意率竟不到50%。尽管学生们肯定他的"师德与责任心"（93.4%）、"言行为人师表"（76.7%）……但是，"体现学生主体"的满意率仅为16.7%，而"教学气氛活跃"和"表达简明生动"的满意率只有10%。

学生为什么不满意这位"十佳师德标兵"的教学？数据说明，课堂教学需要师生之间的沟通与互动。教师纵然有满腔热情，学富五车，但不一定能真正地走进学生的心灵。

新教育十大行动之一——"构筑理想课堂"，正是指向了创设拥有平等、民主、和谐、愉悦气氛的理想课堂。

参与度、亲和度、自由度、整合度、练习度、延展度，这是理想课堂关注的维度。"新教育还追求这样的课堂境界：落实有效的教学框架、发掘知识内在魅力、实现知识社会生活与师生生命的深刻共鸣。"河南省修武县第二实验中学校长薛志芳说："这让我们既找到方向，又可操作。"

如果把教室比作河道的话，那么课程则是水流。

十多年来，新教育人研发了一系列课程，作为十大行动之一，"研发卓越课程"是指在执行国家课程和地方课程、校本课程的基础上，鼓励教师对教材进行二次开发和新的整合创造，通过课程的创新使教室成为汇聚美好事物的中心。

新教育实验有一个项目叫"听读绘说"。郭明晓说，这个项目主要在

一、二年级进行，是对低年级学生文字表达的一种替代，"听读绘说"通过孩子的聆听、绘画和讲述，来表达自己的感受。在这个模式的指导下，一线教师研发出许多课程。新教育也为更多的孩子提供了"儿童阅读阶梯""儿童写作阶梯"，对接儿童的发展规律。

这只是卓越课程的冰山一角。卓越课程的体系设计是以生命课程为基础，以公民课程（善）、艺术课程（美）、智识课程（真）作为主干，并以特色课程（个性）作为必要补充。

如果说生命课程主要是解决个体的健康与幸福问题，那么，公民课程则是解决作为一个社会人的权利、责任与义务问题。

在小学阶段，艺术教育更加具有独特的不可替代的作用。当记者走进昆山市千灯中心小学时，立刻感受到曲、乐、绘、笔、作、球的气息弥散校园，学校开设了昆曲、民乐等校本课程。全校建有艺体馆和各类专用教室13个。每天下午3点到4点30分，精心搭建布置的舞台上，都有师生们自发组织的表演，"整个教学都受到艺术的激发和带动"。

特色课程，则是在特色上下大功夫。比如，一些学校探索了秧歌特色、书法特色等。

"不过，用特色课程来追求与众不同，在严格意义上是幼稚的。因为真正的与众不同是在常规性的事务上，拥有更为风格化的处理方式。"朱永新说。

这种常规性事务的与众不同，很大程度表现在智识课程上。它类似于通常所说的文理课程，主要包括语文、数学、外语、科学（或物理、化学、生物）、历史与社会（或历史、地理）等，这是新教育卓越课程的主干部分。之所以用"智识"的概念，是因为课程的根本目的指向形成统领知识的智慧和运用知识的能力。

"我们必须明确一个关系，智识课程是基于新课程标准，依据自己的理念和理解进行的具体落实。在智育上，我们是新课程的执行者，在地方政府选择具体课程内容的基础上，再进行深度开发，使之更完美地达到国家标准。"新教育研究院常务副院长陈东强说。

"当然，虽然新教育在课程上的探索有一定模式，但它仍然鼓励每个课堂都展示出不同教师、不同学生的个体特征。"郭明晓深有感触地说。

学生的生存状态在改变

教育，要给学生一生有用的东西。好习惯的养成，会让学生受益终身。

教师的丰盈、课堂的改善，最终都作用在每一个学生的成长上。

在昆山市千灯中心小学，每天早上 8 点到 8 点 15 分，是学生与黎明共舞的晨诵时间，在霞光和诗意里，学生领略着母语之美。每天下午 1 点到 1 点 20 分，是学生的午读时间，在与教师的共读中，享受着彼此间传递的快乐和幸福。当一天的学习结束后，学生们会进行暮省，写下自己学习生活的点滴，发布在自己班级主页，与小伙伴们一起反思一天的学习生活。

在很多新教育学校，学生一天的生活都是这样，从晨诵开始，以暮省结束。最近，经过 16 年时间打磨的"新教育晨诵"系列正式出版，面市一周就发行了 35 万册，受到广泛的欢迎。

当你走进更多的新教育学校，你还会发现，一进校门，一些与阅读相关的警句扑面而来："一个人的精神发育史，就是他的阅读史。""今天，你阅读了吗？""阅读，让师生精神起来。"……学校里的一草一木也都被配上了诗歌，处处散发出人文气息。

在这里，每个师生都拥有自己的藏书架，班级里的图书柜，是学校最神圣的地方。和阅读有关的活动也丰富着学生们的生活，学校的读书俱乐部、读书会很是热闹，有的学校还开设了阅读课。

这些学校里的学生，往往还要和老师共写随笔、经常参加学校组织的让人开阔视野的报告会，在课前大舞台上，可以用三五分钟自信地演讲……

就这样，新教育营造书香校园、师生共写随笔、聆听窗外声音、培养卓越口才等行动，逐渐体现在与学生日日相伴的教育点滴中。

新教育同样重视孩子的阅读。可以说，创造浓郁的阅读气氛、整合丰富的阅读资源、开展多彩的读书活动，让阅读成为师生日常的生活方式，是每一所新教育学校的起点，这便是营造书香校园。

师生共写随笔，是通过教育日记、教育故事和教育案例分析等形式，记录、反思师生的教育和学习生活，促进教师的专业发展和学生的自主成长，师生们也因此获得了心灵的交互与碰撞。

聆听窗外的声音、培养卓越口才，则是通过开展学校报告会、参加社区活动等方式，充分利用外部教育资源，引导学生关注社会，通过讲故事、演讲、辩论等形式，让孩子养成良好的沟通能力和表达能力。

多年来，储昌楼一直在想，教育最应该教给孩子什么。新教育实验探索的每月一事，让他的思考找到了更有支撑的着力点。

教育，要给学生一生有用的东西。好习惯的养成，会让学生受益终身。从 2006 年开始，新教育开始探索每月一事。一月，学生们从吃饭开始，学会节俭；二月，学生们从走路开始，学会规则；三月，学生们从种树开始，认识公益……就这样，踏青（自然）、扫地（劳动）、唱歌（艺术）、玩球（健身）、问候（交往）、阅读（求知）、家书（感恩）、演说（口才）、日记（自省），不同以小见大的主题，贯穿着学生的成长，浸润着学生的心灵。

"我们学校有一门天天成长课，每月一个主题，每周一个小话题，就是为了培养学生的习惯、思维能力等。每个新教育实验学校的尝试并非完全按照统一模式，而是有着在核心理念指导下自由探究的空间，这样，每个学校都可以各美其美。"储昌楼说。

各美其美的探索中，昆山市千灯中心小学作为一所农村学校，就创出了自己的特色。2014 年世界教育创新峰会上，由欧洲新闻台制作的主题教育纪录片 Learning World 向 100 多个国家和地区的 1500 多名教育专家展示。其中，昆山市千灯中心小学作为中国的展示学校获得好评，峰会闭幕后，纪录片又在 126 个国家和地区进行专题播放。

学校的发展模式在改变

缔造完美教室、家校合作共育、建设数码社区……相互交融的行动，改变了学校的生态。

学校发展有很多模式、很多路径。新教育实验怎么去改变学校的发展模式？

实践中，这种改变是这样发生的：许多校长发现，还有比分数和考试更重要、更值得追求、更有意思的东西，如书香校园的建设。很多校长在思考，如何去塑造自己的文化。于是，一种以过完整而幸福的教育生活为灵魂的文化建设展开了。

"新教育的理念和行动，可以改变学校的品位。"储昌楼说，"学校的重要使命是实现文化渗透、文化传承，播撒审美种子，修复文化基因。"不久前，储昌楼完成了该校的《"好学校"文化建设纲要（2015 年—2020 年）》。

其实，新教育的每一个行动，都是相互交融的，共同促进了学校发展模式的改变。

在新教育实验学校、江苏省海门实验学校附属小学高波老师的班上，有一个"完美教室"。他的班级有一个富有寓意的名称——"君子兰班"。"希望班上的孩子都成为爱读书的绅士淑女。"高波说。他的班上，还有君子兰博客、君子兰书吧、君子兰银行、君子兰慈善……这正是新教育缔造完美教室行动的缩影。

更多推行新教育的教室里，还有着班级精神、班徽、班诗、班风、班级歌曲、班级名片、班训、班规、班级活动计划、班级公约……就这样，班级的价值体系、班级的文化构建灵巧地实现了。在这样的教室里，班级文化的营造，读书活动的开展，良好习惯的养成，全人课程的确立，生命故事的叙述，促进形成了师生的共同成长目的，这便是缔造完美教室行动，它在改变着教师，改变着学生，改变着教室，改变着学校。

不仅如此，家校合作共育行动，也打掉了学校的围墙，改变着学校的生态。十大行动之一的建设数码社区，则进行了学校内外网络资源的整合，通过建立教师学习型网络社区，让师生利用网络进行学习和交流，改变了学校的样貌。

就这样，一个一个孩子，一名一名教师，一所一所学校，用一个个故事践行着新教育的目标。16年来，新教育实验从生发于学术的纸质梦想，到个体的行动探索，进而有了3000所实验学校，实验影响遍及全国。

一群教育人的理想，生根，发芽，与中国3000所学校的教育现实紧紧缠绕着，逐渐茁壮……

6."新教育"二十年"长征"，把论文写在中国大地上
《中华读书报》 陈香　2022年12月16日

秋天，正是收获的季节。

诺奖发布前夕，9月29日9时整，中国香港，全球最大教育奖项一丹奖揭晓。经过一丹奖独立评审委员会严谨的评选流程，朱永新教授与琳达·达林 - 哈蒙德（Linda Darling-Hammond）博士分获2022年一丹教育发展奖与一丹教育研究奖。由此，朱永新教授也成为第一位荣获一丹奖的华人。

诺贝尔奖设立于100多年前，所以，它所关注的范畴，已经远远不能涵盖今天人类社会中的诸多重要领域，比如教育。同时，教育领域内，没有世界范围内有影响力的大奖。于是，腾讯主要创始人陈一丹先生退出腾讯后，2016年，拿出了25亿港元资金，设立了全球性的教育单项奖——一丹奖，"以教育提升人类福祉"，既是该奖项的宗旨，也是它的基本评选要求。陈一丹邀请了联合国教科文组织的重要成员、国际教育界的权威人士，组成独立评委会；他自己没有评审权，也不参与发表任何意见。所以，这个奖项从一开始就志存高远，致力于成为推动人类社会发展的一个奖项。正如一丹奖评审委员会主席、联合国教科文组织前总干事松浦晃一郎博士所说："一丹奖表彰最具创新的教育理念，推广行之

有效的教育创新，让世界更多人从中受益。"

一丹奖每年度评选一次，下设两个奖项：一丹教育研究奖与一丹教育发展奖；每位获奖者奖金 3000 万港元，约 390 万美元，其中一半为奖金，另一半为支持推动教育研究或项目的资金。

一丹奖设立 6 年来，前五年都没有华人入选，也没有一个华人评委，直到去年，才增加了一个研究奖的华人评委。所以，奖项的国际性、客观性还是很强的。并不是说，这是一个中国人发起的奖项，就会对中国有所倾向。

从 1993 年出任苏州大学教务处处长至今 30 年间，朱永新一直知行合一、孜孜不倦探求中国教育改革发展的实践探索和理论体系；他从 2000 年发起的"新教育"实验，已然惠及全国 8300 多所学校、50 多万名教师和 800 多万名学生，其中超过半数来自农村及偏远地区。一项民间的教育实验，不仅正在逐渐推动和改变教育现实，影响着中国教育整体面貌的走向，而且从实践到理论，再从理论反哺实践，既是中国素质教育的一面旗帜，也给中国教育的改革发展提供了一个模型。某种意义上，新教育实验也是中国教育领域的"改革开放"。

更有意义的是，扎根和生长在中国广袤大地上的教育实践和理论创造，融合了一代代中国教育学人的优秀教育传统，如生活教育理论、知行合一的行动理论等——或许，它将为世界范围内更多不发达地区的教育发展与重塑，提供中国理论和中国方案。

或许，这就是一丹奖评审委员会将一丹教育发展奖颁给朱永新教授的原因。或许，这就是教育部原部长陈宝生在得知朱永新获奖后，发来热情洋溢的祝贺短信的原因。

"永新获奖，不仅是他个人的荣誉，更是中国教育的荣誉，热烈祝贺！一段时间以来，很多人在论道，不管是坐着还是站着，而永新却在行动，而且一步一个脚印前进着。很多人在争相指摘今天的教育，而永新却在示范明天的教育。很多人提供的是设想和理念，而永新提供的是方案和经验。中国教育也需要前者，但更需要后者，前者供过于求，后者供不应求。批判的行为制约了行为的批判。故，我支持永新和他的新教育实验。"陈宝生先生如是说。

茨威格在《人类群星闪耀时》中喟叹，"充满戏剧性和命运攸关的时刻在个人的一生中和历史的进程中都是难得的；这种时刻往往只发生在某一天、某一小时甚至常常只发生在某一分钟，但它们的决定性影响却超越时间"。

今天，当我们看到新教育实验宛如长江黄河一般绵延不绝的活力，蓬勃的面貌，庞大的受益人群，历史性的推动和改变时；我们更要看到二十年前，一群理想主义者一开始还比较孤独的行走和探索。信念和坚守，宛若星辰一般闪射着光辉，普照着暂时的夜。

作为新教育实验的发起人，回望20年的实践过程，朱永新如是总结新教育实验的宗旨和目标，"过一种幸福完整的教育生活"。

而二十年致力于"幸福完整的教育生活"的新教育长征中，那些爬过的"雪山"，那些跋涉过的"沼泽地"，那些所有迷茫、失落、曾经无力的时刻，他从未提及。

如今，正是我们走进朱永新内心的时刻。

"新教师"项目

"首先要感谢一丹奖的所有评委，看到了我们这些年来的努力。"朱永新说。要知道，此次一丹教育发展奖的竞争对手也是非常强劲的，如非营利性教育组织可汗学院，它创建了对全世界教育都有相当影响的"翻转课堂"平台，在各个国家都有其学员，拥有全球的影响力。当然，新教育实验也有自身的特点，在中国，8000多所学校参与，无论是新教育的规模、影响、覆盖面，还是其理念理论都取得了比较丰硕的战果。"扎根基层，对理论的推进，以及对农村等不发达地区教育的关注，这或许是我们赢得了评委们青睐的原因。"

此前，朱永新已然表示，会将一丹奖奖金全部捐给母校苏州大学，用于研究和推广教育创新。而此次采访中，他向本报首次披露关于一丹奖奖金的具体用途。

"中国教育发展的关键点，还是在扎根于每一个课堂的老师身上。"由此，此次的奖金，朱永新将全部用于"新教师"项目。

朱永新会将全部奖金做一个种子基金——苏州大学新教师基金，每年的利息收入和有关捐赠支持将首先用于苏州大学的"教改班"，或说"未来教师班"，用于师范教育的改革。朱永新计划，每年在苏州大学的新生中招一个班，选 40 个左右的学生，他亲自参与课程设计，邀请国内外的名师来这个班上课；同时，他准备再请 40 位"新教育"的老师，组成一个导师团，一个老师带一个学生。这么"豪华"的配置，可能是全中国的师范教育都没有的。

无论是课程设置还是培养模式，朱永新都希望探索一条培养未来教师的新路径。在他看来，现在教师培养的问题可能有：第一，几乎没有阅读。"那么这个实验班会把阅读作为教学的非常重要的一个部分，会给每个学生制订阅读计划，四年之间让学生大量阅读、海量阅读。"第二，没有写作。"那么，学生们一进来就要开始写作，从写日记开始训练。"第三，要加强实践的环节。"每个学生都有老师带，四年学习期间，可以到这位老师的学校去跟岗学习。"

如此，四年培养下来，这些师范新生几乎不需要职业的适应期。"教育改革的源头，就是从培养老师开始。"

第二，做在职老师的训练。一丹奖在 2020 年成立了"明师堂"，由历届一丹奖的获奖者和全世界最优秀的教育家、管理学家等组成，朱永新即是首批"明师堂"的成员。对应一丹奖的"明师堂"，朱永新将在苏州大学成立一个"明师班"，计划在全国范围内招 20 个左右 45 岁以下优秀的中青年校长和教师，再招 20 个左右来自乡村的 45 岁以下的校长和教师。当然，校长们自愿报名参加，每学期脱产一段时间集中学习。

"明师班"的含义，是用聪明的教师培养明天的教师，采取"大师带名师，名师带乡师"的方式。朱永新计划邀约"明师堂"的成员来给这个班的学员上课；同时，朱永新还会邀请国内诸多名家如王蒙、梁晓声、冯骥才等前来授课，当然，还会邀请诸多科学家，包括多位院士前来授课，以拓宽老师们的知识和视野，强化老师的职业情怀，对校长们的成长发展还是很有益处的，已经有一些院士和作家表示愿意做志愿者。

第三，准备做一个"乡村班"。名义为"班"，其实是一个区域。朱永新透露，每年准备选一到两个过去是国家重点贫困县、现在叫乡村振兴帮扶县的地方，为期三年，做一个全面帮助县域教师成长、提升县域教学质量的探索。现在初步选定了四川的马边县。接下来，"新教育"的团队会到当地先做调研诊断，再对教师进行培训，以提升县域的整体教育品质。

第四，国际班。这个项目，朱永新准备和联合国的教师发展中心合作，放在他的另一个母校——上海师范大学。项目准备在发展中国家招募二三十位教师，到中国来培训。"把新教育的理念、课程、方法传授给他们，让他们在自己的国家也可以照葫芦画瓢，进行教育的改革提升。"

第五，网络班。其实就是一个线上教师学习中心。"新教育"有个网络教师学习中心（最初叫网络师范学院），主要是面向新教育实验校的，已经十多年了，有四万名老师在其中成长。现在，朱永新准备在此基础之上建立一个开放的网络平台，把以前的内部资源对社会开放，同时也把以上各个班的资源都放在其中，希望对社会有所贡献。

当然，"兵马未动，粮草先行"。朱永新表示："五个项目，根据筹款情况依次推进，筹到多少钱，就办多少事。"

任何真正触达现实、改变现实的行动中，光有自上而下的政策是远远不够的，还需要自下而上、从点及面的实践、总结、实践的推广，才能真正改变人们的生活。早在十多年前，朱永新就曾经说过一句话，这句话是："中国教育存在一些弊端，但怒目金刚式的斥责和鞭挞，虽痛快但无济于事。对于中国教育而言，最需要的是行动与建设。只有行动与建设，才是真正深刻而富有颠覆性的批判与重构。"

是的，"行动与建设"，早已写进了朱永新的生命中。

二十年"长征"发端

2002 年 9 月，苏州昆山市玉峰实验学校成为第一所获得授牌的新教育实验学校，新教育实验就此扬帆起航，至今已经 20 年。事实上，更多的新教育人愿意把朱永新 2000 年出版《我的教育理想》一书，作为新教育实验的发端。新教育实验最初的一些理念与行动，皆源自此书对教育问题的思考和对教育理想的探寻。《我的教育理想》，是一个宣言，也可视为"新教育"实验的行动纲领。

事实上，在更早的 1993 年，朱永新就开始尝试探索教育领域的变革进步。在那之前，朱永新相对来说还是一位纯学者，虽然也做过大学教育科学部的主任，但还是以学术研究和教学作为工作主旨；但是 1993 年，开始有点不一样了。朱永新出任苏州大学的教务处处长，管理几万人的教学计划、教学改革，而整个苏州大学的教育改革，应该说也是做得风生水起。在全国范围内，苏州大学较早地推出了许多教改措施，像激励学生做辅修，开设文科实验班、理科实验班，推出苏州大学的必读书目，等等。应该说，从那时候开始，朱永新就已经开始了行动的探索。

1997 年，朱永新到苏州市市政府做副市长，分管教育。那时候，他和基础教育接触更多了，也更关注基础教育的改革。

而此前，在对朱永新的采访中，他曾经谈及 1999 年阅读《管理大师德鲁克》一书时，自己内心的震撼与冲击。熊彼特对年轻的德鲁克说，"我现在已经到了这样的年龄，知道仅仅凭借自己的书和理论而流芳百世是不够的，除非能够改变人们的生活，否则就没有任何重大的意义"。此后，朱永新起身而行，走到中小学之中，开始了新教育实验。

所以，2000 年，确实是新教育实验的一个关键起点。无论是理论还是行动上，朱永新已经为发起新教育实验做好了充分的准备。

事实上，在昆山市玉峰实验学校之前，江苏武进湖塘桥中心小学这所乡村小学，是真正跟着朱永新做新教育实验的第一所学校，只是没有正式命名而已。时至今日，这所乡村小学，已经走出去了 60 多位正副校长。

朱永新回忆，1999 年，在面向江苏省的一个创新教育的论坛上，他作了一个讲演，谈他心目中的理想老师。这所学校的校长奚亚英，觉得朱永新的讲演实实在在地打动了她。所以，奚亚英邀请朱永新到他们学校去作讲演，在那边带徒弟。晨诵的做法，教师的专业发展，教师的阅读和写作，都是从这所学校开始的。

对自己的开山"大弟子"，朱永新一直都很有感情，无论多忙，几乎每年都会抽时间过去，和老师们交流、访谈，做调研工作。可以说，"新教育"实验从迈开步开始，就定下了自己的"主基调"，那就是，扎根基层，扎根实践，把教育改革发展的论文写在了中国大地上。

而苏州昆山市玉峰实验学校，也是一所蓬勃有朝气，有希望，有号召力，有影响力的学校，所以和朱永新的新教育理念一拍即合。朱永新也没想到，在学校开学典礼上他的一个发言，关于未来教育探索的一些理念，昆山教育局的储昌楼老师，后来也是新教育团队中非常重要的一位骨干，把这个讲话发到互联网上边去了。此后，这个发言又不断在全国的中小学的老师中流传、传播，由此，促成了 2003 年新教育实验首届研讨会上的 10 所"新教育"实验校的诞生。

在这个发言中，朱永新谈到了"五大行动"，现在已经与时俱行，完善成为"新教育"的"十大行动"。从这个"五大行动"的发言中，也可以看出"新教育"实验的"务实"特质，那就是——问题导向，针对束缚当时教育发展的主要问题，提出应对策略。

朱永新回忆，他当时着重谈了五点：一个叫"营造书香校园"，推动学生阅读；第二个叫"师生共写随笔"，推动师生共同写作；第三个叫"聆听窗外声音"，即学校不能关起门来办学，应该关注社会和人类命运，应该利用社会的教育资源；第四叫"培养卓越口才"，当时，朱永新观察到，我们的学校不太让孩子说话，不重视学生的表达沟通能力，但在国外，讲演是非常重要的能力，是构成领导力的要素之一；第五叫"构建数码社区"，当时互联网才刚刚兴起，但朱永新提出，教师和学生应该具有信息的意识，懂得利用网络去获取知识，发现更大的世界。

可以说，这五件事情主要是针对当时教育的短板来设计的，都是各个学校没有重视的。当时，学校更多的只是关注考试。所以，这五个行动是着力于整体提升学校的办学品质、提升学生素养的一个抓手；虽然没有严密的逻辑体系，但是是问题导向的，是针对当时中国中小学教育面临的比较突出的问题提出来的。

在新教育实验发端，朱永新就定下了一个"坚持"："因为中国很大，区域差别很大，城乡之间差别很大，所以，我们一开始就定位，不走高端路线，不仅只是为一部分好学校、贵族学校服务，新教育的行动、理念、课程，要不断去往广大农村地方去走。"

所以，到目前为止，新教育8000多所实验校，百分之五六十都在乡村。促进"教育公平"，希望能为弥合因为种种原因造成的教育不均衡的鸿沟作出一点贡献，已经成为所有新教育人的信念。从另一个方面来说，在朱永新看来，如果新教育实验只能在好的学校里落地，在条件一般的学校无法实行，那也不能说明新教育实验的效果。

行动和建设

在 20 世纪末 21 世纪初，中国教育最大的压力当然还是应试的压力，这是一种来自社会层面的焦虑和不满。对于新教育实验而言，还是尝试去化解这种焦虑，以及化解应试教育和素质教育之间的矛盾。

在开始新教育改革实践之际，朱永新和他的追随者给自己的定位就是，"为中国教育探路"。对现有教育的模式、课堂，是改善和完善，不是颠覆。另一个重要的要求是，新教育实验要经得起考试的检验。任何教育改革的风险就是，由于时间精力的分散，最后孩子们在硬性的考试中成绩下降了，那就会遭遇重重阻力，很难推行下去。所以，朱永新提出，"新教育不追求分数，但是不害怕考试"。从一开始，新教育实验就以提升教育品质为前提。

经过 20 年的实践检验，我们可以审慎地得出一个结论，那就是，从某种程度上来看，新教育实验是在引领中国教育的。

20 年前，当新教育提出书香校园的主张，推广亲子阅读、家庭阅读的时候，这还是一项有点"孤独"的事业。父母会说，去做作业、看课本，甚至有些父母会把孩子的课外书撕掉。包括老师，也并没有意识到阅读会对促进学习有着怎样的作用。不让看课外书，让做教辅、做习题卷，这是当时的学习的主导方式。

时至今日，"全民阅读"已经是国家战略了。无论是在高考还是中考的改革中，阅读题的比重都越来越高。应该说，这和朱永新以及新教育团队 20 年来孜孜不倦的呼吁与践行有着密切的关系。

再比如，关于"写作"的问题。过去，学校都是把写作当作语文能力的一种练习；但是，新教育提出的写作，是作为一种生活方式，是全学科推进的一种能力。朱永新认为，思考，是从写作开始的。比如数学的写作，可以写小论文，可以写数学故事；写作，是培养思维的训练方式，是学生对某一学科的认知的表达。阅读，不一定能够形成反思的能力；但写作，一定是训练思维的。"相信不出几年，它会成为中国学校新的教育改革的一股清风。"

2003 年，新教育开始关注家校共育的时候，《中华人民共和国家庭教育促进法》还没有出来。新教育人发现：中国很大一部分父母，有时候不仅不是教育的正能量，反而成为一种反教育的力量；有些父母不懂得什么是美好的教育，不懂怎么去培养孩子。所以，新教育实验认为，没有父母的成长，就没有孩子的成长；所以，必须让父母参与到孩子的成长过程中。而当下，家校共育已经成为一种共识。

所以，改革首先是判断，判断什么是束缚当前发展的关键问题；然后对症下药，去探寻解决的方案。实践也证明，新教育的诸多理念、探索，在经过充分的实践和探究之后，成为一种教育主流性的探索和改革。

当然，对于一项公益事业而言，最困难的，还是人和钱。新教育实验开始的一两年间，基本上每个星期六、星期天，朱永新都是在苏州、在全国各地奔波。后来，新教育招了几位全脱产的人员，但是钱从哪里来？光靠朱永新个人的捐款是不够的。所以，这几位人员最后是放在参与新教育实验的翔宇教育集团里，成立了一个"校中校"。这几位人员的工资由翔宇教育集团来发，但他们在集团里帮助教改，帮助培训教师。如此，新教育才慢慢开始做起来。

当时，《经济观察报》发表了一篇文章《零元企业和它的零元董事长》，讲朱永新和新教育的故事。上海的一位企业家看到后，说没有一分钱，怎么做事啊。于是，他捐了 200 万，说你们成立一个基金会。在当时，200 万就可以办一个基金会了，于是，江苏昌明教育基金会成立，可以向社会上募集一些资金，基本可以维持新教育的运转。当然，直到今天，朱永新本人还是这个基金会里捐款最多的。他的讲课费以及有关稿费和奖金，基本全都捐了。

人员呢，基本上还是以兼职为主。当然，也有一部分专职的，比如基金会、研究院的人员。确实，有专职的同志，工作的效果还是完全不一样的。

不过，人和钱，一直是新教育实验最大的困惑。既然是投身于教育的改革发展，就需要根据当下中国教育所需，不断研发新的课程，需要不断给学校提供一个升级版的东西，需要有很强专业能力的研发团队。2015 年，新教育实验遭遇的一次最重大的打击，就是专业的研发团队走了。"因为待遇太低了。两年、三年，甚至五年，也许都可以；但是让别人一辈子在这里奉献，还是有难度的。"

事业的新曙光

2004 年 5 月和 9 月，江苏姜堰教育局和河北石家庄桥西区政府分别建立了县域新教育实验区，开始以行政推动的方式推进区域实验。对于新教育实验而言，这正是一个突破性的里程碑式的事件。作为一个自下而上的民间公益性教育改革实验，在缺乏人力、物力、财力的背景下，能够持续发展壮大，来自行政层面的支持非常重要。而此后，区域推进新教育实验，逐渐成为新教育实验发展的主导模式。

朱永新回忆，当时桥西区分管教育的区长叫邓小梅，是一位很有追求的领导。她上任之后，听取了多位校长、老师的意见，希望了解哪些地方的教育做得最好，哪些教育改革最成功。大家推荐了新教育。于是，邓小梅带着一些校长专门到苏州来找朱永新，参观新教育的实验学校，然后就决定加盟了。

而姜堰市教研室当年的主任李宜华是朱永新的大学同学，当他知道朱永新带着一批学校在做新教育实验时，就说服了他们的教育局局长来了解新教育，朱永新也去当地作了一个报告。之后，姜堰市教育局就决定共同参加到新教育实验中。

到后来，基本就不需要新教育宣传了，各地主动来找他们。然而，其中也有朱永新的一个重要判断，在他看来，行政推动的模式固然是最有效的模式，比纯民间的推动有力量得多；但是，如果仅仅靠行政的力量，也有可能"人走政息"，建得快，消失也快。真正的"扎根"，是老师和校长们从思想上真正认同新教育的理念，是新教育的课程真正有效，这才是教育改革发展的长久之道。

慢慢地，以学术年会的方式推进新教育实验，也成为新教育实验的主要发展模式之一。

目前，新教育实验重要的学术年会，主要有新教育年会、新教育实验工作会议和新教育国际研讨会，即通过重要的论坛、会议，展示新教育的成果，同时交流、碰撞，部署新教育下一个阶段的工作。

其中，最为重要的就是新教育年会，基本可以视为新教育的盛典，是每一年新出发的起点。一般而言，新教育每一年的年会都有一个主题，往往都是精心打磨、认真研究的一个标志性的教育信号。比如，今年新教育年会的主题就是，"写作创造美好生活"，提出了从"全民阅读"走向"全民写作"的理念。新教育人会把这一年或几年来，在这个领域的探索呈现出来。老师们叙说他们的经验，新教育的研究团队把老师们的经验凝聚起来，然后形成规律性的东西，再去推广。所以，新教育年会既是一个总结和推广的平台，也是一个展示的平台。

一年一度的新教育实验工作会议，主要是交流新教育推广的工作研讨会。每年的国际研讨会，则一般是为下一年的年会做准备。比如，如果新教育明年年会的主题是"培养卓越口才"，那今年的国际研讨会就会邀请一些国内外优秀的学者对这个问题发表意见，讲述经验。

当然，新教育旗下的各研究机构还会有自己的重要活动，比如新教育阅读研究所，会在每年的孔子诞辰日，即 9 月 28 日，举办一个领读者大会。

把论文写在大地上

应该说，21 世纪以来，"素质教育"的理念深入人心，但什么是素质教育、如何去做素质教育、如何真正能够达到素质教育的效果，需要真正的身体力行，再到效果反馈，再到路径总结。而新教育实验走过的二十年，正是为构建中国大地上"素质教育"的理论和实践体系不断努力的二十年。

朱永新如是表述新教育的两个愿景，其一是成为中国素质教育的一面旗帜，其二是成为扎根中国大地的新教育学派。前者是从实践角度考虑，后者是从理论角度考虑。

为了实现新教育的愿景，20 年的新教育实验分成了三个阶段；而不同阶段的中心任务和需要解决的问题，也是不同的。在最初的阶段，新教育实验的主要目标是新教育理念的传播，让更多人了解它；到第二个阶段，主要是要构建新教育的理论体系；到第三个阶段，就是发展新教育的课程体系。

教育无外乎就是要解决两个问题：一个是品质，一个就是公平。新教育实验的核心，也是面向这两个问题。所以，新教育一直坚持事业的公益性。另外，新教育从实践的角度探索和摸索出了一些方法和路径，比如写作、阅读、完美教室等，而最后，都统合到了新教育的理论基础和由此延展的课程体系上。

"新教育理论基础有三大体系，包括哲学基础、心理学基础、伦理学基础；在这三大基础之上，我们构建了新教育的目的论、课程论。最关键的体系是新教育的课程论。因为任何教育理论只要付诸实践，最重要的载体就是课程。课程需要教材；有了教材，就需要教法。所以，教育是以课程为中心，去展开教育活动的。"

目前，新教育实验已经基本形成了自己的课程体系。这个体系以生命教育作为基点，生命课程之上即为"真善美"。"真"，就是大科学、大人文；"善"，就是大德育；"美"，就是大艺术。在此之上，还有个性化的课程；而针对每个人的个性化课程，将通过项目研究来实现。"课程的综合化是未来课程的方向。"朱永新如是表示。

现在，国家也越来越重视生命教育了，"安全与健康"已经进入现行的课程体系。但是，朱永新提出，生命的宽度，比如职业与交往，现在我们的课程体系重视还不够。"我们认为，生命是一个体系。长度是安全与健康；宽度是解决社会性的问题，比如对交往能力的培养，对职业生活的了解；高度，是解决价值观和信仰的问题。"

同时，朱永新提出，对于科学教育，现在的中小学是分裂的。在小学有综合的科学课程；到了中学，科学课程会分成物理、化学、生物。"其实科学课的逻辑是宇宙科学、生命科学、物质科学。我们完全可以按照这样的一个体系，把中小学通畅的科学教育体系设计好。而且中学不应该文理分科。"

作为新教育实验的发起人，回望 20 年的实践过程，朱永新如是总结新教育实验的教育目标和宗旨，那就是，"过一种幸福完整的教育生活"。

陶行知先生曾说，生活就是教育，生活和教育不可分割。由此，新教育提倡，第一，"幸福"。要让孩子享受学校生活，让教师享受职业幸福。如果孩子不喜欢学习，教师也不喜欢学生、不喜欢校园，这样的教育肯定是不成功的。其二，"完整"，就是让每一位孩子、每一位教师成为他自己。好的教育，不是用一个标准、一个模式、一个考试去衡量所有人，而是让每一个人都成为最好的自己。

当时间指针来到 2022 年，新教育实验已然惠及全国 8300 多所学校、

50 多万名教师和 800 多万名学生。对此，朱永新真诚地表示："可能，我们还是把握住了教育发展的方向。符合潮流的东西，才能获得大家的追随和接受。"

"定风波"

"回首向来萧瑟处，归去，也无风雨也无晴。"

任何成果都不是一蹴而就的，任何事情也不可能一帆风顺。在朱永新发起并持续推动新教育实验的 20 年中，也曾遭遇疾风骤雨。其间，有同行的误解，有匿名信的投寄。最大的一次波折是 2015 年，新教育实验的核心研究团队，新教育研究中心的全脱产的同志，整体性地离开了。由此，朱永新必须重组研究团队。

这么多年来，朱永新所有的业余时间都投入到这项公益事业当中；几乎所有的稿费、奖金，也都捐给了这项事业。更有焦虑、无力，心力交瘁的时候。家人有时会问：何苦来着？然而，熊彼特对年轻的德鲁克说的那句话，"我现在已经到了这样的年龄，知道仅仅凭借自己的书和理论而流芳百世是不够的，除非能够改变人们的生活，否则就没有任何重大的意义"，时时回响朱永新心间。

变化确确实实地发生了。湖北随县，跟着新教育团队做了若干年后，整个县域教育生态实现了很大的改变。随州市整体评价考核初中的前 20 名，他们占了 17 个。安徽霍邱县，是一个国家级的贫困县，一开始参加新教育实验的时候，有所学校的在校学生只有 500 人，参加新教育 5 年后就增加至 1500 人，说明本来出去读书的孩子又回来了。这肯定和霍邱县脱贫攻坚的成果有关，但"新教育"也贡献了自己的微薄之力。江苏海门，跟随朱永新的时间最长，他们的教育局局长是朱永新的博士生，目前来看，海门的很多教育指标在江苏省都步入了前列。

习总书记说，"把论文写在中国大地上"。朱永新和他的同人们，20 年来，是这么想，也是这么做的。

新教育实验 20 年前的两个愿景——做中国素质教育的一面旗帜，做扎根中国大地的新教育学派，已经看到了曙光。

"人生最重要的价值和意义，就是改变和创造。用你的创造去改变和影响更多的人。"朱永新如是说。

歌德诗云，我曾经领略了一种高尚的情怀，我至今不能忘却，这是我的烦恼。

是的，这是朱永新的"烦恼"。

7. 教育麦田的守望者——新教育实验纪实

《人民政协报》 林忠玲 2022 年 12 月 21 日

党的二十大报告指出，要"加快义务教育优质均衡发展和城乡一体化"。

乡村教育是中国教育的根，乡村教育的发展助力着中国教育的未来发展，并直接影响着国民素质的提高。而提高乡村教师的素质，关键在于唤醒他们的内驱力。

作为项目发起人，朱永新和他的新教育实验团队 22 年来扎根乡村教育的田野，助力乡村教师成长。

从开张"成功保险公司"到唤醒"麦田里的守望者"

发起新教育实验之初，朱永新就把改变乡村教师的行走方式作为新教育的逻辑起点。

为了让乡村教师寻找到职业幸福感，在总结借鉴世界先进的教师成长理念的基础上，新教育实验将"职业认同"和"专业发展"作为教师成长的两翼，让乡村教师通过专业阅读、专业写作、专业交往开辟专业成长路径。

如何让老师爱上阅读和写作？ 2002 年，朱永新通过网络发帖，"开张"了他的"成功保险公司"——承诺："如果老师们肯坚持十年的教育反思写作，还不能成为一个成功者，我愿意以一赔百。"帖子发出后，一石激起千层浪，有人欣喜、跃跃欲试，有人诧异、将信将疑，当然也有人嗤之以鼻。

当时，在苏州屯村中心小学教书的管建刚，是这个"成功保险公司"最积极的"投保人"之一。他从看到这个启事起，就拿起笔写起了作文教学的故事，发表在该论坛里。仅仅写了一年多时间，就有人联系他出书。2005 年，管建刚的第一本书《魔法作文营》正式出版。出书，这对于一个乡村教师来说，无异于推开了专业发展的"芝麻之门"。从此，管建刚就在写书、出书这条路上一发不可收。从 2002 年到 2022 年，20 年里，管建刚先后出版了 20 多本书。他也从一个农村中心小学的普通老师成长为江苏省特级教师、全国优秀教师、正高级教师、国家"万人计划"领军人才。

受管建刚的影响，他的工作室成员也在新教育的感召下，相继走上了教育专业写作之路。

回想起自己的成长经历，管建刚说：如果不是被 2002 年朱永新老师的《"朱永新成功保险公司"开业启事》的帖子唤醒的话，也许自己还在屯村小学里浑浑噩噩度日。

因相遇新教育而改变行走方式的乡村教师的故事，每天都在发生。安徽省六安市霍邱县户胡镇中心小学教师董艳，在新教育的引领下，开启读、写、思、行、研的新生活，12 年间写作 500 多万字，从一名贫困地区的村小教师成长为安徽省特级教师；湖北随县的王从伦，临近退休前相遇了新教育，开始建博客，先后写下了 100 多万字的随笔，出版了 16 万多字的个人文集，他本人也被评为湖北省十佳班主任、全国优秀教师；浙江边远山区美术教师周信达，在读过朱永新的《我的教育理想》一书后，产生了追随新教育的念头，自觉地按照新教育"十大行动"在所在的学校实践着，6 年多的时间里，他成长为年轻的特级教师、浙江省第 21 届"春蚕奖"获得者……

推出教育"组合式套餐"，改变乡村学校的发展模式

在中国 40 多万的中小学幼儿园中，有超过六成的学校在乡村。

这些年，各级政府在改善乡村学校办学条件、提高农村教师待遇、促进城乡教育均衡发展方面，投入巨大，也在很大程度上扭转了乡村学校脏、乱、差的局面。

然而，如果仅有物质条件的提档升级，而没有文化、课程、课堂、队伍建设等维度的更新迭代，乡村教育振兴的路仍然会道阻且长。

新教育实验在出发之始，就把"改变学校的发展模式"写在自己的旗帜上，并陆续推出了营造书香校园、师生共写随笔、培养卓越口才、聆听窗外声音、构筑理想课堂、建设数码社区、推进每月一事、缔造完美教室、研发卓越课程、家校合作共育等"十大行动"，作为乡村学校提升办学品质的"组合式套餐"。

"新教育'十大行动'的每一个行动都是从方法论角度，用几乎手把手的方式，教会学校如何达至'办好'的境界。"这是来自新教育实验参与者的反馈。

地处苏州昆山市千灯镇的千灯中心小学，是一所有着120年办学史的乡村学校。尽管学校历史悠久，但很多年一直籍籍无名。2013年，与朱永新一起在新教育起步阶段就参与进来的储昌楼成为这所学校的校长。

作为新教育实验最早的推广者之一，他来到千灯小学的目的很简单：用新教育的基因，让这所百年老校焕发生机，成为一所真正的新教育学校。他给当地教育局领导立下了军令状：一年让学校项目有模有样，三年让学校经看耐看，五年让学校成为一所公认的新教育好学校……而事实上，他也交出了一份理想的答卷。

直面乡村学校的办学困境，帮助学校找到突围的路径，这是新教育多年来一直坚守的可贵品质。如今，参与新教育实验的乡村学校达到了5000多所。新教育实验让许多乡村学校的校长发现，原来在教育的世界里，还有比分数和考试更重要、更值得追求、更有意思的东西。

打造"新希望工程"，改变区域教育发展生态

朱永新有一个朴素的理想，用新教育的理想精神和行动哲学，为面

广量大的乡村教育打造一个"新希望工程"。这个工程不只是给那些老少边穷地区增添书桌，而是志在改变区域教育生态，让书桌上的"人"精神生活充实起来，生命丰盈起来，过上幸福完整的教育生活。

地处四川盆地边缘的旺苍县，曾经是国家贫困县。面对区域内学校办学品质不高、教师成长缓慢、学生幸福感缺失等诸多难题，地方教育行政部门一直在苦苦寻找走出困境之道。

2018年，旺苍县教育系统整体加入新教育实验后，逐步看到了教育更动人的生命样态，找到了理想与现实之间的链接路径。他们以构筑理想课堂为行动主题，不断优化课堂教学的维度，积极尝试自主探究式教学策略；开展师生共读共写活动，感受文字世界的魅力；积极缔造完美教室，通过班级的课程、庆典、活动，共读共写共生活，让班级文化一点一点生发出来……3年后，旺苍县教育质量实现飞跃式发展，获得家长和社会的好评。

其实，旺苍县只是因新教育实验而迅速出圈的乡村教育县的缩影。山西绛县，宁夏中宁，四川遂宁，内蒙古阿拉善左旗，新疆奎屯，贵州凤冈、遵义、威宁，陕西定边、宁强等地区，都因为新教育的赋能，而不断提高了教育品质，拉升了师生的幸福指数，让乡村教育散发出了一种别样的味道。

乡村教育是中国教育的根，乡村教育的发展助力着中国教育的未来发展，并直接影响着国民素质的提高。新教育在一大批乡村教育县搅动了一池春水的实践，为中国教育界提供了一个很好的范本："只有以新的发展理念来撬动一场深刻的变革，才能推动落后的乡村教育爬坡过坎，迈过不具备乡村教育现代化发展的短板，实现教育的均衡。"

精心熬制"石头汤"，改变乡村儿童的生存状态

"教给孩子一生有用的东西"，这是新教育向儿童世界做出的庄严承诺。新教育认为，今天的孩子所面对的未来世界，充满了太多的不确定性，如果我们用昨天的方法教育今天的学生，就是在剥夺学生的未来。

在新教育实验的每一所乡村学校，学生的一天是这样开启的：早上 8 点到 8 点 15 分，是学生与黎明共舞的晨诵时间；下午 1 点到 1 点 20 分，是学生的午读时间，在与教师一起的整本书共读中，享受着彼此间传递的快乐与幸福；当一天的学习结束后，学生会进行暮省，写下自己学习生活的点滴，有的发布在班级网络主页，有的则珍藏在自己的小本上。

在课堂上，新教育的乡村老师带领学生在有效的课堂学习框架内，通过任务驱动、合作探究、积极实践、科学评价，发现知识的伟大魅力，实现知识、社会生活与师生生命的深刻共鸣。新教育的理想课堂，彻底摒弃了灌输、问答式的陈旧模式，实现了从"教堂"向"学堂"的翻转。

在新教育研发的课程里，乡村的孩子们会在经历体验、合作探究中，建立知识与世界、与自我的内在联系，将所有与伟大知识的遭遇转化为智慧，从而让生命更加丰盈。

特别值得一提的是，新教育尤其关注一间教室的容量与力量、温度与深度，通过缔造完美教室，把一间教室当成茫茫宇宙的中心，让伟大事物在这里汇聚，让学生在充满信任、愉悦、和谐的氛围中学习、游戏、创造，超越分数的异化但仍然确保学习的高质量。在新教育人看来，要将理想课堂、卓越课程、完美教室、卓越口才、每月一事、未来学校等涉及儿童生命成长的项目行动，指向于给即将走向未来的孩子的行囊中，揣上最有用的东西，无一不让乡村校园里的每一个孩子脸上，呈现更多的幸福表情。

在 22 年里，新教育已经从起步时的星星之火，成为遍地燎原的民间教育改革力量。为什么新教育能走这么远？新教育还能走多远？这是包括朱永新自己在内的所有新教育人经常在做的灵魂拷问。"新教育实验是一个不断开放、不断成长、不断自我突破的实验，是一锅'石头汤'。"获得"一丹教育发展奖"后，朱永新表示，他和团队将把新教育实验做成中国基础教育的一间"百年老店"，用实际行动接续助力中国乡村教育的发展。

8. 新教育实验给教师带来了什么——可见的成长

《中国教育报》　俞水　杜京虹　2023 年 3 月 17 日

2023 年两会期间，全国政协委员朱永新收到了众多记者的采访邀请，其中近一半问题与"教师"有关。

推动教师的发展，是朱永新 20 余年来的执着追求。2022 年 9 月 28 日，朱永新荣获 2022 年"一丹教育发展奖"，该奖项便是表彰其在推动教师发展方面的贡献。

2000 年，朱永新发起新教育实验，并在全国推广。经过 20 多年深耕，新教育实验惠及全国 8300 多所学校、50 多万名教师及 800 多万名学生，其中超过半数来自农村及偏远地区。而这项实验，始终把"促进教师成长"作为关键所在。

朱永新说："教师是教育过程中最重要、最关键、最基础的力量。没有教师的发展，学生的成长就成为无本之木；没有教师的研发，课程就会成为无源之水；没有教师的实践，理想课堂就成为水中之月。"

教师成长问题，一直是世界教育的一个核心痛点。如何激发教师内驱力？如何让教师幸福成长？如何让一线教师喜爱并掌握教育理论？这些问题，可以在一些新教育实验教师的故事里找到答案。

"往往，他们的眼里是有光的，脸上是有笑容的，专业成长的脚步是笃定的，他们的学生也是快乐的。"有人这样形容参与新教育实验的教师。

在新教育实验看来，"促进教师成长"只注重专业发展是不够的，还应重视职业认同。新教育实验提出了"一体两翼"教师成长理论，认为"教师成长 = 专业发展 + 职业认同"，以"三专"（专业阅读、专业写作、专业交往）能力促进专业发展，以生命叙事促进职业认同。专业发展与职业认同相互影响、相互作用。

新教育实验，在推动教师成长的探索中发生了哪些故事？

新教育实验给教师带来了什么？

"给教师有迹可循的成长路径，让教师的成长清晰可见。"朱永新说，"这是'新教育实验'一直以来的追求。"

当内驱力被点燃

郭明晓至今记得她与新教育实验的第一次相遇。那是 2008 年的一场"新教育儿童阶梯阅读"活动，常丽华老师展示了她的新教育古诗词晨诵课程。优雅的吟诵、美好的诗句，激情的老师、热切的学生……诗情画意与孩子们的生命交织在一起，散发出动人的光芒。

代表学校去参加教研活动的郭明晓，感受到了课堂的勃勃生机。这种"生命力"，吸引着她走进了新教育实验。她发现，这是一个让老师和学生生命舒展的天地。

"过一种幸福完整的教育生活"是朱永新的核心理念，也是新教育实验的理想与追求。

"教育当然应该面对未来，但是，教育本身就是生活，也应该关照当下，让所有与教育发生关系的人都感到幸福。"朱永新这样阐释"幸福"的意义。

"'完整'则指向人格、心灵、生命的成长，而不仅是关注分数。"朱永新说。

当时已经 50 岁的郭明晓，任教于四川省宜宾市的一所知名小学，是有将近 30 年教龄的语文骨干教师，她觉察到新教育实验的不同："过去的课堂，成绩导向性很强，师生的生命价值没有被很好地关照。过一种幸福完整的教育生活——以这样的目标设计学生的校园生活、推动教师的专业成长，学生和教师的生命都可以被更好地尊重。"

新教育实验不仅有着理想主义的色彩，也有着明确、可操作的路径和方法，这让郭明晓快速投入其中。"原来，老师可以这样幸福地教。"她重新认识了教师这个职业，燃起了改变与再成长的愿望。

其实，邂逅新教育实验之后，"被照亮"的不仅郭明晓一个人。

福建省福州市闽清县东桥镇中心小学教师张秀明，扎根乡村20余年。因为一次外出学习的机会，她接触到新教育实验，便开始大量阅读与写作。"新教育实验改变了很多像我一样的农村教师的命运。不管你出身如何，只要愿意尝试，就会得到很多学习的机会；只要愿意努力，就会不断被看见。"

虽然地处较为偏远的农村，但她带的班级被评为"2016年全国新教育实验十佳完美教室"。"新教育实验让我找到了存在感、价值感、尊严感，让我觉得当一个农村教师是如此幸福。"张秀明说。

"一大批农村教师被激励，是新教育实验对中国教育的重大贡献。"在美国马萨诸塞大学波士顿分校终身教授严文蕃看来，扎根基层，对农村等不发达地区教育的关注，正是新教育实验赢得"一丹教育发展奖"评委们青睐的原因之一。

有人曾经问朱永新，教师职业那么辛苦，但在很多参与新教育实验的教师脸上却看不到倦怠感，仿佛身体里有一个"永动机"，这是为什么？

"珍视教师的价值，是新教育实验的起点，但这种珍视从不是单纯给予，更多的是内驱力的点燃。职业认同，是教师成长重要的内在动力。"朱永新说。

其实，很多教师在走上职业道路之初，对这份职业是充满着理想与憧憬的，但在工作一段时间后，往往容易深陷细碎的教育工作，难以看到自身的价值。因此，职业认同需要被不断激活与续力。

"榜样引领和生命叙事"，是新教育实验加深职业认同的秘诀。

淮阴师范学院第一附属小学教师孙静走进新教育实验后，深深受到了名师的影响。"2009年，我刚满30岁，已经是中学高级教师了，职称到了顶，对怎么进一步发展比较迷茫。"孙静说，"接触了新教育实验后，我经常被名师们在课堂上的激情澎湃和他们陶醉于教师职业的生命状态所感染，我找到了生命的榜样。"

生命叙事则让教师体验了更丰沛的生命感。

在新教育人看来：每个教师的生命都是一个故事，他既是故事的主人公，又是故事的作者。作为教师，能否把自己的生命写成一部伟大的传奇，取决于他是否真正用心地书写自己的生命故事。

新教育实验每一年都鼓励教师撰写生命叙事，孙静拿到了"2010年十佳叙事奖"。她还清楚地记得，那上万字的文章里详细讲述了她和新教育实验的相遇、在课堂上的脱胎换骨。孙静说：生命叙事是对自己教育生涯的回顾与反思，让自己的脚印留下来，也把职业认同的堤坝筑得更牢。

很多教师像孙静一样，在新教育实验的探索中越来越相信：教师职业是美好的，也是可以改变孩子、改变家庭、改变社会、改变未来的，并由此生发出一种强烈的使命感。

"当强烈的内驱力被点燃，美好的愿景深深种在教师心中，他们就能够拥有难以想象的成长动力，可以跨越很多难关，创造属于自己的精彩故事。"朱永新说。

让成长有迹可循

尝试提供完整的专业发展路径，让成长有迹可循，让目标清晰可见，是新教育实验一直以来的追求。

"其实，很多先进的教育理念，老师们都知道，但与实践结合起来有难度，老师们在'怎么做'上有困惑。"郝晓东是新教育网络教师学习中心的执行主任，在他看来，"新教育实验的独特之处，是把这些教育理念转化成了可操作的专业成长路径。"

通过这些年的探索，新教育实验逐渐摸索出了一个"专业阅读、专业写作、专业交往"的教师专业发展"三专"模式，以此架起了教育理论与一线教师之间的桥梁。

"阅读是帮助教师成长最有力的武器。"一直以来，朱永新非常关注教师的阅读问题，在他看来，没有教师的阅读，就没有教师真正意义上的发展。

如果新教育实验在推动教师发展中只能做一件事，那会是什么？面对记者提问，朱永新的回答是：阅读。

"一个老师的专业能力如果靠自己在实践中不断尝试错误、不断摸索的话，会生长得很慢，但是他如果进行专业的、有品质的阅读，就能够更快地找到适合他的教育方式，因为他在教室里面临的事情在其他教室里早就发生过。"

几乎所有走进新教育实验的教师，都是从大量阅读开始的。"加入新教育实验的头几年，我疯狂地阅读，基本上所有的业余时间都在啃读，真的能够听到自己生命拔节的声音。"张秀明说。

不仅如此，她还用阅读打通了家校联系。"不瞒你说，我以前都不知道什么是绘本。"张秀明说，"阅读让我们打开了视野。"如今的她对绘本"超级着迷"，每年都会用绘本开展十几场亲子活动，每天都会讲一个绘本故事给班里的孩子听，让留守儿童也能听到优质绘本故事。她还创设了"跟着绘本学做妈"的家庭教育课程，将农村家长卷入家校共育。

不仅鼓励教师多阅读，新教育实验还一直强调对"根本书籍"的研读。《教育的目的》《我的教育理想》《静悄悄的革命》《思维与语言》《我们怎样思维·经验与教育》……说起自己阅读的经典教育著作，郭明晓如数家珍。"专业阅读的关键，是回到对'根本书籍'的研读中来，从根本问题出发思考当下问题，再把自己的理解应用于新的实践。"郭明晓这样阐述自己对"根本书籍"的理解。

"只有对'根本书籍'的啃读，才能影响教师的价值观、方法论，改变认知结构，激发根本思考。"朱永新说。

在多年的探索中，新教育实验的研究团队研发了针对教师与学生的体系化专业阅读指导书目，把阅读当作教育中最重要的抓手，进行长期、体系化推进。

专业写作，是教师发展的另一个抓手。新教育实验这样倡导：一个人的专业写作史，就是他的教育史。这种写作，不以外在的名利为终极目标，而是成为自我反思的重要手段。

为了推动更多教师进行专业写作，朱永新曾在 2002 年开了一个"朱永新成功保险公司"，他对教师说：你每天坚持写 1000 字，记录你的课堂、你的故事，写十年，不成功我赔偿，以一赔百。这么多年下来，无人索赔，一大批教师在"保险公司"中成长。

当时，在江苏省苏州市屯村中心小学教书的管建刚老师积极参与这项活动，仅仅一年时间，就有人联系他出书，2002 年到 2022 年间，管建刚先后出版了 20 多本书，也从一个农村中心校的普通教师成长为江苏省特级教师、正高级教师。回想起自己的成长经历，管建刚说："如果不是被《'朱永新成功保险公司'开业启事》的帖子召唤，也许自己还在浑浑噩噩度日。"

"给教师成长的可能、成长的感觉、成长的空间、成长的现实……这样的目标，新教育一直在努力。"朱永新说。

寻找"尺码相同"的伙伴

加入新教育实验的教师，会有一个很深的感受：在这里，有一群"尺码相同"的人结伴前行，互相温暖，彼此赋能。

在"三专"模式中，如果说专业阅读是站在大师肩膀上的前行，是一种静思吸纳，而专业写作是站在自己肩膀上的攀升，是一种梳理表达，那么，专业交往则是站在团队肩膀上的飞翔，是一种境域浸染。

2002 年，新教育实验创建教育在线网络学习空间，并逐渐发展成为全国各地新教育人的精神家园。2009 年，新教育实验在已有经验基础上成立了"新教育网络师范学院"（现更名为"新教育网络教师学习中心"，简称"新网师"），面向全国招生。朱永新担任第一届院长，提供长期、免费、专业的学术引领。

江苏省特级教师庄惠芬回忆自己在新教育实验的成长体验时说："在新网师学习，当你把一个问题抛出来时，全国各地的名师都给你支着儿。这让我超级兴奋，因为之前只能在舞台下面仰望他们，而在这里，能够直接得到他们更多的支持。"

虽然新网师上大咖云集，但朱永新每年都会在新网师的开学典礼上寄语新学员：这里是一个教学相长的地方，能者为师、真理为师。

刚刚加入新网师学习时，孙静选择了实践性较强的语文研课课程，并坚持啃读经典，用实践验证理论，用理论指导实践，渐渐地收获了更大的成长。因为表现优异，她被聘为该课程的讲师。

"老师们不是被动的学习者，而是课程的参与者、组织的建设者。这里，是'人人都是分享者'的网状学习共同体。"新网师执行主任郝晓东就是这样在共同体中成长起来的：从学员成长为讲师，再成为新网师的业务负责人。

新网师课程内容的设计也从教师发展的痛点出发。

针对一些教师培训时间太短、较为零散、不成体系的问题，新网师逐渐研发了三年为一周期的课程，进行体系化设计。

"讲策略方法的培训不缺，讲教育理论的培训也不缺，但是能够将二者很好结合的培训，是缺少的。"郝晓东说，"理论与实践的结合，恰恰是新网师一直以来的追求。"

为此，新教育实验组织了一批学者走向一线，扎根到教育的田野里，让理论从实践中来再回到实践中去，带动了一批教师的快速成长。

孙静记得，她在参与新网师的研课学习时，一边重新研读经典理论，一边详细写下自己真实课堂的教学设计，交给讲师批阅。讲师积极反馈，设计方案则在共同体里被展示讨论、反思研磨。孙静说："这让我感受到了专业成长的酣畅。"

在聚焦理论知识、聚焦真实问题、聚焦自身成长的学习文化下，新网师的课程建设逐渐体系化，并呈现出鲜明特点：在阶梯发展、道术结合、读写引领的基础上，自主选择的共同体学习模式、全面多元的评价方式，成为教师变"他主成长"为"自主成长"的关键所在。

"自由、开放、多元、共生……"郝晓东这样总结新网师的"气质"。

在这样的学习共同体中，教师们体验到了深度链接的美好：共同的阅读、共同的写作、共同的反思，把我和你的关系变成了我们的关系，将共同体成员的生命紧紧编织在一起。

一群"尺码相同"的人，一同勇敢地改变、诗意地生存，成为更好的自己。

不过，就像一枚硬币的两面，线上学习有着独特的优势，但是怎样与线下的教育生活有更好的联结，与教师在学校中的职业生活建立更加一致的目标，是接下来新网师要着力突破的难点。怎样进一步实现网络空间的破圈、跨界、国际视野，也是新网师下一步的发展挑战。

对此，朱永新有这样的设想：希望通过进一步梳理汇总，整合新教育实验原有的教师网络学习项目，成立"线上学习中心"，成为一个能够让教师进行专业阅读、专业写作、专业交往、自助学习、自主学习的教师成长共同体，向全社会、全世界免费开放，为中国以及全球的教师成长做一点儿探索。

行动是最好的建设

发起新教育实验之初，朱永新就强调："不能忽视'行动'二字的力量。"

伴随着多年的实践探索，新教育实验提出了"十大行动"：营造书香校园、师生共写随笔、聆听窗外声音、培养卓越口才、构筑理想课堂、建设数码社区、推进每月一事、缔造完美教室、研发卓越课程、家校合作共育。

"指向全人教育的小学儿童哲学课程研究"属于孙静正在研发的"卓越课程"，也是江苏省"十四五"重点规划课题。她以学生的生命为指向凝练了自己的教育主张、研发课程，并从中找到了自己的幸福：

"很多老师对自我价值的确认可能来自自己的学生考上好的大学，自己的成绩被领导认可……其实，这是在借助外在的结果实现自我认同。而我慢慢体会到，当生命成为我的目的地，看到孩子们在笔记本上贴上漂亮的小红花，看到孩子们特意为我留下亲手制作的食物……我都感受到了工作本身的幸福感和意义感，而孩子们也体验到了学习生活的幸福。"孙静说，"我看到了教育原本该有的样子。"

已经退休的郭明晓总能回忆起这样的画面：泰戈尔、顾城、金波的诗歌熏陶着孩子们，独一无二的班歌、班徽、班训贴在教室里最醒目的位置，回顾自己一天的生活时，孩子们眼里闪着快乐的光芒。这是她和孩子们的"完美教室"。"守住自己的教室，就是要擦亮每个日子，呵护每个孩子，让每一个生命在教室里开出花来。"郭明晓说。

她会给过生日的学生写一封信或者一首诗歌去赞美他独一无二的存在。她改写金波的诗歌送给一个 9 岁的男孩。她把小寿星的名字嵌入诗歌里，和全班同学对读，很多孩子激动得落泪。而在这些信中，每封信的落款都是"爱你的郭老师"。

这样的故事让郭明晓感到幸福，幸福在与学生交往的点点滴滴中，幸福在阅读与写作的攀登中，幸福在用爱和真心化解一个个难题，幸福在教师的每一天里。

就像朱永新曾说的，是什么让新教育实验中的教师尝到了教育的幸福？或许，更本质一点儿的，是因为爱。学生感受到了教师的爱，教师也感受到了学生的爱，幸福感流淌在每一天的校园生活里。

"'新教育实验'不仅仅在进行理念倡导，更提供了解决方案。"厦门市同安区滨城小学校长林加进对此深有体会。"通过'十大行动'，新教育给了实验校和教师一个马上能行动起来的方案。教师迅速成长，学生的生命能够得到更全面的关照，家长也与学校紧密合作起来。"林加进说，"我们的探索肯定不完美，但我相信，做起来，变化就会发生。"

这种用当下行动去改变现状的追求，新教育人坚持了 20 多年。"大规模、桥梁性、公益性、成长性"是朱永新对新教育实验特点的总结。获"一丹教育发展奖"之后，虽然新教育实验已经被世界看见，并得到了很大的认可，但朱永新也并不讳言，新教育实验的探索也面临着一些困境。

特别是，伴随着区域整体加入的情况越来越多，如何既发挥行政推动的积极作用，又避免行政化、形式化，让校长真正理解新教育实验，是新教育实验面临的挑战。同时，伴随着规模不断扩大，研发人员和管理人员严重不足，虽然这些年来一直在努力招揽人才，培养骨干，但仍无法适应新教育实验的快速发展。加之多年来坚持公益性，"造血机制"

又没有形成，所以当前的资金很难支撑运转。

虽然面对诸多困难，但新教育实验从未停下脚步，而是努力在发展中解决问题。"新教育实验具有很强的开放性，像是在炖一锅石头汤，行动不断丰富，体系不断完善，我们和教师、学校、合作区域，共同成长。"朱永新说。

学生们的成长，让这种在探索中前行的坚持变得越发有意义。

破坏纪律、带头闹事……的小宋曾是让所有人头疼的"问题少年"，但是因为老师用"我的朋友宋小迪"的称呼给他写了一封又一封书信，用爱融化了他的心，慢慢地，小宋成为昆山市中考成绩名列前茅的学优生。

农村孩子小宇因为父母离异，与爷爷奶奶一起生活，家庭教育缺失。他不爱上学，下课不是打架就是满校园乱跑，软硬不吃。老师通过与他共读《青鸟》，帮助他爱上阅读。从此，再也看不到小宇打架的身影，他甚至成为班级的"阅读小明星"。

…………

这样的教育故事，每天都发生在新教育实验的教育生活中。

谈起推动教师发展，朱永新有着更长远的计划：一是要建立一个培养未来教师的"教改班"；二是要建立一个探讨在职教师培训方式的"明师班"；三是要建立一个协助培养发展中国家教师的"国际班"；四是要建立一个帮助乡村教师成长的"乡村班"；五是升级新网师，建立面向所有教师的在线学习中心。

获得"一丹教育发展奖"后，朱永新将3000万港元奖金全部捐给母校苏州大学，用于新网师建设发展和以上几个事项的推动。

然而，这一切并不容易，面对新教育实验长期面临的一些难题以及新的设想，3000万港元奖金远远不够。但有一点，新教育人不会改变：行动，并享受它……

"所有的奖项都是额外的奖赏，我们对自己的期望，是像农夫一样守着教育的田野，无论在怎样的天气里，都勤奋地劳作，并且，快乐着、幸福着……"朱永新说。

附录 4　新教育实验发展大事记

1999 年

9 月，朱永新走进江苏武进湖塘桥中心小学，提出新教育实验的部分观点。湖塘桥中心小学开始实践探索新教育理念与课程。

2000 年

11 月，朱永新的《我的教育理想》出版，初步提出新教育实验的主张。

12 月，朱永新主编的《中华经典诵读本》《英文名篇诵读本》由苏州大学出版社出版，提出新教育晨诵理念。

2001 年

6 月，在常州湖塘桥中心小学、苏州吴江金家坝小学、屯村中心小学等乡村学校调研。

2002 年

6 月 18 日，朱永新创办的教育在线网站（www.eduol.cn）开通。李镇西任总版主。网站后来成为新教育实验的网络平台。

10 月，朱永新《新教育之梦》由人民教育出版社出版，新教育实验的构想基本形成。

10 月 9 日，教育在线网站的新教育实验论坛成立，论坛主持人为储昌楼、张菊荣。

10 月 28 日，昆山市玉峰实验学校成为第一所新教育实验挂牌学校。

为玉峰市实验学校《七彩园——"新教育实验"学生日记选》作序。

12 月 19 日，昆山市玉峰学校举行新教育实验沙龙。

12 月 23 日，《人民政协报》开辟《教育在线周刊》专刊。

12 月 29 日，朱永新参加苏州吴江的金家坝小学、同里二小等第二批新教育实验学校授牌仪式。

2003 年

2 月 27 日，在"阅读，让我们亲近书籍"座谈会上，朱永新决定在实验学校开展"营造书香校园"活动。

3 月 27 日，朱永新到吴江市实验小学作"呼唤上天入地的教育科研"讲座，提出新教育实验的定位，从营造书香校园、师生共写日记、抓校外讲座、引导学生讲一口流利的英文与中文、抓计算机教学、注重个性化的教育、从理想教育入手 7 个方面介绍如何开展新教育实验。

4 月 2 日，朱永新在海门为江苏省弘謇杯新世纪园丁教育教学论文大赛作"新教育实验与新课程改革"讲演，首次全面阐述新教育实验的理论内核。

5 月 23 日，江苏姜堰市教育局教研室正式参加新教育实验。新教育实验成立以"六大行动"为核心的分项专业组。

5 月，新教育实验首次发布《关于加入"新教育实验"的具体方法与要求》。江苏《新教育周刊》推出"共圆新教育之梦"，开设新教育实验固定专题栏目。

6 月 3 日，新教育实验总课题组发出《关于加强新教育实验学校通联工作的通知》，要求各实验学校加强实验学校之间的沟通与联络，及时了解实验情况，做好实验工作的整体协调。

7 月，教育在线网站"义务支教西部行"活动拉开帷幕，支教队伍分兵两路，分别在云南安宁与贵州遵义传播新教育理想。

7 月 21 日至 23 日，新教育实验首届研讨会在昆山市玉峰实验学校召开，近 500 位来自全国各地的一线教师参加盛会。全国第一批新教育实验学校正式挂牌。

9 月 13 日，朱永新应邀到天津市做关于新教育的报告，《天津教育报》《天津日报》连续用整版的篇幅宣传新教育实验。

11 月 9 日至 10 日，朱永新主持的第三届 21 世纪教育沙龙在苏州市会议中心举行，活动主题为"营造书香校园"。同时发表《全民族阅读宣言》，分别推出了针对小学生、中学生、大学生和教师的"推荐书目 100 本"书单。

11 月 10 日，数码社区项目组发布《新教育实验"数字化学习"行动计划（草案）》。

11 月 28 日，朱永新参加由万里国际学校教师自发参与的"新教育实验与教师专业成长"沙龙活动。

11 月 30 日，朱永新、储昌楼在江苏南通如东县为全县 1000 多名教师、校长以及来自全省 30 多个县市和学校的代表作《新教育实验的理论与实践》讲座。

12 月 10 日，朱永新在郑州中小学校长高级论坛上作新教育实验的实践与推广专题报告。

12 月 22 日，朱永新主持的"新教育理论的实践及推广研究"课题被列为全国教育科学"十五"规划重点课题。

12 月 28 日，朱老师应盐城教育局、教科所邀请，在盐城市第一小学作"新教育实验与教师的成长"专题讲座。

2004 年

1 月 3 日，新教育实验建设数码社区项目组第一次工作会议在昆山举行。

2 月 20 日，《中国教育报》发表报道《朱永新和他的"新教育实验"》。

3 月 28 日，由新教育实验课题组与江苏《莫愁》杂志社联合主办的全国首家莫愁新父母学校在苏州工业园区娄葑第二中心小学成立。《新华日报》《服务导报》《扬子晚报》《苏州日报》先后对全国首家莫愁新父母学校的成立进行了报道。

4月11日至12日，全国教育科学"十五"规划重点课题"新教育理论的实践推广研究"开题会暨新教育实验第二届研讨会在江苏省张家港市举行。来自全国各地的新教育实验学校代表、教育教学研究人员、新闻单位记者等近600人参加会议。

4月24日，新教育实验总课题组在昆山玉峰实验学校举行会议。

4月，《人民教育》当年度第七期以《教育随笔：改变教师的行走方式》为题报道新教育实验。

4月，《南风窗》以《新希望工程》为题全面报道新教育实验，将其定位为以"人的教育"为旨要的"新希望工程"。

5月9日，"新教育新理念学术报告会"在苏州大学举办。

5月13日，《人民日报》华东新闻第三版以《新教育实验：塑造理想的人》为题，对新教育实验主持人朱永新进行专访。

5月21日，吴江市陶研会召开全市11所挂牌的"新教育实验学校"交流会议。

5月30日，上海《新民晚报》以《"新教育实验"能走多远？》为题专门报道新教育实验。

6月6日，教育在线举行新教育实验学校校长网上会议。

6月8日、9日、11日，上海《解放日报》分别以《一个网站的震荡波》《一个教育市长的奔波之旅》《一个理想和现实的争辩》为题连续刊登了关于新教育实验的系列报道。

6月21日，新教育实验总课题组在苏州市工业园区新城花园小学召开实验工作协调会议。石家庄市桥西区的邓小梅副区长、教育局局长和部分学校的校长列席会议。

6月27日，中央电视台第12频道就新教育实验问题对朱永新、李镇西进行专门访谈。

7月28日，新教育实验电子简报第1期发布。

7月31日至8月1日，第三届新教育实验研讨会在江苏省扬州市宝应县召开。

8月，《朱永新教育文集》（十卷本）由人民教育出版社出版。

8月中旬，第二届教育在线西部支教活动在陕西延安、定边，宁夏中宁、石嘴山举行。

9月，石家庄桥西区正式成为"新教育实验区"，整体推动新教育实验。

9月18日，第二家莫愁新父母学校在南京师范大学附属中学成立，江苏省委副书记冯敏刚、课题组总负责人朱永新、南京市副市长许慧玲、省妇联主席柏志英、省妇联副主席季俊秋等出席成立大会。

10月6日，江苏昆山市玉峰实验学校新教育实验工作室落成。

11月14日，朱永新在灌云县城伊山镇新村小学礼堂为全县中小学校长、骨干教师及周边县区的部分教师代表共七百余人作了题为《新教育实验与学校发展》的报告并参加"新教育实验学术沙龙"活动。

11月17日至19日，《重庆日报》在头版连载报道新教育实验。

12月，江苏省常熟市特殊教育学校加入新教育实验，新教育实验向特教领域辐射。

12月12日，美籍华人、诺贝尔物理学奖获得者李政道教授为"新教育实验工作室"题词。

12月16日，朱永新在湖州职业技术学院为湖州市的教育行政领导和部分中小学校长作关于新教育实验的报告。

12月20日，教育在线"随笔世界"平台获全国中小学教育主题网站一等奖。

12月22日，由江苏《莫愁》杂志社、江都市国际学校和新教育实验课题组联合举办的扬州市首家、全国第三家莫愁新父母学校成立。

12月28日，"新教育实验构筑理想课堂教学研讨会"在苏州工业园区第二实验小学召开。

2005 年

1月15日，全国300余位新教育实验者和关注者云集苏州市沙洲小学，参加由新教育实验总课题组主办，《苏州教育研究》编辑部、沙洲小学承办的"构筑理想课堂"。

1月，朱永新主编的《新教育文库》之第一辑"我的教育故事丛书"5本，由福建教育出版社出版发行。丛书记录了几位新教育理想者和践行者在新教育实验中的心路历程。

2月20日，新教育实验总课题组在苏州工业园区第三中学会议室召开工作会议。

3月9日，教育在线发出《关于进一步规范新教育实验交流区论坛管理的通知》。4月8日至10日，新教育实验总课题组在江苏省姜堰市召开了"建设数码社区"研讨会。

4月15日至17日，新教育实验总课题组在江苏镇江召开第一届营造书香校园研讨会。来自北京、陕西、山西、安徽、江苏、吉林、浙江、山东、湖南、广东、河南等十多个省市100多所中小学的200多名实验教师参加会议。

4月17日，朱永新在山东省学校文化建设现场研讨会议上为近千名中小学校长作题为《新教育实验的理论与实践》的报告。

4月23日，中国教育报揭晓2004年度首届推动读书十大人物，窦桂梅等新教育人入围。

4月27日，新教育实验总课题组在昆山裕元实验小学召开2005年度新教育实验第二次工作会议。

4月30日，朱永新参加连云港东海高级中学"新父母学校"成立大会，为400名父母与教师代表作关于新教育实验与家庭教育的报告。

5月1日至2日，朱永新、袁卫星在包头市为内蒙古1000余名教师做新教育实验报告。

5月15日，朱永新在河南省郑州市作《新德育——新教育实验的德育探索》的报告。

5月18日，新教育实验总课题组发布《构筑理想课堂"互助研究共同体"纲领》。

5 月 24 日至 25 日，朱永新应邀为厦门湖里区 800 余名教师、校长作关于新教育实验的报告。《厦门晚报》连续用整版的篇幅宣传新教育实验。

6 月 2 日，浙江平湖实验区召开新教育实验启动大会。

6 月 3 日至 4 日，由新教育实验总课题组、《江苏教育》编辑部、《新教育》（筹）编辑部主办，常熟市实验小学承办的"新教育实验的实践与反思暨'构筑理想课堂'主题沙龙活动"在常熟市实验小学隆重举行。

6 月 10 日至 11 日，"新教育实验"和"生命化教育"学术研讨会在福州仓山小学举行。

6 月，江苏无锡灵山集团资助十所"新教育实验学校"。为每校配备"营造书香校园项目"学生读书 100 本、教师读书 100 本和"建构数码社区项目"专用电脑一台及相关软件。

7 月 12 日至 14 日，以"新德育"为主题的第四届新教育实验研讨会在四川成都召开。

7 月中旬，第三届教育在线西部支教活动在四川遂宁、重庆永川开展支教活动。

8 月 15 日，中国教育电视台播出新教育实验专题节目《激情与梦想》。

8 月 22 日，香港凤凰卫视播出《朱永新的教育梦想》。

10 月 22 日，新教育实验总课题组"构筑理想课堂"项目组在常州实验小学举行共同体活动。

10 月 26 日，中央电视台新闻频道"央视论坛"以"新教育实验与素质教育"为主题，与朱永新教授和中央教科所朱小蔓所长进行专题对话。

10 月 28 日，"新教育理论的实践及推广研究"总课题组发出《关于组织开展"新教育实验与素质教育"大讨论的通知》。

11 月 6 日，新教育实验秘书处在昆山市玉峰实验学校正式挂牌成立。储昌楼任秘书长，张荣伟、许新海、袁卫星、王胜、周建华任副秘书长。

11 月 16 日，教育部陈小娅副部长等考察昆山市玉峰实验学校新教育实验。

12 月 24 日至 25 日，以"教师专业化成长"为主题的第五届新教育实验研讨会在吉林市第一实验小学召开。

2006 年

1 月 12 日，《江南时报》以《博士后市长与他的"新教育"实验》为题报道新教育实验。

1 月 14 日，新教育实验项目组在苏州工业园区第二实验小学召开 2006 年度第一次新教育实验项目组负责人会议。

2 月 9 日，魏智渊加盟新教育，成为第一位新教育专业人员。

2 月 11 日，新教育理论的实践及推广研究总课题组发出《关于开展实验成果展示活动准备工作的通知》与《关于加强 2006 年学校新教育实验工作的建议》。

2 月 13 日，华南师范大学黄甫全发表网文《必须警惕当代教育研究中的"浮夸"风气》，质疑新教育实验。

2 月，浙江杭州萧山区成立新教育实验区。

3 月 7 日，朱永新做客搜狐网，谈"新教育实验——六大行动推动教师成长"。

3 月 9 日，朱永新在北京八中作报告《新教育实验——素质教育的实践探索》。

3 月 20 日，浙江省嘉兴市秀洲区成立新教育实验区。

4 月 1 日至 2 日，龙川之春——全国首届"新教育实验与理想家庭建设——'莫愁新父母学校'学术研讨会"在江苏省江都市国际学校召开。

4 月 16 日，朱永新在北京四中作关于"新教育实验与素质教育"的报告，在北京顺义区为全区骨干校长与教师作关于"新教育实验与教师成长"的讲演。

4 月 23 日，上海卫视《今日的中国》栏目播出新教育节目《他要改变中国的教育》。江苏昆山市的新教育实验区正式成立。

4 月 23 日，中国教育报揭晓 2005 年度推动读书十大人物，新教育实验发起人朱永新入围。

5 月 3 日，新教育实验项目组会议在上海召开，讨论新教育实验的

"十五"发展规划，决定成立新教育研究中心，干国祥、马玲等参加新教育团队。

5 月 18 日，新教育实验总课题组秘书处发出《关于组建新教育实验"6+1"行动项目核心组的通知》。

7 月 13 日至 15 日，第六届新教育实验研讨会在清华大学礼堂召开。会议提出了新教育的重要理念"过一种幸福完整的教育生活"。清华大学附属小学、中关村第一小学、六一中学承办会议。

7 月 14 日，新教育实验媒体答谢会暨新闻发布会在北京人民政协报社大厦多功能厅举办。

8 月 11 日至 17 日，新教育首届"毛虫与蝴蝶"——儿童阶梯性阅读专题研修班在苏州召开。

8 月至 9 月，灵山—新教育贵州行公益项目正式启动，新教育研究中心对贵州湄潭、凤冈两县数百名教师进行了专业培训，并深入山村学校进行了为期一个月的田野研究与支教活动。

9 月 19 日，日本学习院大学、宫崎大学等教授来昆山市玉峰实验学校考察新教育实验。

10 月 13 日，中国教育学会第十九次年会代表考察昆山市玉峰实验学校新教育实验。

10 月 16 日，朱永新在阳山实验学校参加苏州市中小学"营造书香校园经验交流会"。

11 月 3 日至 4 日，昆山新教育实验区组织 40 余名新教育实验学校的实验负责人与实验骨干赴江苏南通海门实验区考察学习。

11 月 11 日，第一届新教育实验区工作会议在浙江嘉兴秀洲区召开。

11 月 13 日，朱永新提出在新教育实验学校推行每月一事的实验活动。

11 月 24 日，朱永新应上海教育科学研究院邀请作《新教育实验的理论与实践》的专题讲演。

12 月 25 日，《光明日报》发表《新教育实验四年覆盖 24 个地区其魅力何在？》。

2007 年

1 月 1 日，新教育实验团队在苏州教育局举办元旦论坛。

1 月 11 日，《中国教师报》发表新教育实验专题报道《总得有人去擦星星》。

1 月 16 日，教育在线举办新教育网络沙龙第一期：晨诵、午读、暮省——新教育儿童生活方式。

1 月 22 日，台湾忠信学校新教育实验考察团参观昆山市玉峰实验学校和新教育实验陈列室。

1 月 23 日，教育在线举办新教育网络沙龙第二期：新教育教师专业发展模式——专业阅读 + 专业写作 + 专业发展共同体。

1 月 25 日，教育在线举办新教育网络沙龙第三期：新教育　新生活　新生命。

2 月 1 日，《南风窗》发表章敬平的报道《新教育实验再出发》。

2 月 7 日，教育在线举行新教育网络沙龙第四期：博客与教师专业发展。

2 月 13 日，教育在线举行新教育网络沙龙第五期：新生命教育。

2 月 15 日，《浙江日报》发表《新教育实验：为了和谐发展的人》，报道嘉兴秀洲新教育。

2 月 20 日，教育在线举行新教育网络沙龙第六期：建设性批评新教育。

3 月 1 日，朱永新做客人民网，谈《新教育实验——过一种幸福完整的教育生活》。2007 年《中国教育蓝皮书》收录专文《新教育：过一种幸福完整的教育生活》。

3 月 13 日，教育在线举行新教育网络沙龙第七期：新教育研究中心的2007。内蒙古鄂尔多斯市教育代表团到昆山市玉峰实验学校考察新教育实验。

3 月 15 日至 4 月 15 日，灵山新教育基金会、新教育研究中心、湖塘桥中心小学联合组织 2007 年灵山—新教育贵州行。威海市新教育实验启动会议召开。

3 月 21 日，华东师范大学出版社出版朱永新的《写在新教育的边上》。

3 月 24 日，灌南举行新教育实验区揭牌仪式，朱永新参加并作新教育实验专题报告。

4 月 9 日，"灵山—新教育"移动图书馆绥阳秦政站成立。

4 月 21 日至 22 日，新教育教师"三专"发展研讨会在苏州举行。

4 月 23 日，中国教育报揭晓 2006 年度推动读书十大人物，王林等新教育人入围。

4 月 30 日至 5 月 7 日，2007 慈济——新教育两岸书香交流研习活动在苏州举行。慈济捐赠 200 万儿童图书给边远地区和打工子弟学校。

5 月 4 日，教育在线特教论坛在郑州举办"灵山新教育特教新视野论坛"。

5 月 31 日，教育部基础教育司来函，将新教育实验的材料收入《新时期素质教育案例选编》一书。

7 月 12 日，由朱永新、吴国平主编，赵一平、朱寅年、魏智渊任执行主编的《一次梦想的远征——灵山新教育贵州支教 2006—2007》由四川出版集团天地出版社出版。

7 月 14 日至 16 日，以"共读、共写、共同生活"为主题的新教育实验第七届研讨会在山西运城举行。

7 月 28 日，苏州市新教育研究院第一次联席会议在宝应召开。

2007 年 8 月至 2008 年 4 月，新教育分别在甘肃宕昌县、山西绛县、浙江苍南县、江苏灌南县、浙江杭州萧山区进行新教育公益培训和通识培训。

9 月，新教育小学在翔宇教育集团宝应实验小学成立。

9 月 29 日，在浙江省杭州市萧山区召开第二届新教育实验区工作会议。

11 月 24 日，江苏省教育学会新教育研究专业委员会在江苏海门成立，朱永新作《新教育精神》讲演，提出了新教育的四个精神：追寻理想的执着精神，深入现场的田野精神，共同生活的合作精神，悲天悯人的公益精神。

2008 年

4 月 17 日至 19 日，苏州市新教育研究院在贵州凤冈县召开新教育实验现场会暨新教育公益西部论坛。贵州凤冈新教育实验区成立。

4 月 23 日，中国教育报揭晓 2007 年度推动读书十大人物，姚晓静等新教育人入围。

5 月至 7 月，新教育团队参与汶川大地震灾后教育重建，在绵阳八一帐篷学校开设为灾后儿童特别研制的儿童课程。

7 月 11 日至 13 日，以"构筑理想课堂"为主题的新教育实验第八届研讨会在浙江苍南举行，大会发布年度主报告《知识、生活与生命的深刻共鸣》。四川北川县、河南焦作市成为新教育实验区。

7 月 27 日、28 日，"新教育西部支教行"赴内蒙古鄂尔多斯东胜区。

9 月 20 日至 22 日，苏州市新教育研究院研究中心在北川培训小学语文骨干教师和校级青年骨干教师。

10 月 13 日至 16 日，翔宇教育集团宝应实验小学（新教育小学）举行新教育开放周。

10 月 30 日至 11 月 1 日，江苏教育学会新教育研究专业委员会在灌南举行第二届"儿童阶梯阅读"项目联盟论坛活动。

12 月 10 日，日本东方书店出版《沸腾的中国教育改革》，专章介绍新教育实验。

12 月 13 日至 15 日，苏州市新教育研究院研究中心在河南焦作召开主题为"冬天里的童话"的新教育实验深度研讨会。

12 月 17、18 日，新教育研究中心团队在山西绛县进行新教育培训。

12 月，朱永新主持的"新教育实验与素质教育行动策略的研究"课题被列为全国教育科学"十一五"规划重点课题。

2009 年

1 月 1 日，新教育联席会议在苏州东吴饭店举行。

1 月 5 日，由出版商务周报社、中国书刊发行业协会非国有书业工作委员会联合主办的"2009 民营书业发展年会暨新华文轩杯 2008 第三届民营书业评选颁奖典礼"在北京举行。苏州市新教育研究院荣获年度"阅读推广奖"。

2 月 20 日，中国教育电视台《教育人生》栏目以《朱永新——理想教育的践行人》为题专题报道新教育实验。

3 月 14 日至 28 日，新教育研究中心赴江苏南通海门实验区进行新教育培训。

3 月 15 日至 18 日，应韩国政府"Brain Korea"项目邀请，朱永新在韩国全北国立大学作"新教育——过一种幸福完整的教育生活"专题讲演。

4 月 13 日至 17 日，翔宇教育集团宝应实验小学（新教育小学）举办新教育实验全国开放周活动。

4 月 16 日，苏州市新教育研究院在宝应县召开 2009 年第二次联席会议。

4 月 23 日，中国教育报揭晓 2008 年度推动读书十大人物，管建刚、常丽华等新教育人入围。

4 月 28 至 29 日，江苏教育学会新教育研究专业委员会理事长许新海一行到石家庄桥西新教育实验区调研。

5 月 9 日至 17 日，苏州市新教育研究院前往北川开展"灵山—北川新教育行"公益培训活动。

2009 年 5 月 12 日，朱永新为淄博市临淄区校干教师培训"新教育"。

5 月 20 日，朱永新考察山西绛县新教育实验。

5 月 30 日、31 日，苏州市新教育研究院院长卢志文在北京参加首届"中国—印度论坛"研讨会，就"新教育在中国"向与会国内外嘉宾介绍了新教育实验。

5月28日，朱永新应邀出席广西柳州市教师阅读年颁奖仪式，并作《改变，从阅读开始》专题报告。

6月9日下午，在南京江苏饭店，南京金陵学院新传媒系和苏州市新教育研究院办公室、研究中心就教育在线改版举行了协调会议。

6月12日，朱永新考察石家庄市桥西区新教育实验。

6月21日至22日，卢志文调研石家庄桥西区新教育实验开展情况。

7月10日至12日，以"教师专业发展"为主题的第九届新教育实验研讨会在江苏海门召开。大会发布年度主报告《书写教师的生命传奇》。

7月，《构筑理想课堂》《构筑合宜的大脑》《手心里的光》《农历的天空下》《培养一生有用的十二个好习惯》等新教育实验操作手册正式出版。《新教育年鉴》（2007—2008年），朱永新《新教育》出版。

7月23日至24日，教育在线暑期西部义务支教行赴贵州凤冈开展公益活动。

8月9日至11日，"灵山新教育第二届特教新视野网络论坛"在大连市残疾人职业技能培训中心举行。

9月1日，新教育实验网络师范学院正式开学。

9月18日，朱永新、卢志文分别在"海峡两岸基础教育论坛"作《前行、攀升与飞翔，教师专业发展的初论》《校长视野下的教师专业发展》演讲。

10月10日，许新海在浙江萧山新教育实验区作《每月一事》专题报告。

10月17日，卢志文赴山西绛县考察新教育实验。

11月28日至29日，在山西绛县召开了第三届新教育实验区工作会议。

12月16日，朱永新教授当选腾讯教育年度盛典"回响中国"年度致敬之风云人物。

2010 年

1月2日至3日，"从优秀走向卓越——2010新教育发展元旦论坛"在苏州新区妇女儿童活动中心举行。新教育理事会成立，卢志文当选理事长。

2 月 12 日，许新海应邀在新加坡德明政府中学作《中国新教育实验》的主题报告。

2 月 21 日，江苏省民政厅批文同意江苏昌明教育基金会（新教育基金会）成立。

3 月 26 日，人民教育出版社举行《朱永新教育文集》（十卷本）的韩文版赠书仪式。国家图书馆、国家版本图书馆、韩国大使馆、北京大学、清华大学、中国人民大学、中央教育科学研究所等单位接受捐赠。

3 月 27 日，江苏教育学会新教育研究专业委员会举办新教育理想课堂海门开放日活动。

4 月 12 日，江苏教育学会新教育研究专业委员会与江苏教育报刊社《初中生世界》编辑部联合举办初中教育论坛，观摩海门初中每月一事及德育特色项目建设现场。

4 月 6 日至 23 日，新教育研究中心赴贵州石门坎进行新教育实验田野研究与培训。

4 月 23 日，中国教育报揭晓 2009 年度推动读书十大人物，张刘祥等新教育人入围。

4 月 10 日，焦作新教育实验展示会在中国卓越校长局长峰会上举行。

4 月 15 日，卢志文在第一届中国乡村图书馆建设与阅读推广研讨会作题为《书香校园的模式与实践》的报告。

4 月 16 日至 19 日，新教育研究中心赴内蒙古鄂尔多斯东胜区进行新教育田野研究与培训。

4 月 21 日至 22 日，苏州市新教育研究院研究中心赴平湖指导新教育实验。

7 月 9 日至 12 日，以"学校文化"为主题的新教育实验第十届研讨会在石家庄市桥西区举行。大会发布年度主报告《文化，为学校立魂》。

8 月 22 日，卢志文为重庆长寿区作题为《新趋势、新挑战、新教育》的专题报告。

9 月 8 日，"新教育儿童写作课程"在教育在线设立论坛。

9 月 12 日，中央电视台二套《对话》栏目播出新教育专题《开启快乐教室》。

9 月 26 日至 30 日，内蒙古鄂尔多斯东胜区举办全国新教育实验开放周活动。

11 月 25 日至 28 日，第四届新教育实验区工作会议暨开放周活动在河南焦作举行。

12 月 17 日至 18 日，乐清市新教育实验通识培训会分别在乐清国际外国语学校和育英学校召开。

2011 年

1 月 2 日，新教育元旦论坛在中国人民大学国际学院（苏州）召开。

1 月 16 日，新教育基金会启业仪式暨慈善晚宴在上海隆重举行，共募集善款 130.68 万元。

3 月 27 日，中央电视台《大家看法·我建议》栏目播出"小学生基础阅读书目"专题节目。

4 月 21 日，新阅读研究所研制的"中国小学生基础阅读书目"在国家图书馆正式发布。

4 月 22 日至 24 日，朱永新、卢志文受邀参加灵山慈善·第三届春晖青年公益发展论坛活动。

4 月 23 日，中国教育报揭晓 2010 年度推动读书十大人物，许新海、张硕果、李庆明等新教育人入围。

5 月 3 日，昆山实验区举办"理想德育——每月一事"全国开放日活动。

6 月，"朱永新教育作品"（16 卷）由中国人民大学出版社出版发行。

7 月 8 日至 11 日，以"在教育的田野上"为主题的首届新教育实验国际论坛在江苏常州武进实验区湖塘桥中心小学举行。

8 月 16 日，2011 年夏季新教育首批讲师团研讨会暨莱芜市新教育培训会议召开。新教育讲师团成立。

9月17日，以"活出中国文化的根本精神"为主题的新教育实验第十一届研讨会在内蒙古鄂尔多斯东胜区召开。大会发布年度主报告《以人弘道，活出中国文化的根本精神》。

9月21日至23日，朱永新、卢志文分别为当代教育家沙龙·2011年会作新教育实验专题报告和学术叙事。

9月25日，朱永新为山东胜利教育管理中心作《新教育实验的理论与实践》报告。

10月14日至15日，"新课堂 新教育"高峰论坛在北京举行。

11月5日至6日，第五届"二十一世纪中国儿童阅读推广人"论坛暨阅读嘉年华活动在深圳中央教科所南山附属学校举行，李庆明和朱永新就"教育幸福"话题展开对话。

11月14日，"书香凤冈"新教育基金会捐赠启动仪式在凤冈县龙泉三小举行。

11月19日至21日，新教育"晨诵、午读、暮省——一种回归朴素的儿童生活方式"专题培训活动在河南焦作举行。

11月25日至26日，全国新教育实验海门开放周"缔造完美教室，书写生命传奇"暨完美教室专题研讨会在江苏海门实验区召开。

11月25日，中国教育学会"十二五"教育科研重点课题《新教育实验促进师生发展的行动研究》在江苏海门召开开题论证会。

12月15日至16日，绛县新教育实验区第四届开放周活动举行。

12月22日，朱永新在石家庄长安区政府礼堂作题为《过一种幸福完整的教育生活》报告。

2012年

1月2日，"新教育元旦发展论坛"、新教育第二届理事会第七次会议在苏州工业园区职业技术学院举行。

1月7日，在中国书业年度评选颁奖典礼上，新阅读研究所获2011年度阅读推广机构大奖。

1月10日，"朱永新教育作品"（16卷）新书发布会在中国人民大学召开。

1月17日新闻出版总署全民阅读活动组织协调办公室组织15家中央媒体和网站开展推荐活动，朱永新《给中国教育的100条建议》入选2011年度"大众喜爱的50种图书"。

2月4日，朱永新在北京龙泉寺作题为《过一种幸福完整的教育生活》的讲座。

2月24日，苏州市新教育研究院与北京市朝阳区教育委员会合作办学签约仪式在北京举行。日照实验区《新教育实验让日照孩子"幸福学习"》被评为日照市2011年度十大民生新闻。

2月25日，广西南宁成为全国第35个新教育实验区。

2月，《校长》杂志2012年第2期推出《新教育十二年》专辑。

4月8日至10日，2012年新教育实验石家庄桥西开放周活动举办。

4月23日，《中国教育报》揭晓2011年度推动读书十大人物，陈东强等新教育人入围。

4月23日，《中国教育报》读书周刊头版头条，以《全民阅读 大风起兮》为题对新阅读研究所的书目研制、萤火虫亲子阅读以及朱永新在阅读上的工作等进行了报道。

4月24日，2012年川渝黔区域联盟（北川）新教育开放周活动在北川羌族自治县永昌小学举办。

4月28日，山东省诸城市举行新教育实验启动仪式，成为新教育第36个实验区。

5月6日，首届当代教育家论坛暨佐藤学教育演讲会在上海师大东部礼堂举行，朱永新与日本教育家佐藤学对话。

5月7日，"新教育 新评价 新考试"高峰论坛——中美素质教育合作交流暨中国素质教育科学论坛在北京隆重举办。

5月26日，由苏州市新教育研究院新阅读研究所组织专家研制的"中国幼儿基础阅读书目"在国家图书馆正式发布。朱永新作《阅读，让孩子成为天使》的报告。

5 月 29 日，苏州市教育局举行新教育实验座谈会。

6 月 15 日，朱永新赴杭州萧山区调研银河实验小学新教育实验工作。

7 月 14 日至 15 日，以"缔造完美教室"为主题的新教育实验第十二届研讨会在山东临淄举行，大会发布年度主报告《缔造完美教室》。

9 月 1 日，北京市新教育实验学校举行新生开学典礼。

9 月 28 日，山东济宁任城区新教育实验区启动仪式暨专家报告会在山东济宁任城实验中学隆重召开。

10 月 5 日，"'佛教名人'关爱教育——慈善书画作品义展"开幕式在无锡灵山梵宫举行，义捐作品 140 余幅给新教育基金会。

10 月 20 日至 22 日，以"教育的文化价值"为主题的第二届新教育国际高峰论坛在浙江宁波效实中学举行。

12 月 1 日至 2 日，第五届全国新教育实验区工作会议在安徽省霍邱县召开。

12 月 25 日，卢志文赴甘肃庆阳实验区调研新教育实验工作。

2013 年

3 月 3 日，海门新教育培训中心正式启用。

3 月 16 日至 17 日，朱永新在第二届"新教育·新评价·新考试"高峰论坛作《让指挥棒正确指挥：推进中国"第三方教育考试与评价体系"建设》演讲。

3 月 21 日，李镇西为江苏海门全体高中班主任进行新教育实验完美教室项目培训。

4 月 23 日，中国教育报揭晓 2012 年度推动读书十大人物，卢化栋、童喜喜等新教育人入围。

4 月 27 日，全国新教育实验海门开放周暨"研发卓越课程"专题研讨会在江苏省海门中学举行。

6 月 5 日，"新教育专家报告会暨新教育萤火虫焦作分站展示活动"

在焦作马村区工人村小学举行。

7月13日至14日，以"研发卓越课程"为主题的新教育实验第十三届研讨会在杭州市萧山区召开，大会发布年度主报告《研发卓越课程》。

8月18日，全国新教育培训中心在南通海门举行揭牌仪式。

10月31日，鲁豫皖新教育联盟举办日照实验区开放周活动。

11月9日，以"阅读的力量"为主题的第三届新教育国际高峰论坛在四川大学附属中学举办。

11月24日，全国新教育实验海门开放周暨幼儿园"研发卓越课程"专题研讨会在海门市新教育培训中心召开。

12月13日，新教育管城实验区启动仪式暨经典绘本阅读培训在郑州市管城区五里堡小学召开。

12月17日，新教育山东滨州实验区启动仪式在滨州北镇中学举行，朱永新作题为《过一种幸福完整的教育生活》专题报告。

12月18日，朱永新在庆阳东方红小学、实验小学、西峰区温泉齐家楼初中3所学校调研新教育实验工作，作题为《阅读的力量》专题报告。

12月25日至27日，四川金堂举办全国新教育开放周活动。

12月28日，由新教育新阅读研究所与正略咨询联合组织专家研制的"中国企业家基础阅读书目"在京正式发布。

2014年

1月1日，新教育元旦发展论坛在苏州市第一中学紫藤苑举办。

1月11日，由新阅读研究所主办的2013中国童书榜暨中国小学生基础阅读书目（修订版）发布会在国家图书馆召开。

3月9日，朱永新在全国政协十二届二次会议作题为《完善中华优秀传统文化教育刻不容缓》的大会发言。

4月12日至13日，第六届全国新教育实验区工作会议在甘肃庆阳召开。

4月22日，新教育实验入围世界教育创新峰会（WISE）2014年

WISE 教育项目奖 15 强。

4 月 23 日,《中国教育报》揭晓 2013 年度推动读书十大人物,王志江等新教育人入围。

4 月 23 日至 24 日,武侯实验中学附属小学举办全国新教育实验开放周活动。

4 月 24 日,新教育萧山实验区举办 2014 年全国开放周活动。

4 月 27 日,全国新教育实验海门开放周暨"新艺术教育"专题研讨会在海门中专举行。

5 月 10 日,朱永新在常州武进清英外国语学校调研新教育。

5 月 13 日,中国陶行知研究会新教育分会被批准设立。

5 月 24 日至 27 日,"遇见未知的自己"——全国首届新教育种子教师研训营在焦作举办。

5 月 27 日,主题为"小阿力的大学校"的新教育儿童课程开放日暨儿童课程研讨活动在西安高新第四小学举行。

5 月 28 日,新教育萤火虫焦作工作站举行揭牌仪式。

6 月 11 日,许新海在上海交通大学举行的"交大安泰经管学院恢复建院三十周年院庆——2014 上海交大公益慈善论坛"作《新教育的公益理想》演讲。

7 月 1 日,新教育基金会"九九归真"感恩乡师图书馆计划山西绛县第一实验小学苗沛旺图书馆正式落成。

7 月 11 日,由苏州市新教育研究院、苏州大学教育学院共同主办的"中美艺术教育高峰论坛"在苏州大学敬贤堂举行。

7 月 12 日至 13 日,以"新艺术教育"为主题的第十四届新教育实验第十四届研讨会在苏州召开,大会发布年度主报告《艺术教育成人之美》。

7 月 26 日至 27 日,新教育"萤火虫 2014 之夏"活动在山东威海市高新区神道口小学举行。

7 月 26 日至 27 日,"新教育一年级专题公益研训班"在洛阳举办。

7 月,"新教育文库"首批 10 种著作由湖北教育出版社出版。

8月30日，新教育培训中心赴滑县举行新教育专题培训活动。

8月30日，湖南益阳召开朱永新教授新教育益阳专题报告会。

9月2日至4日，全国"新孩子乡村阅读公益行"首站活动在焦作启动。

9月18日，由新教育新阅读研究所联合北京十一学校研制的"中国中学生基础阅读书目"在京召开发布会。

10月5日，新生命教育沙龙在苏州市新教育研究院举行。

10月18日，2014青海省新教育实验理论研究高级研修班在西宁市世纪职业技术学校举行。

11月8日至9日，"相约美丽日照　构筑理想课堂——2014新教育国际高峰论坛"在日照市新营小学举办。

12月14日，全国新教育实验海门开放周暨"中学构筑理想课堂"研讨会在江苏海门举行。

2015 年

1月2日，苏州大学新教育研究院揭牌仪式暨新生命教育研讨会在苏州大学举行。

1月9日至10日，由中国教育学会与苏州市新教育研究院联合举办的新教育实验"缔造完美教室"叙事讨论会在北京师范大学召开。

3月22日，新教育基金会（江苏昌明教育基金会）理事会暨换届大会在温州翔宇中学召开。

3月24日，青海西宁、山东青岛、河南陕县等五省五地的130余名教师在海门参加新教育实验培训。

4月13日，全国新教育实验海门开放周暨"新生命教育"研讨会在海南小学举行。

4月14日，洛阳高新区新教育开放周在洛阳理工学院举行。

4月18日，首届新教育实验学术委员会成立会议在海门市召开。

4月23日，《中国教育报》揭晓2014年度推动读书十大人物，陈国安、王坚等新教育人入围。

4 月 23 日至 24 日，以"幸福十年——与新教育共成长"为主题的新教育开放周活动在石家庄桥西区举行。

4 月 25 日至 26 日，新教育家校合作共建高端研讨会在北京市新教育实验学校召开。

5 月 21 日至 22 日，第七届新教育实验区工作会议在新疆奎屯实验区召开。

6 月 11 日，新教育实验新生命教育叙事报告会在四川省金堂中学外国语实验学校报告厅举行。

7 月 10 日，2015 年中美新生命教育高峰论坛在四川金堂恒大酒店世博中心举办。

7 月 11 日，以"新生命教育"为主题的新教育实验第十五届研讨会在四川金堂召开，大会发布年度主报告《拓展生命的长宽高》。

7 月 19 日，新教育实验大型专题报告会在新沂市召开。

8 月 6 日至 10 日，全国新教育 2015 年萤火虫之夏暨第二届种子教师研训营活动在日照市五莲县实验学校举办。

11 月 14 日，以研发卓越课程为主题的第五届新教育国际高峰论坛在郑州市管城区举办。

11 月 22 日，新教育实验每月一事专题研讨会在江苏海门实验区召开。

12 月 8 日，朱永新在河南洛阳高新实验区考察调研孙旗屯小学、三山小学、实验小学的新教育工作。

12 月 14 日，全国新教育实验海门开放周暨海门市新教育研发卓越课程推进会在海门市政府会展中心举行。

12 月 26 日，《新教育实验探索幸福完整的教育生活》创新典型案例，获得第四届全国教育改革创新特别奖。

2016 年

1 月 2 日，2016 年新教育元旦论坛在苏州大学红楼会议中心举办。

1月3日，新教育第三届理事会第九次会议在江苏昆山千灯中心小学南校区召开。

1月10日，由苏州市新教育研究院新阅读研究所组织评选的2015中国童书榜在国家图书馆发布。

2月27日，"朱永新教育作品"英文版全球首发仪式暨"全面提高教育质量"座谈会在国家图书馆召开。朱永新作题为《教育的品质决定明天的幸福》讲演。

3月7日至17日，来自江苏新沂、山东淄博淄川区、河南三门峡开发区三地的校长、教师在海门进行为期11天的新教育跟岗培训。

4月16日，邢台县人民政府在邢台学院举办"朱永新教授新教育实验报告会暨新教育邢台县实验区启动仪式"。

4月19日至20日，"全国新教育种子教师第四届集训营"活动在宜宾市人民路小学举行。

4月23日，《中国教育报》揭晓2015年度推动读书十大人物，汤勇等新教育人入围。

4月26日，第八届新教育实验区工作会议在湖北随县召开。

5月6日至7日，"师韵武侯——教师成长与新教育实验"新教育武侯实验区新教育全国开放周活动在四川大学附中初中部举行。

5月17日至18日，"乡村新教育专题研讨会暨全国新教育焦作开放周"在焦作市举办。

5月28日至29日，"新教育　新阅读　新课程"全国新教育皇姑实验区开放周暨皇姑区第二届国际儿童阅读论坛在沈阳市皇姑区举办。

5月，由新家庭教育研究中心主持的"我国家庭教育指导者专业化状况调查"研究报告完成，通过了专家研讨会，提交给中国教育学会和教育部。

6月14日，朱永新在宁夏新教育实验学校西夏区回民小学考察新教育实验工作。

7月9日至10日，以"推进每月一事"为主题的新教育实验第十六届研讨会在山东诸城召开，大会发布年度主报告《习惯养成第二天性》。

7月10日至13日，2016新教育萤火虫之夏暨全国第五届新教育种子教师研训营在山东诸城举办。

7月25日，苏州市新教育研究院新教育发展中心成立。

8月8日至9日，全国"新教育的一年级"第六期专题培训班在新沂举行。

8月15日，"擦亮每个日子，呵护每个生命"新教育晨诵叙事研讨会在合肥滨湖新区召开。

9月28日，以"改变·从阅读开始"为主题的2016领读者大会在国家图书馆开幕。

9月19日，由朱永新、冯建军、袁卫星主编的《新生命教育》在北京召开了新书发布会，朱小蔓、周国平、石中英等知名学者参加活动。

10月7日，"家校合作 共育新人"新教育家校合作共育研讨活动在新教育南京栖霞实验区举办。

10月10日至12日，全国新教育实验海门开放研讨活动暨构筑理想课堂深度研讨会在海门实验区举办。

10月15日，哈尔滨依兰新教育实验区启动仪式暨培训会议在依兰县第五小学召开。

10月21日，朱永新考察姜堰新教育实验工作，并以《书写教师生命的传奇——教师成长的理论与实践》为题作专题演讲。

11月20日，以"共话未来学校"为主题的第六届新教育国际高峰论坛在温州翔宇中学举办。

12月5日，全国新教育实验海门开放周暨初中"推进每月一事"研讨会在海门实验区举办。

12月23日，全国新教育课程实践项目现场培训会在日照召开，主题为"儿童课程（晨诵课程和共读课程）的实施以及方法和策略"。

2017 年

1月7日至8日，新教育第四届理事会常务理事会第一次（扩大）会议在上海同济大学经济管理学院召开。

3月16日，全国新教育实验第十七届研讨会筹备会在栖霞实验初级中学召开。

4月15日至16日，以"新北川新生命新教育"为主题的第九届新教育实验区工作会议在北川召开。

4月20日至21日，由新家庭教育研究中心和中南教育出版传媒集团联合主办，湖南教育出版社、贝壳网联合承办的"科学，让家庭教育更有魅力"首届新家庭教育文化节在湖南长沙成功举办。

4月23日，新教育越秀实验区签约仪式在广州市第三中学举办。

4月23日，《中国教育报》揭晓2016年度推动读书十大人物，樊青芳、高子阳、郭明晓等新教育人入围。

4月24日，全国新教育实验海门开放周暨"家校合作共育"研讨会在海门市举办。

5月8日至12日，蒙古国教育代表团新教育考察培训班在江苏海门举办。

5月13日，全国新教育实验家校合作共育行动叙事第二次报告会暨海门新教育种子教师培训在海门市教育局举办。

5月25日，"相聚激情三水·共话幸福完整"2017年全国新教育实验姜堰开放活动在姜堰新教育实验区举行。

6月11日至14日，新家庭教育研究中心在大连主持召开了"中美日韩四国家庭教育课题研讨会"。

7月15日，以"家校合作共育"为主题的新教育实验第十七届研讨会在南京栖霞区召开，大会发布年度主报告《家校合作激活教育磁场》。

8月6日，"2017新教育萤火虫之夏暨全国第八届新教育种子教师研训营"活动在北京清华附小商务中心区实验小学举办。

8月12日至15日，由新教育基金会和海外中国教育基金会主办的第二届"榜样的力量"论坛暨"第五届暑期榜样教师研习营"在西夏区举办。

8月27日，由苏州市新教育研究院研究中心主办的"学生领导力培养"学术研讨在泰州实小召开。

10 月，由新家庭教育研究中心主持，朱永新老师、孙云晓老师领衔主编的新父母教材"这样爱你刚刚好——我的 N 年级孩子"系列（共 20本）在湖南教育出版社出版。后以西班牙语输出海外，版权输出西班牙、阿根廷、委内瑞拉等六国。

11 月 11 日至 12 日，全国新教育实验开放活动暨江苏省教育学会新教育研究专业委员会研讨会在江苏新沂召开。

11 月 18 日，以"播下科学的种子"为主题的第七届新教育国际高峰论坛在海门市中等专业学校召开。

12 月 23 日，新教育小学在南通海门市举行开校仪式。

2018 年

1 月 7 日，2018 年度新教育论坛在苏州大学教育学院学术报告厅举办。

1 月 10 日至 12 日，四川教育报刊社携苏州市新教育研究院讲师团赴广元利州区开展"精准扶贫　新年送教"主题公益活动。

1 月 19 日，新科学教育研究所在北京成立。

1 月 26 日，由苏州市新教育研究院新阅读研究所组织评选的第五届中国童书榜在国家图书馆发布。

4 月 14 日至 15 日，以"新时代　新教育　新征程"为主题的第十届新教育实验区工作会议在江苏如东召开。

4 月 16 日，全国新教育种子教师"共享成长幸福"展示暨"教师专业发展"专题研讨会在海门中南东洲国际学校开幕。

4 月 21 日至 22 日，由新家庭教育研究中心和首都师范大学、中南出版传媒集团共同主办，首都师范大学家庭教育研究中心、湖南教育出版社、贝壳网、家校共育网联合承办的第二届新家庭教育文化节在长沙圆满举办。

4 月 23 日，《中国教育报》揭晓 2017 年度推动读书十大人物，郝晓东等新教育人入围。

5月14日至15日，全国新教育实验理想课堂展示暨海门市实验小学第二届"江海之声"教学研讨活动在海门实验区举行。

5月24日，新艺术教育研究所正式成立。

5月28日，苏州市新教育研究院新阅读研究所举办的"中国中小学学科阅读基础书目"首次研制讨论会在人民教育出版社召开。

6月1日，朱永新赴洛阳市老城区第一小学调研新教育。

6月2日，朱永新在河南科技大学作新教育专题报告。

6月12日，内蒙古自治区巴彦淖尔市临河区新教育启动仪式暨培训会议在汇丰学校隆重召开。

6月20日，由北京市海淀区教育科学研究院、苏州市新教育研究院新阅读研究所主办的"海淀区新教育成果展示交流会"在首都师范大学附属小学召开。

6月28日，扬州市邗江区召开新教育实验动员大会。

7月14日至15日，以"科学教育"为主题的新教育实验第十八届研讨会在成都市武侯区召开，大会发布年度主报告《科学之光照亮求真创新之路》。

8月10日至17日，新教育萤火虫之夏（2018）暨全国新教育第九届种子教师研训营在山东省诸城市龙源双语学校举办。

8月15日，全国新教育实验项目培训活动在海门实验区举行。

8月25日，中国人民大学出版社与数字未来出版社在北京国际图书博览会上召开《中国新教育》法文版新书发布会。

8月26日，《光明日报》发表武汉大学原校长刘道玉的文章《朱永新：新教育实验的播火者》。

9月3日，四川旺苍县举行新教育实验区启动仪式暨新教育通识性培训。

9月28日至29日，以"文学化的儿童文学课堂"为主题的"2018领读者大会暨CBBY阅读年会"在北京召开。

10月6日，朱永新《回家》新书发布会暨新艺术教育研究院与苏州高新文化集团签约仪式在苏州高新区文体中心举行。

10 月 13 日至 14 日，2018 全国家校合作经验交流会在扬州邗江召开。

10 月 22 日至 23 日，全国新教育实验理想课堂展示暨东洲国际学校首届"生本学习"研讨活动于江苏海门举办。

10 月 28 日，由新教育委托苏州大学组织研发的中国领导干部（公务员）基础阅读书目论证会在苏州大学召开。

11 月 9 日，"让梦想开花——全国新教育实验教师叙事大会（成都专场）"在川大附中召开。

11 月 17 日至 18 日，以"人文教育"为主题的第八届新教育国际高峰论坛在福建厦门同安一中举办。

11 月 24 日，新教育科尔沁实验区启动仪式暨培训会议在科区第二中学召开。

11 月 30 日至 12 月 1 日，全国新教育实验海门开放周暨新科学教育专题研讨会在海门实验区举办。

12 月 2 日，新教育景宁实验区启动仪式暨培训会议在景宁中学举办。

12 月 8 日，由苏州市新教育研究院、中国少年儿童新闻出版总社等共同主办的 2018 教育学术交流会"教育的未来——家校合力，培养快乐读书人"在深圳召开。

12 月 11 日，"致敬时代·赋能未来"2018 网易教育金翼奖颁奖典礼在北京举办，苏州市新教育研究院荣获网易"年度教育创新团队"特别奖。

12 月 23 日，由辽宁省教育学会新教育专业委员会、辽宁省教育学会家庭教育专业委员会、辽宁省策划学会主办的北方首届家庭教育文化节在沈阳市浑南区举办。

12 月 25 日，《"新教育实验"的教学改革实践》荣获 2018 年基础教育国家级教学成果奖一等奖。

12 月 31 日，2019 年度新教育元旦论坛在苏州大学举办。苏州大学新教育写作研究中心成立。

2019 年

2 月 16 日，新公民教育研究中心成立预备会议在北京王府井涵芬楼书店召开。

2 月 24 日，中国人民大学附中北京经济开发区学校举行"启航新教育，引领新发展"培训活动。

2 月 28 日至 3 月 2 日，新少年国际艺术教育节辅导教师培训活动在江苏省海门市海南小学举行。

3 月 24 日至 25 日，2019 年全国新教育日照开放周暨"研发卓越课程"专题研讨会在日照实验区举办。

4 月 12 日，2019"阅读改变中国"年度颁奖典礼在江苏大剧院举行。三大奖项"年度点灯人""年度书香校园""年度阅读推广机构"最终获奖的 15 个个人 / 机构中，有三分之一来自新教育团队。

4 月 18 日，新教育研学中心在洛阳举办"一间可以长大的教室"新教育儿童课程专题培训会。

4 月 20 日至 21 日，第十一届新教育实验区工作会议在徐州新沂市召开。

4 月 27 日，新家庭教育研究中心参与主办的第三届新家庭教育文化节在长沙举行，主题为"家校社共育，成就幸福童年"。

5 月 12 日，全国新教育实验海门开放周暨"新人文教育"专题研讨会在江苏省海门中南国际学校举办。

5 月 18 日，江苏睢宁县开展新教育实验区启动仪式暨新教育通识培训。

5 月 19 日，新公民教育研讨会在上海同济大学召开。

5 月 25 日至 26 日，以"面向未来的学校变革"为主题的首届智慧校长领导力高峰论坛在江苏昆山举办。

5 月 31 日至 6 月 1 日，新网师"构筑理想课堂高研班"在山西太原市行知宏实验学校举办。

6月1日，全国新教育实验"儿童书香课程群研发"展示研讨会在海门市东洲小学召开。

7月12日，2019中美人文教育高峰论坛在姜堰新教育实验区举办。

7月13日至14日，以"人文教育"为主题的新教育实验第十九届研讨会在泰州市姜堰区召开，大会发布年度主报告《人文之火温暖幸福家园》。

7月13日，新教育学校管理研究所成立仪式暨学校管理机制创新研讨会在泰州鹏欣大酒店召开。

7月16日至18日，第十届新教育种子教师研训营活动在泰州市姜堰区举行。

7月18日至21日，2019新少年国际艺术教育节在苏州市高新区文体中心举办。

7月30日，新职业教育研究院在江苏理工学院揭牌。

7月，新人文教育研究中心正式启动。

7月30日至8月2日，新教育星火教师公益培训项目第四届暑假研习班在江苏省丹阳市举办。

8月4日至9日，全国首届未来教师成长力高峰论坛在河南省洛阳市栾川县举办。

8月17日至19日，萤火虫之夏（2019）暨全国第11届新教育种子教师峰会在山东省诸城市龙源双语学校举办。

9月17日，江西省定南县举行新教育实验区启动仪式暨通识培训活动。

9月22日至23日，全国新教育实验缔造完美教室研讨会暨兰州新教育开放活动在甘肃省兰州市举行。

9月27日至28日，以"儿童阅读与世界未来"为主题的"2019领读者大会"在陕西省西安市召开。朱永新作《未来家校里的儿童阅读》主旨讲演。

9月28日，陕西省榆林市举行新教育实验区启动仪式暨新教育实验通识培训活动。

10月18日至20日，"新教育班主任家校共育能力提升培训班"在河北省邢台市举办。

10月21日，朱永新在内蒙古巴彦淖尔市临河一中、临河八小、实验二小、临河三小、临河四小、临河二小调研新教育实验工作。

10月31日，新沂新教育实验区《家长大讲堂》百期暨家校共育研讨会在北京青年政治学院召开。

11月3日，著名学者周国平先生应邀担任苏州市新教育研究院新生命教育研究中心名誉主任。

11月9日至10日，以"新时代　新德育"为主题的第九届新教育国际高峰论坛在河南省洛阳市伊川县举办。

11月20日至23日，第五届中国教育创新成果公益博览会在珠海国际会展中心召开，新教育实验荣获 SERVE 大奖。

11月26日至27日，新教育教师成长学院在苏州大学实验学校举办项目专题培训。

11月30日，朱永新荣获由天府书展组委会与《中国出版传媒商报》评选的"2019年度全国阅读推广特别贡献人物"奖。

12月8日，全国新教育实验海门开放周暨"构筑理想课堂"专题研讨会在江苏省海门市中南国际学校举办。

12月10日，苏州市新教育研究院荣获 2019 搜狐教育盛典年度"影响力教育品牌"。

12月13日至14日，首届智慧校长畅享汇公益活动在苏州半书房和吴江区存志嘉德双语学校举办。

12月14日，四川省广安市协兴园区举办新教育实验区启动仪式暨新教育通识培训。

12月23日，《中国教育报》发布 2019 年度推动读书十大人物，奚亚英等新教育人入围。

2020 年

1月1日，新教育实验元旦论坛在苏州大学教育学院举办。

1月，朱永新《未来因你而来：我和新教育人的故事》由华东师范大学出版社出版。

1月31日至2月20日，新学校管理研究中心联合有关机构发起《疫情期，让校长教师不"孤读"》活动。

2月3日，苏州市新教育研究院组织推送应对新冠肺炎疫情的微课700节，视频点击数超过120万次。

2月10日至3月13日，江苏昌明教育基金会（新教育基金会）新英语公益项目发起面向三至八年级学生的"屏幕上的公益课"，累计收看次数逾72万人次。

2月20日至3月8日，新生命教育研究所面向青少年开设生命教育课堂，首期18课，共有45.7万人次参加学习。

2月21日至3月3日，朱雪晴在沪江网开讲"新教育在银河"系列讲座，全国近70万人在线学习。

2月，朱永新带领新教育团队研制抗疫期间中小学教师和校长的心理防护手册——《面对疫情，教育何为？》（免费网络版）。

3月1日，苏州市新教育研究院发起"未来学校云论坛"，逾15万人次参与。

3月10日至22日，郭明晓在沪江网开设完美教室系列课程，超过20万人次在线学习。

3月26日至30日，海门新教育培训中心在线主办"整本书共读专项培训"公益活动，近50万人次观看。

3月26日至4月8日，江苏昌明教育基金会参与策划举办"拿什么带你飞翔，我的孩子？用阅读滋养大的孩子，永不言输"线上名师公开课。

4月11日，江苏省海门区、新沂市，山东省诸城市，河南省洛阳市高新区，江苏省泰州市姜堰区，四川省成都市武侯区，河南省焦作市等新教育实验区举办"新时代　新德育"新教育实验线上开放周活动。

4月16日，在2020"阅读改变中国"年度评选中，22个新教育个人 /学校入围。

4月23日，朱永新做客童书妈妈读书会，线上线下约万人参与。

4月28日，苏州市新教育研究院在常州市武进清英外国语学校举办"同

一个世界　同一个梦想"国际理解教育学术论坛,近 15000 人在线收看。

4 月 30 日,第七届"中国童书榜"在腾讯网举办颁奖典礼。

5 月 1 日,同程旅游创始人吴志祥联合江苏昌明教育基金会发起"同程新教育十年助学梦计划"。

5 月 4 日,朱永新教授获国际儿童读物联盟(IBBY)颁发的 IBBY-iRead 爱阅人物奖。

5 月 31 日,斯坦福大学第 10 任校长约翰·汉尼斯、新教育实验发起人朱永新教授、清华大学经济管理学院领导力研究中心主任杨斌教授以及湛庐文化创始人韩焱女士,以跨洋连线的方式进行了一场主题为"什么才是未来教育的要领"的高峰对话。

5 月,由苏州市新教育研究院申报,新网师承办的《互联网时代基于新教育理论的教师自主成长模式研究》课题成功入选教育部"国培计划"项目。新网师承办了主题为"新教育理论视域下教师素养的提升与发展"培训项目,培训对象为江苏省 100 名小学语文骨干教师。

5 月,新家庭教育研究中心成功申报中国教育学会教育科研规划课题《基于小学阶段亲子沟通障碍及其破解研究的亲子关系建设模式》课题研究。

6 月 17 日,新教育实验构筑理想课堂线上专题研训活动在 CCtalk 未来学习中心开幕,近万名新教育教师参加了活动。

7 月 20 日至 30 日,苏州市新教育研究院举行线上新教育通识培训活动,全国近 4000 名校长、教师参与。

8 月 10 日至 13 日,苏州市新教育研究院举办学校文化建设、儿童剧、缔造完美教室项目线上培训,共 6000 余名教师参与。

8 月 17 日至 18 日,以"新教育·新管理"为主题的第二届新教育智慧校长云论坛在 CCtalk 平台举办。

8 月 17 日至 20 日,苏州市新教育研究院举行研发卓越课程、整本书共读项目线上培训。

8 月 29 日,朱永新做客央视 CCTV1《开讲啦》节目。

9月25日至10月25日，新家庭教育研究中心在线上成功举办第四届新家庭教育文化节。

9月28日，以"锻造学科阅读"为主题的2020领读者大会在线上举办。新阅读研究所发布"中国中小学校长基础阅读书目"和2019年中国童书榜。

10月24日至25日，以"新时代，新德育"为主题的新教育实验第二十届研讨会在江苏省盐城市大丰区实验区线上线下同时召开，超过120万的新教育人通过新教育APP、CCtalk、爱奇艺、腾讯等直播平台观看会议。大会发布年度主报告《明德至善绽放人性芬芳》。

10月28日，中国网发表文章《朱永新：新时代呼唤新德育》。

11月21日，以"于危机中得新机——面对疫情，新教育的行与思"为主题的第三届2020世界教育前沿论坛分论坛在CCtalk线上平台举行。

2020年11月28日至29日，首届新教育实验示范学校开放活动在杭州市萧山区银河实验小学教育集团举行。

12月7日，朱永新教授与国际顶尖教育专家、学者共15人入选"一丹奖名师堂"。

12月22日至26日，"理想课堂——学科教学与信息技术融合"专题研训线上开放周活动小学专场活动在CCtalk未来学习中心举行。

12月23日，中国教育报主办的2020年度推动读书十大人物、推动读书·2020年度关注人物评选名单揭晓，林忠玲、袁卫星等入围十大人物。

12月27日，江苏昌明教育基金会第二届理事会换届大会召开，卢志文连任基金会理事长。

12月31日，由江苏昌明教育基金会、桃言教育、上海师范大学儿童文学研究所联合发起的首届"带着童话跨入新年"黄浦江文学之夜朗读会暨新教育建益计划·文学灯塔基金启动仪式在上海建投书局举行。

2021 年

1 月 1 日，苏州市新教育研究院举办线上新教育元旦论坛。

1 月 2 日，苏州市新教育研究院各职能中心述职活动在线举办。

3 月 18 日，新科学教育研究所主持的《综合性项目化科学教育方案实践探索二十年》荣获江苏省教学成果特等奖。

4 月 16 日，第七届"阅读点亮未来"年度评选颁奖典礼在南京人民大会堂举办，新教育榜样教师宋新菊、姜琪入选。

4 月 20 日，国家级教学成果奖新教育实验学术报告会在兰州大学礼堂召开，近万人观看线上直播。

4 月 24 日，《瞭望》发表新闻周刊记者刘苗苗专访新教育实验发起人朱永新教授，《民进中央副主席朱永新：我们已经站在了未来教育的门槛上》。

4 月 24 日至 25 日，新教育实验营造书香校园海门开放周暨示范学校开放日活动在江苏省南通市海门实验区举行。

5 月 10 日，江苏省徐州市新教育实验启动仪式在徐州行政中心举行。

5 月 16 日，北京电视台科教频道《一师亦友》栏目播出《解密新教育：对话全国政协副秘书长、民进中央副主席、教育家朱永新》。

5 月 19 日，新生命教育研究所主持的《拓展生命长宽高——中小学生命教育课程 20 年实践探索》荣获 2021 年广东省教学成果特等奖。

6 月 28 日至 30 日，苏州市新教育研究院与海门区新教育培训中心组织了"新艺术·新生活"线上研训活动。

8 月 2 日至 4 日，新德育研究中心举办了新教育实验福建省首届模拟联合国大会。

9 月 1 日，苏州新教育学校、厦门新教育学校、徐州新教育学校三地同时开学。

9 月 17 日，朱永新与江西师范大学公费师范生院 20 级"新教育"卓越教师实验班师生代表座谈。

9 月 28 日，以"文化自信从阅读传统文化开始"为主题的 2021 年领读者大会在线上召开。小学语文、小学数学、中小学德育三大学科阅读书目正式发布。

10 月 4 日，新教育实验卓越课程研发论证会在苏州新教育学校召开。

10 月 23 日至 24 日，以营造书香校园为主题的新教育实验第二十一届研讨会在江苏省兰州市线上线下同时举办，大会发布年度主报告《阅读搭建精神的天梯》。

11 月 5 日，《华东师范大学学报（教育科学版）》"特稿"刊载朱永新《新教育实验 20 年：回顾、总结和展望》。

12 月 7 日，第十二届新教育实验区工作会议在线召开，五万多名新教育人参与会议。

12 月 25 日至 27 日，以"新教育写作"为主题的第十届新教育国际高峰论坛暨第五届长三角（苏州湾）教育对话于线上举行，朱永新作《以写作塑造更好的自己》主旨报告，超过 19 万人次在线观看。

12 月 26 日，新艺术教育研究所参与主办的 2021 博鳌全球少儿美育论坛暨新少年艺术教育节活动在线上举行。

2022 年

1 月 1 日，苏州市新教育研究院主办的新教育元旦论坛在线举办。

1 月 6 日，四川省金堂县新教育实验区建设十年学术大会召开。

1 月 8 日，"新教育·新管理"第三届智慧校长论坛在线上成功举办。

1 月 12 日，《中国教育报》发布 2021 年度推动读书十大人物，邱华国、朱雪晴入围十大人物，向荣贵等入围十大关注人物。

1 月 13 日至 14 日，江苏昌明教育基金会荣获第十一届中国公益节年度公益项目奖，卢志文发表《好书相伴，让校园成为汇聚美好事物的中心》获奖感言。

2 月 12 日，广东省中小学德育中心与新生命教育研究所共同筹建广东省中小学生命教育研究所（基地）。

3月16日，苏州市新教育研究院新评价与考试中心发布《2021新教育实验新加盟实验区前测性评估项目报告》。

3月26日，苏州市新教育研究院写作研究中心与河南科学技术出版社联合举办"新教育儿童写作"线上公益专题培训。

4月3日，苏州市新教育研究院新家庭教育研究中心和中国教育学会家庭教育专业委员会合作开展的《家庭教育中的父亲角色研究》课题开题论证会在线上召开。

4月15日，"新教育·新管理"共创式研习营（第六单元）在线上开营。

4月21日，江苏昌明教育基金会秘书长戚星云在中国基金会发展论坛第七期线上"秘书长社群"分享《以阅读为翼，携手公益伙伴探索职业价值》。

4月23日，由海门新教育培训中心主办的新教育"中国风·母语美"阅读课程在线发布。

7月8日至10日，以"师生共写随笔"为主题的第二十二届新教育实验研讨会在四川省旺苍县召开，大会发布年度主报告《写作创造美好生活》。

9月28日，以"项目式学习与阅读"为主题的第七届领读者大会在线上召开，"中国中小学项目研究阅读书目"第一批八大书目发布征集意见稿。

9月29日，全球最大教育单项奖一丹奖揭晓新一届得奖者，朱永新凭借"新教育实验"的探索与实践荣获2022年一丹教育发展奖，斯坦福大学教育学荣休教授琳达·达林－哈蒙德荣获2022年一丹教育研究奖。人民日报客户端、新华网、人民政协网、央视网、光明网、《中国青年报》、《中国教育报》等主流媒体均作了专题报道。

参考文献

A.1 普通图书

［1］爱因斯坦.爱因斯坦文集[M].许良英，范岱年，编译. 北京:商务印书馆，1976.

［2］伯姆.论对话［M］.王松涛，译. 北京：教育科学出版社，2004.

［3］丁特史密斯.未来的学校［M］.魏薇，译. 杭州：浙江人民出版社，2018.

［4］董宝良.陶行知教育名篇选［M］.北京：人民教育出版社，2012.

［5］杜威.杜威教育文集［M］.吕达，刘立德，邹海燕，译. 北京：人民教育出版社，2008.

［6］丰子恺.艺术漫谈［M］.长沙：岳麓书社，2010.

［7］傅东缨.极目新教育［M］.北京：人民文学出版社，2018.

［8］哈伦.科学教育的原则和大概念［M］.韦钰，译. 北京：科学普及出版社，2011.

［9］汉尼斯.要领：斯坦福校长领导十得［M］.杨斌，译. 杭州：浙江教育出版社，2020.

［10］赫尔巴特.普通教育学［M］.李其龙，译. 北京：人民教育出版社，2015.

［11］赫希.知识匮乏：缩小美国儿童令人震惊的教育差距［M］.杨妮，译. 福州：福建教育出版社，2017.

［12］贝蒂.管理大师德鲁克［M］.吴勇，等译. 上海：上海交通大学出版社，1999.

［13］卡内基.财富的声音：卡内基大传［M］.朱绍格，译. 北京：企业管理出

版社，2012.

［14］库姆斯.世界教育危机：八十年代的观点［M］.赵宝恒，等译. 北京：人民教育出版社，1990.

［15］李海云.新教育中国化运动［M］.北京：社会科学文献出版社，2009.

［16］林，艾伦.学科学和教科学：利用技术促进知识整合［M］.裴新宁，等译.上海：华东师范大学出版社，2015.

［17］林崇德.21世纪学生发展核心素养研究［M］.北京：北京师范大学出版社，2016.

［18］柳斌.柳斌谈素质教育［M］.北京：北京师范大学出版社，1998.

［19］卢金.智能学习的未来［M］.徐烨华，译. 杭州：浙江教育出版社，2020.

［20］茂木健一郎.创意脑：用脑科学激发创造力［M］.袁光，译. 杭州：浙江人民出版社，2013.

［21］诺瓦克，海菲尔德.超级合作者［M］.龙志勇，魏薇，译. 杭州：浙江人民出版社，2003.

［22］诺丁斯.幸福与教育［M］.龙宝新，译. 北京：教育科学出版社，2009.

［23］邱华国，吴虹.新教育的云伴读［M］.太原：山西教育出版社，2020.

［24］苏霍姆林斯基.苏霍姆林斯基教育箴言［M］.朱永新，编. 北京：教育科学出版社，2016.

［25］苏霍姆林斯基.育人三部曲［M］.毕淑芝，等译. 北京：人民教育出版社，2006.

［26］吴明海.欧洲新教育运动的历史研究［M］.北京：教育科学出版社，2008.

［27］"新教育理论的实践及推广研究"总课题组.与理想同行："新教育实验"指导手册［M］.福州：福建教育出版社，2005.

［28］亚里士多德.尼各马科伦理学［M］.苗力田，译. 北京：中国人民大学出版社，2003.

［29］杨东平.艰难的日出：中国现代教育的20世纪［M］.上海：文汇出版社，2003.

［30］叶仁敏.行动的力量：新教育实验实证研究［M］.北京：北京大学出版社，2017.

［31］张菊荣，焦晓骏.发生在教育在线的故事［M］.福州：福建教育出版社，2005.

［32］朱永新，王智新.当代日本教育改革［M］.太原：山西教育出版社，1999.

［33］朱永新.困境与超越：当代中国教育述评［M］.南宁：广西人民出版社，1990.

［34］朱永新.中华教育思想研究：从远古到1990年中国教育科学的成就与贡献［M］.南京：江苏教育出版社，1993.

［35］朱永新.我的教育理想［M］.桂林：漓江出版社，2020.

［36］朱永新.我的阅读观［M］.桂林：漓江出版社，2022.

［37］朱永新.走在新教育路上［M］.北京：中国人民大学出版社，2012.

［38］朱永新.新教育年度主报告［M］.武汉：湖北教育出版社，2014.

［39］朱永新，许新海，童喜喜.新教育晨诵［M］.合肥：安徽少年儿童出版社，2017.

［40］朱永新.致教师［M］.桂林：漓江出版社，2021.

［41］朱永新，冯建军，袁卫星.新生命教育［M］.太原：山西教育出版社，2017.

［42］朱永新.新教育实验：中国民间教育改革的样本［M］.桂林：漓江出版社，2023.

［43］朱永新.造就中国人：阅读与国民教育［M］.深圳：海天出版社，2019.

［44］朱永新.未来学校：重新定义教育［M］.北京：中信出版社，2019.

［45］朱永新.新科学教育论纲［M］.北京：化学工业出版社，2019.

［46］朱永新.走向学习中心：未来学校构想［M］.北京：中国人民大学出版社，2019.

［47］朱永新.新家庭教育论纲：新教育在家庭教育上的探索与思考［M］.长沙：湖南教育出版社，2020.

［48］庄泽宣.如何使新教育中国化［M］.上海：民智书局，1929.

［49］诹访哲郎，王智新，齐藤利彦.沸腾的中国教育改革［M］.东京：东方书店，2008.

A.2 报纸期刊

［1］陈香.朱永新：让阅读奔涌，形塑中国价值社会［N］.中华读书报，2020-07-15.

［2］成尚荣.新教育：未来教育的一面旗帜（上）［J］.中国教师，2018（10）.

［3］成尚荣.新教育：未来教育的一面旗帜（下）［J］.中国教师，2018（11）.

［4］褚清源.教师成长的"新教育范式"：新教育实验网络师范学院的 10 年探路［N］.中国教师报，2019-09-25.

［5］郭元祥.大规模教育实验：意义与局限［J］.教育研究与实验，2006（4）.

［6］核心素养研究课题组.中国学生发展核心素养［J］.中国教育学刊，2016（10）.

［7］李东琴.新教育实验的学生阅读素养报告［J］.中国教育学刊，2016（5）.

［8］李晔，张斌.一个网站的震荡波［N］.解放日报，2004-06-08.

［9］刘堂江.点燃教师以教育家情怀育人的圣火［J］.未来教育家，2015（6）.

［10］鲁洁.人对人的理解：道德教育的基础：道德教育当代转型的思考［J］.教育研究. 2000（7）.

［11］卢玮，俞冰，杨帆，许庆豫.关注学生成长：新教育实验学校实践效果的基本评估：基于新教育实验学校与非新教育实验学校的比较［J］.基础教育，2018，15（4）.

［12］王定华.为基层教育实验者点赞［J］.人民教育，2015（6）.

［13］王海珍.朱永新新教育的知行合一［J］.中华儿女，2019（21）.

［14］王珺.最理想的学校图书馆什么样？——全国政协委员朱永新推出"书香校园"概念［N］.中国教育报，2003-03-13.

［15］王莉.中国话语体系构建的基本维度［N］.光明日报，2017-09-25.

［16］习近平.习近平向全国广大教师致慰问信［N］.人民日报，2013-09-10.

［17］肖善香.新教育实验对教师综合效能感影响的测度研究［J］.开放学习研究，2019，24（2）.

［18］夏之晨，朱永新，许庆豫.学生阅读素养的提升路径：新教育实验学校的实践：基于阅读态度、阅读行为与阅读素养关系的比较研究［J］.教育研究与评论，2017（2）.

［19］杨帆，俞冰，朱永新，许庆豫.校园欺凌与学校归属感的相关效应：来自新教育实验的证据［J］.课程·教材·教法，2017，37（5）.

［20］杨帆.家庭环境是怎样影响小学生学习表现的：基于对新教育实验"家校合作共育"行动效果的调查［J］.华东师范大学学报（教育科学版），2021，39（3）.

［21］朱永新，余国志.新教育实验的话语研究［J］.中国教育学刊，2015（7）.

［22］朱永新.与文字打交道的人是幸福的［N］.光明日报，2016-11-04.

［23］尹琨."边听边摸"让盲人学生读得深学得准［N］.中国新闻出版广电报，2018-10-16.

［24］张志增.晏阳初及其主持的定县乡村平民教育实验［J］.中国职业技术教育，2016（34）.

主题索引

B

标准化　049、091 页

C

晨诵　008、035、041、045、051、060、
074、075、083、094、109、147、156、
160、176、187、199、208、215 页

崇高论　031、033、034、103、155 页

成长伙伴　049、091 页

成功保险公司　141、160、163、184、185、
193、194 页

"尺码相同"的人　025、105 页

CCtalk　015、092、232、233 页

D

大规模教育实验　081、082、083、240 页

缔造完美教室　011、013、051、052、063、
105、107、146、149、150、162、169、
186、187、188、196、215、217、220、229、
232 页

读中悟　014、058 页

定制化　049、091、132 页

多元协同教育效应　075 页

多萝西·戈登　096 页

"滇南布衣"　137、138、140、142、143、
145 页

F

傅东缨　077、078、237 页

《沸腾的中国教育改革》　079、210 页

G

改变教师的行走方式　020、022、105、
117、202 页

改变学生的生存状态　020、022、105 页

改变学校的发展模式　020、022、105、
169、186 页

改变区域的教育生态　020、022 页

《管理大师德鲁克》　003、175、237 页

个性论　031、035、036、103 页

过一种幸福完整的教育生活　018、019、
029、050、053、060、061、064、079、
088、096、103、105、116、154、157、
190、207、208、211、215、216、218 页

郭元祥　081、082、083、087、240 页

H

和谐论　031、033、034、103 页

赫尔巴特　033、034、237 页

核心素养框架　034、035 页

J

家校社政共育　075、076 页

家校合作共育　011、014、067、068、069、075、078、105、107、108、118、119、128、162、169、186、196、223、224、241 页

教育公平　040、074、089、090、096、097、177 页

教育在线网站　006、028、085、103、105、199、200 页

教师专业阅读地图　072、163 页

教师成长模式　090、096、103、105 页

建设数码社区　006、048、049、104、105、107、108、141、162、169、170、186、196、201、204 页

积极心理学　036 页

《极目新教育》　077、078、237 页

L

聆听窗外声音　168 页

刘道玉　078、226 页

零点公司　098、108 页

M

"马加爵事件"　138 页

暮省　008、035、041、051、060、065、074、083、094、109、156、167、187、208、215 页

满意度评价　108 页

N

内尔·诺丁斯　019、238 页

Q

全民教育　032、068 页

全人教育　032、196 页

潜力论　031、035、036 页

R

人本论　031、032、103 页

S

四重实验境界　020 页

师生共写随笔　043、059、060、097、105、107、108、141、162、167、168、176、186、196、236 页

双语口才训练　006 页

素质教育　009、010、012、020、021、022、023、024、078、079、080、085、103、171、177、181、184、205、206、209、210、216、238 页

SERVE 奖　071、230 页

T

陶行知　011、022、026、081、137、139、182、219、237 页

田野意识　009、025、026、103 页

拓展生命的长宽高　013、106、221 页

推进每月一事　011、014、049、050、051、105、107、108、162、186、196、222、223 页

同心圆评估法　099 页

W

《我的教育理想》 004、025、032、077、103、105、157、158、160、175、185、193、199、239 页

午读 008、035、041、051、060、074、083、094、109、160、167、187、208、215 页

武进湖塘桥中心小学 004、006、010、073、175、199、214 页

《未来学校：重新定义教育》 049、077、091、239 页

X

写中思 014、058 页

新德育 064、067、083、088、092、204、205、230、232、233、234 页

新教育的"飓风" 146 页

新教育精神 024、029、210 页

新教育学派 020、022、023、085、103、181 页

新教育实验共同体 005 页

新教育实验年度会议 087 页

新科学教育 008、014、054、057、077、240 页

新人文教育 014、054、058、059、060、089、228、229 页

新希望工程 093、094、137、138、186、202 页

新生命教育 008、012、053、067、077、088、106、208、220、221、223、230、231、234、235、239 页

新艺术教育 008、012、013、053、065、066、067、089、106、219、226、235 页

新智识教育 012、053、054、067、088 页

行动论 032、033、156 页

学习中心 013、041、049、065、091、174、192、194、196、198、232、233 页

Y

研发卓越课程 011、012、052、077、105、162、165、186、196、217、218、228、232 页

一丹教育发展奖颁奖词 096 页

一丹教育发展奖 097、171 页

玉峰市实验学校 005、006、007、079、140、175、176、200、205、207、208 页

营造书香校园 006、009、018、040、041、059、064、081、083、097、105、107、108、116、141、162、167、176、186、204 页

《与理想同行——"新教育实验"指导手册》 007、077、238 页

Z

中国阅读三十人论坛 014 页

做中学 014、058 页

状态论 035、103 页

《走向学习中心：未来学校构想》 091、239 页

《致教师》 077、158、159、160、161、239 页

后 记

这本书的初稿是发表在《华东师范大学学报（教育科学版）》2021年第11期的《新教育实验二十：回顾、总结与展望》。感谢主编杨九诠先生用前所未有的篇幅发表了这篇长文。

文章发表以后，受到了广泛关注与好评，许多朋友建议出版单行本，作为了解新教育的简明读物。在华东师范大学出版社的支持下，很快纳入了出版计划。

就在这本书进入编辑流程之后，2022年9月29日，全球最大教育单项奖一丹奖揭晓新一届得奖者。经过独立评审委员会的严格评选，我发起的新教育实验的探索与实践荣获2022年一丹教育发展奖，斯坦福大学教育学荣休教授琳达·达林－哈蒙德荣获2022年一丹教育研究奖。

许多领导、学者、朋友第一时间表示祝贺，122个国家的媒体也给予关注和报道，许多媒体说，一丹教育奖被誉为教育界的诺贝尔奖，是作为教育学者的最高荣誉。教育部原部长陈宝生先生说："永新获奖，不仅是他个人的荣誉，更是中国教育的荣誉，热烈祝贺！一段时间以来，很多人在论道，不管是坐着还是站着，而永新却在行动，而且一步一个脚印前进着。很多人在争相指摘今天的教育，而永新却在示范明天的教育。很多人提供的是设想和理念，而永新提供的是方案和经验。中国教育也需要前者，但更需要后者，前者供过于求，后者供不应求。批判的行为制约了行为的批判。故，我支持永新和他的新教育实验。"

我非常尊敬的良师益友冯骥才先生专门发文指出："朱永新先生获得这

个国际性的教育大奖当之无愧！他的以人为本的教育观，快乐学习的理念，普惠的教育思想，具有极大的魅力，给教育领域吹入了一股清风。而且他知行合一，经过二十余年坚持不懈的推广与实践，已经使新教育在大地上开出花朵，并在我们的希望中发出光亮。我钦佩他，祝贺他。"

对于大家的信任和鼓励，我心怀感激。我想，一丹教育发展奖不仅仅是对我们新教育团队22年耕耘的肯定，更是对中国教育改革与发展成就的肯定。

这些年来，我在教育研究与探索中，有幸与中国8000多所学校、800多万师生共同行动，一起实践着如何过一种幸福完整的教育生活，取得了一点成绩。许多老师消除了职业倦怠，得到了成长；许多孩子找到了阅读的乐趣，享受着学习；许多学校改变了应试教育，提升了教育品质；许多地区改善了教育气象，改良了一方文化。我深切感受到，一线的行动者们，是智慧的运用者，也是智慧的创造者。

这本书的顺利出版，得到了许多朋友的支持和帮助。感谢新教育同人22年的共同奋斗，感谢一丹奖评审委员会和一丹奖基金会的信任与支持，感谢22年来支持、帮助新教育事业的朋友和机构。感谢新教育研究院同人帮助整理了本书的大事记，感谢华东师范大学出版社李永梅和程晓云两位老师的辛勤劳动，也特别感谢他们同意在版权期内由漓江出版社收入我的文集之中。最后，还要特别感谢漓江出版社文龙玉老师和她的团队高效而卓越的工作。

今天的世界，饱受疫情、战乱、自然灾害等苦难的困扰，处于危险之中。带领人类前行的智慧与勇气，来源于人的内心，而这正是来自教育的力量。在一丹教育奖的认可、支持和帮助下，希望我们这些来自中国的教育经验，能为世界教育的发展与创新带去一点启发，共同创造教育的美好未来和世界的美好未来。

2023 年 2 月 20 日

"朱永新教育作品"后记

10 年前，我的"朱永新教育作品"16 卷由中国人民大学出版社出版。

不久，这套文集就被麦格劳－希尔教育出版集团引进英文版版权，陆续出版发行。迄今为止，我的著作已经被翻译为 28 种语言，在不同国家有 87 种文本。

在版权到期之后，多家出版社希望重新出版这套文集。最后，漓江出版社的诚意感动了我。

长期以来，漓江出版社的文龙玉老师一直关注和支持新教育事业，《新教育实验年鉴》以及一批新教育人的作品都先后在漓江出版社出版，文老师也先后担任了我的《新教育》《教育如此美丽》《我的教育理想》《我的阅读观》《致教师》等书的责任编辑。这套文集在漓江出版社出版，也就成了顺理成章的事情。

这套"朱永新教育作品"沿用了中国人民大学出版社的文集名称和南怀瑾先生的题签。主要是想借重新出版之际，感谢南怀瑾先生对我的帮助和关心。在苏州担任副市长期间，我曾经多次去太湖大学堂与南怀瑾先生见面交流，请教教育、文化与社会问题。先生的大智慧经常让我茅塞顿开。

新的"朱永新教育作品"虽然沿用了原来的名称，但是内容还是有许多不同。原来的 16 卷，大部分都进行了不同程度的修订，其中一半是重新选编。全套作品按照内容分为四个系列。

一是教育理论系列，包括《滥觞与辉煌——中国古代教育思想的成就与贡献》《沟通与融合——中国近现代教育思想的起源与发展》《嬗变与建构——中国当代教育思想的传承与超越》《心灵的轨迹——中国本土心理学思想研究》《校园里的守望者——教育心理学论稿》五种。

二是新教育实验系列，包括《新教育实验——中国民间教育改革的样本》《做一个行动的理想主义者——新教育小语》《为中国而教——新教育演讲录》《为中国教育探路——新教育实验二十年》《享受教育——新教育随笔选》五种。

三是我的教育观系列，包括《我的教育理想——让生命幸福完整》《我的教师观——做学生生命的贵人》《我的学校观——走向学习中心》《我的家教观——好关系才有好教育》《我的阅读观——改变从阅读开始》《我的写作观——写作创造美好生活》六种。

四是教育观察与评论系列，包括《教育如此美丽——中国教育观察》《寻找教育的风景——外国教育观察》《成长与超越——当代中国教育评论》《春天的约会——给中国教育的建议》四种。

虽然都是现成的文字，但是整理文集却颇费时间。几年来的业余时间和节假日，大部分都用于这项工作。好在，我所在的中国民主促进会是一个以教育、文化、出版传媒为主界别的参政党，60% 的会员来自教育界，无论是调查研究、参政议政，教育一直是我们的主阵地，本职工作与业余的教育研究不仅没有矛盾，反而相辅相成。

感谢漓江出版社的文龙玉老师和她的团队认真细致和卓有成效的工作。

2022 年 10 月 17 日

图书在版编目（CIP）数据

为中国教育探路：新教育实验二十年 / 朱永新著
. -- 桂林：漓江出版社，2023.11（2024.4 重印）
ISBN 978-7-5407-9491-0

Ⅰ.①为…　Ⅱ.①朱…　Ⅲ.①教育－研究－中国
Ⅳ.①G52

中国国家版本馆 CIP 数据核字（2023）第 125351 号

为中国教育探路——新教育实验二十年
朱永新　著

出 版 人　刘迪才
策划统筹　文龙玉
责任编辑　章勤璐
助理编辑　周冬辉
书籍设计　石绍康
营销编辑　俞方远
责任监印　黄菲菲

出版发行　漓江出版社有限公司
社址　广西桂林市南环路 22 号
邮编　541002
发行电话　010-85891290　0773-2582200
邮购热线　0773-2582200
网址　www.lijiangbooks.com
微信公众号　lijiangpress

印制　天津嘉恒印务有限公司
开本　710 mm × 1000 mm　1/16
印张　16.75
字数　224 千字
版次　2024 年 1 月第 1 版
印次　2024 年 4 月第 2 次印刷
书号　ISBN 978-7-5407-9491-0
定价　68.80 元